67가지 iOS 게임 탄생과 개발 비화

67가지 iOS 게임
탄생과 개발 비화

라이언 리그니 지음 | 이영준 옮김

i!i
에이콘

추천의 글

앱스토어가 처음 문을 연 2008년, 저는 부모와 가족을 대상으로 한 게임 사이트를 운영하며 본격적으로 게임을 개발하기 위한 준비를 하고 있었습니다. 거의 20년 동안 「월간 일렉트로닉 게이밍Electronic Gaming Monthly」, 1UP.com, 미국 내의 공식 「플레이스테이션 매거진PlayStation Magazine」 등 여러 게임 잡지와 웹사이트를 운영해온 저는 저와 동년배의 사람들을 위해 무언가 해야 할 때가 되었다고 생각했기 때문입니다.

당시는 제게 아이가 생긴 지 얼마 안 됐을 때였기 때문에 저처럼 어린 아이가 있는 아빠들이 그렇듯 끊임없이 제 아이에 관한 이야기를 하고 모든 일은 아버지의 입장에서 결정하던 시기였습니다. 한편으로 점점 무뎌지는 게이머로서의 감을 유지하기 위해 하드코어 게이머를 직접적으로 겨냥하는 인기 있는 주간 게이밍 팟캐스트에 출연하고 있었습니다.

놀라운 일은 아니지만 비디오 게임 전문가들의 수준 높은 의견이라고 해서 반드시 널리 알려지지는 않습니다. 큰 줄기에서 보면 일반인에 비해 약간 앞서가긴 하지만, 어떤 면에서 게이머들은 변화하는 시류에 대해 별로 신경 쓰지 않습니다. 오히려 아이가 있는 부모들이 매 상황에 대해 유연하게 대처하는 경향이 있습니다. 게이머의 기득권층이라고 할만한 사람들은 닌텐도, 플레이스테이션, 엑스박스를 좋아합니다. 다시 말하면 대다수의 사람들은 친숙하고 편안한 게임을 좋아한다고 볼 수 있습니다.

〈마리오 카트Mario Kart〉나 〈헤일로Halo〉는 친숙하고 편안한 게임의 대표적인 예입니다. 사람들은 컨트롤러에 버튼이 네 개, 아날로그 스틱이 두 개 있어야 친숙하고 편안하다고 느낍니다. 그래서 많은 사람들은 애플 같은 회사가 나타나서 마치 자유 방임을 실천하는 식으로 기존과 완전히 다른 사용자 경험과 인프라를 제공하며 기존 게임의 지지 기반을 흔드는 일을 불편하게 생각합니다.

아이폰을 게임 플랫폼으로서 진지하게 고려해야 한다는 저의 발언은 함께 팟캐스트를 진행하던 사람은 물론 많은 게임 커뮤니티의 강한 반발을 샀습니다. 또한 제가 닌텐도가 포터블 게임 시장을 위협하며 목을 조른다는 의견을 암묵적으로 피력했다는 불평도 대단히 많았습니다. "아이폰에는 버튼이 하나도 없다."고 쏘아붙이던 사람도 있었습니다. 닌텐도 DS에 터치스크린이 달려 있는데도 "터치스크린으로 제대로 된 게임을 하고 싶어하는 사람은 없습니다. 절대로 성공할 수 없어요."라는 말을 하는 사람도 있었습니다.

이동통신회사들이 끔찍할 정도로 한심한 게임들을 탑재한 휴대폰을 판매한 덕분에 "모바일 게임은 형편없다."는 의견이 지배적이었습니다. 물론 이때는 〈앵그리버드Angry Birds〉가 나오기 전이었습니다. 〈컷더로프Cut The Rope〉도, 〈아노말리: 워존 어스Anomaly : Warzone Earth〉도 없었습니다. 2D 보이2D Boy가 〈월드 오브 구World of Goo〉를 아이패드에 포팅하기 전이었고, 1980년대와 1990년대의 명작 게임들을 만들었던 이들이, 수십 년간 잠들어 있던 게임을 부활시킬 수 있는 최적의 플랫폼이 등장했다는 사실을 깨닫기도 전이었습니다.

당시의 많은 사람은 휴대성과 편의성이라는 두 가지 중요한 장점을 과소평가했습니다. 닌텐도 DS와 플레이스테이션 포터블은 주머니에 넣을 만한 물건이 아닙니다. 부피 때문에 가방에 넣어 다녀야 하고, 한 번 켜는 데에도 꽤 복잡한 과정이 필요합니다. 항상 지니고 다니기에 다소 힘든 기기이고, 집을 나서기 전에는 만반의 준비를 해야 합니다. 충전기와 휴대용 케이스를 챙겨야 하고 온갖 잡동사니 용품들이 따라옵니다. 그중 가장 중요한 일은 게임 미디어를 하나하나 챙기는 일입니다. 다시 말해, 엄청나게 고통스러운 일입니다. 아이폰이 이 모든 상황을 변화시켰습니다. 아이폰은 항상 지니고 다니는 기기입니다. 전화, 이메일, 소셜 서비스, 미디어 재생 등을 위한 필수품이기 때문입니다. 늘 충전된 상태에, 항상 인터넷에 연결돼 있고, 언제든 다양한 게임을 고를 수 있습니다. 새로운 게임이 필요하면 탭 한 번으로 앱스토어에 접속할 수 있습니다. 제 생각에 사람들은 기본적으로 게으른 것 같습니다. 특별히 제가 그렇습니다. 무척 간편하다는 아이폰의 특징으로 인해 우리가 여흥을 즐기는 방식이 크게 변화했습니다.

저는 iOS 기기가 처음 나왔을 때부터 소장해왔습니다. 저희 아이들은 유리로 된 화면 속의 게임 캐릭터들과 스와이프, 핀치, 터치 등으로 교류하는 방법을 본능적으로 이해하며 자랐습니다. 저희 세대는 클래식 게임을 즐기며 자랐고 주요 게임 플랫폼을 익숙하게 다룰 수 있지만 아이들은 본능적으로 아이폰이나 아이패드를 고릅니다. 엑스박스 360과 아이패드가 있다면 아이패드를 선택합니다. 저는 최근에 휴가를 가면서 닌텐도 DS 게임을 잔뜩 챙겨갔지만, 2주 내내 가방에서 묵혀야 했습니다. 아이들이 아이패드로 〈플랜츠 vs. 좀비Plants vs. Zombies〉와 〈소드 앤드 솔저Swords and Soldiers〉를 하느라 닌텐도 DS를 꺼낼 틈이 없었기 때문입니다.

우리의 눈앞에서 거대한 세대 교체가 일어나고 있습니다. 기존의 많은 게이머들은 절대로 원하지 않았던 상황을 목격하고 당혹해 하고 있습니다. 게임의 미래는 우리에게 달려 있습니다. iOS 게임이 만든 지난 몇 년의 역사는 엔터테인먼트를 즐기는 방법이 크게 변화한 시기로 기억될 것입니다.

존 데이비슨(John Davison)
게임스팟(GameSpot) 프로그래밍 부사장

지은이 소개

라이언 리그니(Ryan Rigney)

프리랜서 저널리스트며, 「가마수트라Gamasutra」, 「PC 게이머PC Gamer」, 「게임프로
GamePro」 등의 출판물과 인터넷 매체를 넘나들며 비디오 게임 산업을 취재한다.
현재 미국 미시시피 주 옥스포드에 위치한 미시시피 대학Ole Miss의 믹 스쿨 오브
저널리즘 앤 뉴미디어Meek School of Journalism and New Media에서 저널리즘을 공부하고
있다.

감사의 글

이 책을 집필하는 동안 부모님과 동생인 켈리의 응원과 지지가 큰 힘이 됐습니다. 특히 어머니의 격려는 최종 편집 과정에서 저를 지탱해준 원동력이었습니다. 모두에게 감사합니다.

점점 늘어가는 친척들에게도 감사의 말을 전합니다. 늘 관심을 가져주고 제게 필요한 응원과 격려를 아끼지 않았습니다. 클라이드 삼촌과 제가 계획했던 창고를 만드는 일은 끝내지 못했지만, 덕분에 이렇게 책을 쓸 수 있었습니다.

제가 살고 있는 미시시피 폴라빌의 친절한 이웃들에게도 많은 신세를 졌습니다. 배려와 기도로 저를 응원해줬습니다. 저에게 얼마나 큰 힘이 됐는지 모릅니다. 길에서 만나도 항상 따뜻한 말 한 마디를 건네주는 분들 사이에서 자랐다는 사실은 큰 축복이라고 생각합니다.

저 같은 젊은 사람들을 위해 귀중한 시간을 쪼개 도와주신 스티브 실에게도 감사의 말을 전합니다. 세상의 어떤 선생님보다도 큰 격려가 됐습니다

저와의 인터뷰에 응해주신 많은 분들에게도 감사의 말씀을 전합니다. 그분들의 참여 덕분에 이 책이 나올 수 있었습니다. 모든 분께 저의 무한한 감사를 전합니다. 특히 시간을 내어 모바일 게임에 대한 높은 수준의 식견을 담은 소개글을 써 주신 존 데이비슨에게도 감사의 말씀을 드립니다.

「게임프로」의 직원들에게 특별한 감사의 말씀을 전합니다. 이들 덕분에 iOS 게임에 대한 저의 광적인 집착을 주간 컬럼과 리뷰를 작성할 수 있는 기회로 바꿀 수 있었습니다. 아마 윌 헤링 씨는 다시는 제가 쓴 글을 편집하는 일이 없기를 기도하고 있겠죠? 끝으로, 저에게 가장 힘이 된 성경 구절을 덧붙입니다.

"너는 범사에 그를 인정하라 그리하면 네 길을 지도하시리라"
- 잠언 3장 6절

옮긴이 소개

이영준 (youngjoon.lee27@gmail.com)
서울대학교 지구환경시스템공학부를 졸업하고 방송계에서 각종 다큐멘터리와 예능 프로그램을 제작하다가 이 일이 생각만큼 크리에이티브한 일이 아니라고 느끼고 퇴사했다. 이후 카메라와 노트북을 들고 1년 동안 유럽과 북미대륙을 탐험한 후 귀국했고, 현재는 번역 일을 하면서 유학을 준비하고 있다. 국내에서 처음으로 아이폰 3GS 예약 판매를 하던 날부터 지금까지 아이폰을 들고 손가락으로 화면을 쓸어 넘기고 있다.

옮긴이의 말

이 책에 소개된 많은 게임은 터치스크린을 사용한 휴대용 게임 플랫폼이 전혀 존재하지 않던 시절까지 거슬러 올라갑니다. 2007년 아이폰이 등장하고 다음 해에 앱스토어가 문을 열면서 선각자의 혜안을 가진 개발자들은 서서히 이 작은 기기가 보유한 엄청난 잠재력을 깨닫게 됐습니다. 그들은 최선을 다해 게임을 제작했고 히트작들이 나오기 시작했습니다. 그렇게 앱스토어 시장이 점차 확장됐습니다.

유명 게임 저널리스트며 이 책의 저자인 라이언 리그니는 게임 역사의 중요한 전환점이 된 앱스토어 초창기의 상황을 마치 다큐멘터리 영화를 찍듯이, 수백 번의 인터뷰를 통해 생생하게 채집하고 기록했습니다. 그중 67가지 게임을 엄선했고 각 게임의 소개와 함께 게임의 아이디어가 떠올랐던 순간부터 제작 과정, 발매 후 반응을 얻기까지의 이야기를 들려주고 있습니다. 그리고 바로 이 부분이 여타의 게임 리뷰와 이 책의 다른 점입니다.

일반적인 게이머는 이 책을 '전문가가 권하는 게임 리스트'로 받아들일 수 있습니다. 저자의 말대로 시간과 돈을 들여 해볼만한 게임들입니다. 그러나 게임 개발자나 관계자가 주목해야 할 부분은 게임 발매에 얽힌 비화입니다. 발매 과정에서 있었던 상세한 뒷이야기들은 흥미진진한 가십을 넘어 성공과 실패의 수많은 사례를 통한 간접 경험을 제공합니다. 〈인피니티 블레이드〉나 〈앵그리버드〉 같은 화려한 게임의 성공스토리는 물론이고, 터무니없는 소송에 걸려들어 몇 년을 허비하거나, 수준 낮은 유사 게임이 잘 만든 게임의 발목을 잡아 몇 년간의 노력이 수포로 돌아간 안타까운 사연들을 통해 명암이 뒤섞인 게임 산업의 단면을 들여다볼 수 있습니다.

초기 아이폰 게임의 제작 과정에 대한 상세한 내용도 읽을거리입니다. 초기의 개발자들은 참고할 만한 게임이 거의 없었습니다. 버튼이 전혀 없는 이 기기를 두고 어떤 방식으로 터치스크린과 가속도계 센서를 이용해야 할지 알 수 없었고,

최적의 조작법을 찾기 위해 엄청난 시행착오를 겪어야 했습니다. 심지어 아이폰의 그래픽 처리 성능을 예측할 수 있는 제대로 된 문서가 없어 하나하나 직접 구현해보며 화면 속 폴리곤의 수를 조절해야 하는 경우도 있었습니다.

이 책이 나온 이후 앱스토어 시장의 성격이 많이 바뀌었고, 애플리케이션의 층위가 고착화되는 경향이 생겼습니다. 하지만 아이폰 후속 모델은 연이어 승승장구하고 있고, 게이머들은 여전히 작든 크든 훌륭한 게임이 나타나길 기대하고 있습니다. 개인 개발자라면 이 책의 몇몇 부분에서 동질감을 느낄 수 있을 것입니다. 몇 달 동안 저녁 시간을 쪼개 만든 게임을 팔 방법이 없어서 고생한 사연이나 신발 한 켤레를 살 돈이 없을 정도로 전전긍긍하며 게임을 만든 일이 남일처럼 느껴지지 않기 때문입니다. 하지만 이 책에 실린 모든 사연들의 공통점은 모든 개발자들이 대단한 열정을 지녔다는 점입니다.

디자인이라는 단어를 쓰는 일이 무색할 정도로 디자인된 〈두들 점프〉의 대성공을 아무도 기대하지 않았지만, 〈두들 점프〉는 누구도 예상 못한 '두들 열풍'과 함께 대단한 성공을 거뒀습니다. 바로 이 점을 우리는 주목해야 합니다. 우리를 깜짝 놀라게 만들어줄 게임이 당장 내일이라도 나올 수 있다는 의미입니다. 그런 게임의 제작을 꿈꾸는 개발자와 게임 관계자들에게 선배들의 눈물과 땀으로 이뤄진 경험담을 담은 이 책을 권하고 싶습니다.

이영준

차 례

들어가며

이 책은 다소 기묘한 집착의 결과물입니다. 2009년 이래로 저는 어마어마한 시간과 돈을 들여 게임을 구매하고, 플레이하고, 아이폰과 아이패드 게임에 대한 글을 썼습니다. 취미로 시작했던 일은 곧 저의 일상이 됐고, 오래지 않아 저의 경험을 바탕으로 게임프로닷컴GamePro.com에 앱스토어에 대한 주간 칼럼을 쓰게 됐습니다.

이후 몇 해 동안 저는 수백 편의 iOS 게임 리뷰를 작성했습니다. 앱스토어 개발자의 흥미로운 이야기를 다수 취재했고, 아이폰과 아이패드 게임 시장에 대한 지식이 쌓이면서 「PC 게이머PC Gamer」, 「맥라이프MacLife」, 「맥월드Macworld」 등의 잡지에도 기고할 수 있게 되었습니다. 그러던 어느 날, 사촌의 졸업식에 참가했던 날이었는데, 제가 게임을 소재로 한 책을 집필할 수 있겠다는 생각이 문득 들었습니다.

이 책에 있는 67편의 게임은 무작위로 선택한 것이 아닙니다. 저는 수천 편의 iOS 게임을 구매해 충분히 플레이했고, 그중 무언가 의미가 있는 게임은 전체의 4분의 1 정도였습니다.

이 책은 단순히 좋은 평가를 받는 게임만 소개하지는 않습니다. 대부분은 재미있고, 잘 설계돼 있으며 주목할만한 앱스토어 게임들입니다. 어떤 게임은 상상을 초월하는 인기를 얻은 게임이며, 몇몇 게임은 독창적인 방식이나 정제된 디자인 때문에 이 책에 실렸습니다. 하지만 한 가지 면에서 공통점이 있습니다. 시간과 돈을 들여 해볼만한 게임이라는 점입니다.

이 책은 게이머를 위한 가이드북 이상의 정보를 제공하고 있습니다. 본문의 내용을 통해 여러분이 알지 못했던 흥미로운 게임들을 소개하는 한편, 궁극적으로 이 게임들의 이면에 있는 이야기를 나눠보려고 합니다. 게임은 기계가 아니라 사람이 만듭니다. 멋지고 독창적인 무언가를 만들어내기 위해 고군분투하고, 그 노력의 보상으로 정당한 보상을 받은 사람들입니다.

　이 이야기를 듣기 위해 저는 수백 명의 관계자들과 단독 인터뷰를 했습니다. 그들의 창의적인 제작 기법과 그 과정에서 마주친 역경을 극복한 방법에 대해 질문했고, 개발 과정에서 있었던 재미있고 인상적인 일화는 없는지 캐물었습니다. 세상에서 가장 유능한 게임 개발자들과 이야기를 나누는 과정에서 저는 그들이 직접 변화를 주도하는 게임 산업에 대한 놀라운 통찰력과 견해를 들을 수 있었습니다.

　이 과정에서 제가 배운 교훈이 있다면 열광적이고, 스트레스에 시달리고, 즐거우면서 때로는 가슴 아픈 상황을 겪은 사람들이 모바일 게임 혁명의 최전선을 이끌고 있다는 사실입니다. 이들의 이야기는 널리 전해져야 하고, 그 점이 이 책의 목표이기도 합니다. 이 이야기를 독자들과 함께 나누고 싶습니다.

100로그

플랫폼 : 아이패드, 아이폰, 아이팟(유니버설 앱)
가격 : 1.99달러
개발사 : 다이노팜 게임즈(Dinofarm Games)
퍼블리셔 : 퓨전 리액션즈(Fusion Reactions)
발매일 : 2010년 5월 4일

게임 소개

1986년 PC 게임 〈로그Rogues〉가 나온 이후 로그라이크Roguelike(국내에선 로그류라고도 부른다. 1980년대를 풍미한 게임 장르다. - 옮긴이)라는 용어가 생길 정도로 이를 모방한 게임이 많이 나왔다. 몬스터가 득실대는 던전을 탐험하고, 악의 소굴 깊은 곳에 숨겨진 보물을 찾는 내용의 게임이다. 로그라이크에

는 플레이 도중에 캐릭터가 죽으면 다시 부활하지 못하는 특징이 있다. 아무리 많은 시간을 게임에 쏟아 부었어도 캐릭터가 죽으면 부활 없이 게임이 끝난다. 실수 한 번에 모든 것을 날릴 수 있기 때문에 최대한 신중하게 게임을 해야 한다.

〈100로그100 Rogues〉는 이런 특징들을 모두 가지고 있으면서 모바일 기기에 적합하게 만든 게임이다. 이 게임에서 플레이어는 캐릭터를 만들어 수십 시간이 걸리는 장대한 여정을 떠나는 대신,

평균 10분 정도면 한 판을 끝낼 수 있다. 마법사든 기사든 원하는 캐릭터를 만들어서 레벨업을 하고, 능력치를 올리는 시간이 매우 짧기 때문에 TV를 보다가 광고가 나오는 시간에 플레이를 할 수 있을 정도다(사실 아이폰은 TV를 보면서 할 수 있는 최신 게임기 아닌가?). 많은 로그라이크 게임이 있지만 〈100로그〉는 그 중에서도 상당히 돋보이는 게임이다.

게임 비화

사실 〈100로그〉는 그렇게 거창하게 기획된 게임이 아니었다. 프로그래머인 제프 레이트Jeff Lait가 개인적으로 만든 〈파우더POWDER〉라는 게임을 모방한 간단한 게임이 〈100로그〉의 목표였다(〈파우더〉는 현재 앱스토어에서 무료로 받을 수 있다). 신생 제작사인 다이노팜 게임즈는 퓨전 리액션즈와 계약을 맺고 iOS용 게임 제작에 착수했다. 원래 3개월 정도의 기간 안에 개발을 완료하기로 했지만, 17개월이 지나도 여전히 제작 중이었다.

하지만 너무 넘겨 짚지 말자. 〈100로그〉를 만들 때의 어려움을 이해하려면 퓨전 리액션즈의 프로그래머 웨스 포우Wes Paugh가 어떤 상황이었는지 알아야 한다. "〈100로그〉를 만드는 팀에 합류했을 때 이미 3개월째 개발 중이었고 예정된 일정이 85% 정도 지나간 시기였죠. 저는 스테이지 몇 개를 만들기로 했고 그 일이 끝나면 다른 프로젝트를 하게 돼 있었어요."

> ### 통계
> - **개발 기간** : 18개월
> - **총 예산** : 40,000달러
> - **다운로드 횟수** : 100,000번

하지만 개발 기간은 계속 늘어났고 스케일은 점점 커졌다. 계속해서 새로운 기능이 추가됐고 언제 개발이 완료될지 아무도 예상할 수 없었다. 초기의 기획이 흔적도 남아 있지 않을 정도로 계속 바뀌는 디자인 때문에 포우가 보기에 앞으로 최소한 8개월이 더 걸릴 것 같았다. "설계가 계속 변경됐는데, 마치 서부 영화를 찍는 세트장을 거의 다 만들어 놓았더니 계획을 바꿔 배경을 현대적인 마을로 바꾸겠다고 하는 것 같았어요."

당시 게임 디자인을 이끌었던 포우와 키스 버건Keith Burgun은 개발의 실마리가 풀렸던 순간을 기억한다. 버건은 게임 속 몬스터에게 순간 이동 능력을 주자는 제안을 했고, 포우는 아주 쉽게 프로그램으로 구현했다. 포우는 그 때가 〈100로그〉가 전략적으로 다채로운 게임이 된, 아주 뜻 깊은 순간이었다고 말한다. "다른 RPG 게임처럼 자기보다 레벨이 약간 높은 몬스터와 싸우는 게임이 아니라 특이한 기술을 가진 적과 싸우기 위해 기술과 전략을 써야 하는 게임이 됐어요."

버건은 제작이 시작되고 한참 후에야 게임이 구색을 갖춰가기 시작했다고 말한다. "개발이 진행되면서 게임 디자인이 점점 확실해졌어요. 전략을 짜서 몬스터를 잡는 게임이 됐죠." 그 전에는 명확한 구상도 없이 제작을 시작했기 때문에 게임을 만들면서 많은 기능들이 추가되고 점점 스케일이 커졌다고 한다. "그 때는 '다다익선'이 최고라는 착각을 하고 있었어요. 이 게임이 저희의 첫 작품이었는데 만들면서 많은 것을 배웠죠."

제작 중 생긴 문제는 한두 가지가 아니었다. 퓨전 리액션의 프로듀서인 조지 모건George Morgan과의 불화도 개발을 힘들게 만들었고, 포우가 학업을 마치기 위해 석달 정도를 쉬는 바람에 제작팀에 프로그래머가 단 한 명도 없는 상황도 있었다. "퍼블리셔인 퓨전 리액션즈의 양해가 없었으면 개발을 끝내지 못할 뻔 했어요. 저희가 신참이라는 점을 이해해줬고 스케줄이 늘어나도 대비를 잘 해줬거든요. 저희가 재미있는 게임을 만들기 위해 최선을 다 한다는 사실을 알고 있었던 것 같아요."

흥미로운 사실

- 디자이너 책임자인 키스 버건은 게임 음악을 연주하는 공룡 번개(Dinosaur Lightning)라는 밴드에서 10년 넘게 드럼을 맡고 있다.
- 〈100로그〉라는 제목은 닌텐도 패미콤용 게임인 〈100 세상 이야기: 황폐한 습지(100 World Story: The Tales of Watery Wilderness)〉에서 따왔다.
- 버건은 비싼 천체관(Expensive Planetarium)이라는 멋진 블로그를 운영하고 있다. 게임 디자인에 대한 내용을 다룬다.

18개월 후, 마침내 〈100로그〉가 앱스토어를 통해 발매됐다. 하지만 아직 끝난 것이 아니었다. 2010년 가을에 있었던 업데이트에 애플의 앱 내 광고 애플리케이션인 iAD가 들어갔는데, 이에 대해 대중의 반응이 매우 나빴다. 포우는 "돈을 주고 산 게임에 광고가 들어갔다며 화를 내는 사람이 굉장히 많았어요. 돈에 눈이 멀었

다는 이야기를 많이 들었고 굉장히 힘들었죠."라고 말한다.

포우가 팬들에게 받은 비난이 지나치다고 말하는 것은 아니다. 그는 "광고가 게임을 하는 도중에 나오는 것도 아니고, 게임에서 지면 나오는 데다가 시간으로 따지면 전체의 1% 정도"라고 하면서도 "그래도 제가 플레이어 입장이었으면 화를 냈을 것 같아요."라며 팬들의 반응을 인정한다.

광고는 일주일도 안 돼 제거됐지만 이미 타격을 입은 후였다. 아직도 아이튠즈의 게임 리뷰에는 'iAD 때문에 망했다'라는 말이 나오고 있고, 터치아케이드닷컴 TouchArcade.com 등의 게임 게시판에서는 광고에 대한 논쟁이 주기적으로 벌어진다. 그렇게 논란을 겪고 나서 광고로 번 돈은 얼마나 될까? 포우가 아는 바로 광고로 번 돈은 다 합해서 1.3달러라고 말한다.

힘들었던 개발 과정과 광고 때문에 생긴 논란에도 불구하고 〈100로그〉는 계속 잘 팔리고 있다. 게임 평론가들에게 좋은 평가를 받았기 때문이다. 블로그와 게임 리뷰 사이트들은 게임에 높은 평점을 줬고, 재미있는 게임이라는 입소문도 한 몫했다. 게임계의 대부이자 〈바이오쇼크Bioshock〉를 만든 켄 레빈Ken Levine도 코타쿠닷컴Kotaku.com과의 인터뷰에서 자신도 잠들기 전에 침대에서 〈100로그〉를 한다고 이야기했다. 포우는 "우리처럼 다른 사람들도 〈100로그〉를 좋아해요. 굉장한 기분이 들죠."라고 말한다.

디자인 책임자인 버건은 개발자들에게 이런 충고를 전한다. "진심으로 만들고 싶은 게임을 만드세요. 여러분이 정말 하고 싶은 게임인데, 아직 안 나온 그런 게임을 만든다는 생각을 하세요. 큰 도움이 될 것입니다."

어크로스 에이지 DX

플랫폼 : 아이폰/아이팟 터치(아이패드 버전은 별도로 발매됨)
가격 : 3.99달러
개발사 : 엑스 크리에이트(Exe-Create)
퍼블리셔 : FDG 엔터테인먼트(FDG Entertainment)
발매일 : 2010년 2월 11일

게임 소개

〈어크로스 에이지Across Age〉는 슈퍼 닌텐도의 고전적인 액션 RPG 게임들과 생김새도 하는 방법도 비슷하다. 1990년대에 발매됐다면 그 시대의 다른 명작 게임들과 견줄만한 게임이다. 웬만하면 〈젤다Zelda〉 시리즈와 〈어크로스 에이지〉를 비교하고 싶지 않지만, 두 게임의 유사성을 언급하지 않기는 힘들다. 사실 〈어크로스 에이지〉는 레벨업, 스킬 업그레이드 등의 RPG 특성을 더 많이 가지고 있고 하나가 아닌 두 캐릭터를 동시에 조종하는 등의 자체적인 특징이 있지만, 연이은 전투 모드와

던전 탐험, 퍼즐 풀이 같은 요소를 보면 닌텐도의 전설적인 게임인 〈젤다의 전설〉의 영향을 많이 받았다는 것을 느낄 수 있다.

동시에 두 캐릭터를 컨트롤하는 점이 〈어크로스 에이지〉의 가장 큰 특징이다. 게임 중 아무 때

나 전사 캐릭터와 마법사 캐릭터 사이를 오가며 플레이할 수 있고, 두 캐릭터가 전혀 다른 곳에 있어도 된다. 이런 점 때문에 게임 내의 퍼즐 풀이가 더 재미있다. 캐릭터 하나를 과거로 보내 뭔가 일을 시켜서 현재 상황을 바꿔야 풀 수 있는 퍼즐도 있다. 빠르게 진행되는 전투와 천천히 즐기는 퍼즐 사이의 균형을 잘 맞춘 좋은 게임이다. 원래 가정용 게임기 용도로 디자인된 게임이지만 간편하게 저장 기능을 쓸 수 있는 모바일 기기의 특성 덕분에 모바일로 잘 구현되었다. 〈어크로스 에이지〉는 매우 재미있고 풍부한 내용을 가진 RPG 게임이라고 할 수 있다.

게임 비화

토마스 컨Thomas Kern과 필립 도셸Philipp Doschl은 RPG 팬이었다. 도셸은 어렸을 때부터 〈판타지 스타Phantasy Star〉, 〈이스Ys〉, 〈파이널 판타지Final Fantasy〉, 〈그란디아 Grandia〉 같은 게임을 즐겨했고 늘 일본 스타일의 RPG를 만들고 싶어했다고 한다. 도셸은 "컨과 저는 가끔 우리가 어떤 게임을 만들 수 있을지 얘기했지만 당장 할 수 있는 건 없다는 결론을 내리곤 했었죠."라고 말한다.

> **통계**
> ■ **개발 기간** : 7개월

엑스 크리에이트Exe-Create는 일본에서 모바일용 〈어크로스 에이지〉를 개발한 일본 개발사였다. 2009년에 컨과 도셸은 우연히 그 회사의 사람들을 알게 되었다. 컨과 도셸은 엑스 크리에이트를 설득하기 시작했고, 결국 두 회사가 함께 〈어크로스 에이지〉의 iOS 버전을 개발하고 완성된 게임을 FDG가 퍼블리싱하기로 하는 약속을 얻어냈다.

FDG는 게임을 많이 고쳤다. 메뉴와 전투 모드 시스템도 바꾸고 게임 줄거리도 바꿨다. 게임에 필요한 음악은 컨이 직접 만들었는데, 이는 컨의 어린 시절부터의 꿈이었고 결과도 매우 훌륭했다. 도셸에 따르면 그래픽을 다시 만들고 게임 맵을 고치는 등의 기술적인 면은 대부분 엑스 크리에이트에서 맡았다고 한다.

FDG의 가장 큰 문제는 언어 장벽이었다. 도셸의 일본어 실력은 거의 바닥이었고 일본측 사람들의 영어 실력도 마찬가지였다. 도셸이 게임의 오프닝과 엔딩에 새로운 시네마틱을 넣고 싶었을 때 의사소통의 수단으로 창의적인 방법을 생각해냈다. "영상을 어떻게 만들 것인지 설명하는 것은 너무 어렵고 시간만 잡아먹는 일이라고 생각했어요. 그래서 다른 방법을 떠올렸죠." 도셸은 다른 RPG 게임과 일본 애니메이션에서 마음에 드는 장면을 이것저것 모아서 이어 붙였다. 여기 저기서 모은 화면으로 누더기 같지만 움직이는 애니메이션으로 스토리 보드를 만든 셈이었다. 이 영상은 시네마틱 제작 과정에서 중요한 역할을 했고, 결국 게임에서 삽입돼 빛을 발하게 됐다.

흥미로운 사실

- 도셸에 따르면 체스카(Ceska)의 최강 무기인 룬 스태프(rune staff)를 얻으려면 아이템을 교환하는 보너스 퀘스트를 잘 살펴보라고 조언한다.
- 엑스 크리에이트는 미국용으로 현지화해 발표한 게임이 몇 개 더 있다. 예를 들어 2011년 8월에는 스팀(Steam)을 통해서 〈프레인의 잃어버린 천사 연대기(The Lost Angelic Chronicles of Frane)〉를 발매했다.
- FDG는 〈바비 캐럿(Bobby Carrot)〉 모바일 어드벤처 게임 시리즈로도 잘 알려져 있다. 5개의 게임이 나왔고, 대부분 iOS용으로 포팅됐다.

개발 도중 컨이 큰 병을 얻어서 두 달 가까이 쉰 적이 있었다. 컨이 그 기간을 이용해 대부분의 게임 음악을 완성한 점은 다행이지만, 도셸은 컨이 자리를 비운 사이 매우 힘든 기간을 보냈다고 한다.

게임이 완성된 후에도 일이 끝난 것은 아니었다. 별도의 공격 버튼이 없는 대신에 적에게 다가가면 공격이 시작되는 방법을 택했는데 이런 방식에 불만을 가진 사람들이 많았다. 제작진은 화면에 들어가는 버튼 수는 적을수록 좋다고 판단했지만 팬들의 생각은 달랐다. 도셸은 "이 점을 변경해달라고 하는 요청이 굉장히 많았어요. 그래서 결국 공격 버튼을 추가했습니다."라고 말한다. 그 후 제작팀은 레벨의 난이도를 조금 낮추거나, 너무 많아서 성가셨던 트랩을 몇 개 없애는 식으로 팬의 요청을 지속적으로 반영했다.

앵그리버드

플랫폼 : 아이폰/아이팟 터치(아이패드 버전은 별도로 발매됨)
가격 : 0.99달러
개발사 : 로비오 엔터테인먼트(Rovio Entertainment)
퍼블리셔 : 칠링고(Chillingo)
발매일 : 2009년 12월 10일

게임 소개

500,000,000! 감이 잡히지 않는다고? 5억! 이 숫자는 〈앵그리버드Angry Birds〉가 지금까지 다운로드된 횟수다(아이폰, 아이패드, 안드로이드, PC, 맥, 플레이스테이션3, PSP 등 모든 플랫폼 포함). 이것은 '신드롬'이나 '초대박' 같은, 사람들이 좋아하는 유행어로 설명할 수 있는 현상이 아니다. 〈앵그리버드〉는 지금까지 나온 모든 게임 중에서 가장 '유비쿼터스'한 게임이다.

2010년과 2011년 사이에 귀엽지만 사악한 날짐승 마스코트 하나가 온 세상을 사로잡았다. 주위를 둘러보면 어

른, 아이 할 것 없이 모두 바쁘게 손가락으로 녹색의 악당 돼지들과 다양한 종류의 성난 새들이 바글거리는 스마트폰 화면을 눌러 대고 있다.

〈앵그리버드〉가 처음부터 인

기가 많았던 것은 아니다. 발매 바로 다음 날인 2009년 12월 11일, 나는 터치아케이드닷컴TouchArcade.com에 〈앵그리버드〉 리뷰를 기고했다. 당시는 게임 관련 미디어들이 iOS 게임 자체에 큰 관심을 두지 않던 분위기였고 게임 사이트 중 어느 곳에서도 〈앵그리버드〉에 주목하지 않았기 때문에 숨은 보석 같은 이 게임을 널리 알리고 싶었다. 리뷰에서 나는 스티븐 스필버그가 참여해서 만들었으나 주목을 받지 못한 Wii 게임인 〈붐블록스Boom Blox〉와 〈앵그리버드〉를 비교했다. 〈붐블록스〉의 방식처럼, 〈앵그리버드〉는 피에 굶주린 새처럼 생긴 물체를 블록으로 된 구조물을 향해 날려서 물리적인 연쇄작용을 유발하여 목표물을 부수는 게임이다.

나중에 알게 된 사실이지만, 〈앵그리버드〉는 브라우저에서 무료로 플레이할 수 있는 〈크러시 더 캐슬Crush the Castle〉이라는 게임에서 더 많은 영향을 받았다. 하지만 로비오는 훨씬 더 강한 개성을 게임 속에 불어넣었다. 원조 논쟁과 상관없이 〈앵그리버드〉는 대중문화 속으로 날아들었다. 얼마나 오래 날지는 아직 모르지만 엄청난 충격을 준 사건임은 확실하다.

게임 비화

2003년, 핀란드 헬싱키 출신의 대학생 니클라스 헤드Niklas Hed, 야르노 바케바이넨Jarno Väkeväinen, 킴 디케르트Kim Dikert가 팀을 이루어 HP와 노키아에서 후원하는 경연대회에 참가하기로 한다. 휴대전화에서 할 수 있는 (턴 베이스 게임이 아닌) 실시간 멀티플레이 게임을 만드는 대회였다. 이들은 우승했고, 곧바로 게임회사 릴루드Relude를 결성했다. 훗날 이 회사는 로비오모바일Rovio Mobile로 이름을 바꾼다.

로비오의 현 CEO 미카엘 헤드Mikael Hed는 로비오의 공동창립자인 니클라스 헤드의 사촌이다. 그는 〈앵그리버드〉의 초기 아이디어가 직원들의 머릿속에 맴돌던 2009년 3월 로비오에 재직하고 있었다. "당시 저희는 주로 용역 개발을 하고 있었습니다. 저희 전략은 일단 게임을 여러 개 만들어 하나만 히트시키자는 것이었어요."라고 헤드는 말한다.

오리지널 게임을 만들 계획을 세운 로비오는 직원들에게 여유를 주고자 외주 계약을 대폭 축소했다. 계속되는 회의를 통해 팀원들이 아이디어를 쏟아냈다. 헤드는 이렇게 말한다. "정말 심사숙고했던 제안들이 많았어요. 그러다 땅바닥을 터덜터덜 걷는 화난 새 캐릭터를 우연히 보게 되었죠." 헤드에 따르면 회의실에 있던 모든 사람들이 그 디자인을 좋아했고, 이 캐릭터로 어떤 게임을 만들지 토론하기 시작했다고 한다. "저희가 만들고 싶은 게임에 대해 확실한 기준을 세워 놓고 회의를 시작했는데, 화난 새 캐릭터 그림을 본 순간 그런 기준은 전부 쓰레기통으로 들어갔죠."

화난 새 캐릭터는 로비오의 수석 디자이너인 야코 이살로Jaakko Iisalo가 만들었다. 〈앵그리버드〉를 맡기 전에는 로비오의 다른 게임에 필요한 새 그림을 디자인했는데, 화난 새 디자인을 해서 좋은 반응을 얻자 그것을 계기로 〈앵그리버드〉의 디자인을 담당하게 되었다.

이살로는 〈앵그리버드〉가 유행을 따라갔다는 사실을 기꺼이 인정한다. 당시 로비오는 시장조사를 통해 대부분의 플래시 기반 웹 게임이 물리 법칙을 이용한 2차원 게임이라는 결론을 내렸다.

〈앵그리버드〉를 물리 게임으로 만들기로 한 후, 새를 날릴 때 새총을 사용한다는 아이디어가 바로 나오지는 않았다. 개발 초기 단계에서는 플레이어가 새를 팅겨서 날리는 방식을 택했다. 하지만 게임 디자이너들은 이런 방식을 별로 좋아하지 않았고, 다른 방법은 없을지 계속 고민했다. 당시 아이디어 중에는 그네 같은 것을 탭했다가 놓는, 설명하기 어려운 이상한 방식도 있었다.

게임의 스토리에 대해서도 계속해서 고민이 이어졌다. 이 새들은 정체가 뭐야? 왜 돼지들에게 화가 나 있지? 이살로는 이렇게 말한다. "초기 컨셉 중에, 작은 새가 돼지의 머리 위에 착륙하는 설정이 있었어요. 그러면 돼지 독감에 걸린 돼지가 재채기를 하고, 그 바람에 땅에 떨어진 새는 화가 나서 친구들에게 저 돼지가 나를 괴롭힌다고 이야기해요. 이제 와서 생각해보면 그런 설정을 넣지 않은 게 천만 다행이죠!"

〈앵그리버드〉가 하룻밤 사이에 신드롬이 되어 세계를 휩쓴 것은 아니다. 처음 발매된 2009년 12월 초 핀란드 앱 스토어에서 출시 후 바로 1위를 차지했지만, 애플은 2010년 2월 중순이 지나서야 〈앵그리버드〉를 추천 목록에 올렸다. 그제야 〈앵그리버드〉는 승승장구하기 시작했다. 먼저 영국에서 1위에 올랐고, 이어서 다른 국가들에서도 1위에 올랐다.

흥미로운 사실

- 〈앵그리버드〉에는 실제 물건을 본떠서 만든 레벨이 많다. 어떤 레벨은 햄버거 세트처럼 생겼다.
- 빨간색 새는 날아갈 때 탭하면 소리를 지른다. 하지만 특별한 기능은 없다.
- iOS 버전의 퍼블리셔인 칠링고의 주장에 따르면 처음 〈앵그리버드〉를 의뢰받았을 때 몇 가지를 고치자고 제안했는데 리비오가 이를 반영하여 지금의 〈앵그리버드〉로 바뀌었다고 한다.
- 이후 〈앵그리버드 시즌스(Angry Birds Seasons)〉, 〈앵그리버드 리오(Angry Birds Rio)〉의 iOS 버전이 발표됐다.

〈앵그리버드〉가 발표된 지 1년 후쯤 헤드가 회사 소식을 전해왔다. 직원이 23명으로 늘어났고, 그 중 한 명은 팬들의 이메일에 답장을 쓰는 일만 한다고 했다. 〈앵그리버드〉를 좋아하는 5살짜리 아들을 둔 엄마에게 받은 이메일 이야기도 있었다. "아이가 게임 레벨 하나를 그렸는데, 엄마가 그 그림을 스캔해서 이메일로 보냈어요. 다음 업데이트 때 그 그림을 게임에 집어넣었죠."

그 후 직원이 더 늘어나서 현재는 50명이 넘는다. 구글 크롬 웹 브라우저, 페이스북, 안드로이드, 플레이스테이션 네트워크, 맥, PC 등 거의 모든 플랫폼에서 〈앵그리버드〉를 즐길 수 있다. 또한, 2011년 8월 블룸버그Bloomberg는 로비오가 10억 달러 이상의 가치평가를 받고 외부 투자를 받아 자금을 마련하고 있다고 보도했다.

2009년까지만 해도 거의 아는 사람도 없던 작은 회사였는데 〈앵그리버드〉이후 그와 관련된 모든 일이 너무 빠르게 진행되고 있다. 〈앵그리버드〉이전의 로비오는 각종 모바일 플랫폼에서 수십 개의 인기 없는 게임을 만들던 회사일 뿐이었다. 〈앵그리버드〉의 열혈팬들도 그 인기가 영원할 수 없다는 사실을 알아야 하겠지만.

로비오의 최고마케팅경영자인 피터 베스터바카Peter Vesterbacka는 "〈앵그리버드〉에 회사의 모든 것을 걸겠다."고 공언했다. 정말로 궁금하다. 5년 후 로비오는 어떤 모습으로 변해 있을까?

바빌로니안 트윈즈 프리미엄

플랫폼 : 아이폰/아이팟 터치(아이패드 버전은 별도로 발매됨)
가격 : 1.99달러
개발사 : 코스모스 인터랙티브(Cosmos Interactive)
발매일 : 2010년 4월 8일

게임 소개

〈바빌로니안 트윈즈Babylonian Twins〉는 고전 스타일의 플랫폼 게임을 대놓고 모방한 게임이다. 쌍둥이 왕자가 힘을 합쳐 왕국을 파괴하려는 사악한 마법사를 무찌르게 된다. 두 캐릭터를 동시에 조종할 수는 없지만 언제든 두 캐릭터 사이를 오가며 플레이할 수 있다. 이 때 조종하지 않는 캐릭터는 석상으로 변한다. 아이템이 높은 곳에 있거나 높아서 가기 힘든 장소가 있을 때, 활성화된 캐릭터가 석상으로 변한 캐릭터를 밟고 올라갈 수 있다.

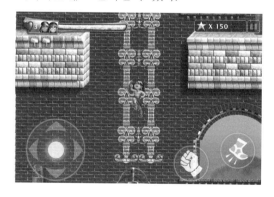

두 왕자의 위치를 기억하는 일은 약간의 기술이 필요하다. 두 캐릭터가 맵의 반대 위치에서 스위치를 켜거나 아이템을 찾아야 다음 레벨로 넘어갈 수 있는 경우가 많기 때문이다. 맵이 상하좌우로 꽤 넓은 편이기 때문에 맵을 누비고 다니는 것뿐만 아니라 원래 자리로 돌아오는 과정도 재미있게 즐길 수 있다.

게임 조작은 하나의 버튼으로 게임플레이가 이뤄지는 간단한 방식이다. 한 왕자는 곤봉이 무기이고, 다른 왕자는 철퇴를 들고 있다. 강한 적을 상대한다고 해서 함부로 철퇴를 여러 번 쓰다가는 체력이 금방 바닥나기 때문에 조심해야 한다.

도입부에서 이 게임을 오래된 플랫폼 게임으로 소개하긴 했지만 적과 싸우면서 한 층씩 올라가는 내용만 있는 단순한 게임은 아니다. 정확히 말하면, 잘 표현된 고대 이라크의 독특한 분위기 속으로의 탐험과 흥미진진한 퍼즐을 멋진 음악을 들으며 즐길 수 있는 게임이다.

게임 비화

이라크의 1993년은 암담한 한 해였다. 유엔United Nations은 1990년부터 이라크에 대한 무역 제재를 시작했고 그 결과는 참담했다. 문맹률이 심각했고, 유아 사망률 또한 급등했다. 화학 무기로 전용될 수 있는 염소鹽素의 수입과 생산을 금지한 결과, 이라크 국민들은 식수 부족에 시달리게 되었다.

하지만 아무리 힘든 상황이어도 어떻게든 원하는 것을 구하는 사람이 있게 마련이다. 수입 금지 규정을 교묘하게 회피해서 코모도어Commodore의 아미가Amiga 컴퓨터가 인기리에 거래됐다. 이미 1980년대 후반에 벌크로 수입된 아미가 500Amiga 500(아미가의 저가형 모델 - 옮긴이)이 일반 소매 가격의 서너 배가 넘는 가격에 거래될 정도였다.

> **통계**
> - 코스모스 인터랙티브가 게임 가격을 변경한 횟수 : 약 150회
> - 무료로 다운로드한 횟수 : 460,000번
> - 유료로 다운로드한 횟수 : 40,000번

라바 쉬하브Rabah Shihab도 그 때 아미가를 접했다. 1988년경 〈왕관의 수호자Defender of the Crown〉와 〈디럭스 페인트Deluxe Paint〉를 실행할 수 있는 아미가를 접한 쉬하브는 1년 동안 억척스럽게 돈을 모아서 아미가를 샀다. 그리고는 동생과 함께 〈스피드볼Speedball〉이나 〈킥오프KickOff〉 등의 게임을 쉴 새 없이 할 수 있었다.

당시 이라크는 저작권에 관한 법 규정이 매우 부실했고 소프트웨어를 불법 복제해서 비싼 값으로 파는 업체가 많았다. 정식으로 발매된 게임이 없었기 때문에 쉬하브 형제는 불법 복제된 게임을 살 수밖에 없었다. 1990년대 초반에도 여전히 아미가는 대량으로 수입되었고, 1993년 이라크에서는 아미가 컴퓨터의 점유율이 가장 높았다.

그 후 쉬하브는 바그다드 대학에서 컴퓨터 공학을 전공하게 되었다. 이미 13살 때부터 MSX 컴퓨터로 게임 프로그래밍을 하던 쉬하브는 팀17Team17의 〈수퍼프로그Superfrog〉나 코나미Konami의 〈마성전설Maze of Galious〉의 영향을 받아 친구인 무타다 살만Murtadha Salman 및 마히르 알살만Mahir Alsalman과 함께 게임을 개발하기 시작했다. 쉬하브는 이라크의 역사와 문화가 풍부하게 표현된 게임을 만들고 싶었다며 "이라크가 전쟁과 무역 제재로만 알려지지 않게 만들고 싶었어요."라고 말한다.

"대부분의 사람들은 이라크의 역사에 대해서 잘 모르고 있어요. 몇몇 나쁜 사람들 때문에 이라크에 대한 이미지가 나빠진 건데요. 하지만 대부분의 이라크인들은 평화롭고, 교육도 많이 받았고, 똑똑하고, 열정적이고, 동정심도 많고, 관대한 성격이거든요. 하지만 그런 이야기는 뉴스에 나오지 않죠."

쉬하브는 자신이 만든 팀에 비공식적으로 '메소포타미아 팀'이라고 이름을 붙였다. 가장 경험이 많은 사람은 쉬하브였다. 그가 게임을 구상하고, AsmOne(아미가와 모토롤라 680x0 프로세서용의 매크로 어셈블러 - 옮긴이)을 사용해서 프로그래밍을 하는 식으로 자연스럽게 쉬하브가 게임 개발을 이끌게 되었다.

개발 여건은 매우 열악했다. "하드디스크가 없었어요. 컴파일을 할 때마다 디스크를 갈아 끼워야 했어요. 게다가 언제 정전이 될지 몰라서 계속 저장을 해야 됐고요. 플로피 디스크를 정말 수도 없이 갈아 끼웠죠."라고 쉬하브는 말한다.

흥미로운 사실

- 〈바빌로니안 트윈즈〉의 음악을 맡은 마히르 알살만은 게임 음악을 만들 때 팀원들과 통화를 하며 수화기를 스피커에 가까이 해서 음악을 들려줘야 했다.
- 게임에는 세 개의 보너스 스테이지가 숨어 있고, 여러 개의 숨겨진 보물이 있다. 이 보물들은 실제 메소포타미아 유물의 모습으로 디자인됐다.
- 무타다 살만이 처음 게임을 디자인할 때 사용한 프로그램은 아미가용 디럭스 페인트였다.

"저희가 가진 것은 책 한 권이 전부였어요. 아미가 하드웨어 레퍼런스 매뉴얼이었죠. 인터넷도 없고, 게임 개발에 참고할 책도 전혀 없었어요." 쉬하브가 썼던 아미가의 메모리는 고작 512KB의 용량이었기 때문에 가능한 모든 방법을 동원해서 프로그램의 크기를 줄여야 했다. 시스템 다운은 다반사였다.

그렇게 〈바빌로니안 트윈즈〉가 완성됐다. 이라크인으로서는 처음으로 흥행 가능성이 있는 게임을 만든 셈이었다. 맵을 돌아다니고 퍼즐을 풀며 한 층씩 올라가는 방식이었고, 바빌론의 쌍둥이 왕자들이 사악한 마법사로부터 아버지의 왕국을 지키는 내용이었다. 살만은 역사적으로 실재했던 유물들을 본 따 게임을 디자인했고 알살만은 이라크의 고전 음악을 참고해서 게임 음악을 만들었다.

쉬하브의 프로그래밍 실력은 대단했고 아미가 컴퓨터에서 쾌적하게 돌아가는 게임을 만들 수 있었다. "아미가 게임 중에서 가장 빠르게 움직인다는 칭찬을 들었어요. 하지만 정말로 운이 나빴죠. 게임을 발매할 수 없었거든요."

게임은 준비됐지만 퍼블리셔를 구할 수 없었다. 당시 UN의 무역 제재로 인한 법적인 문제가 있었기 때문이었다. 설사 퍼블리셔를 구한다 하더라도 이라크를 벗어날 수 있는 방법이 없었다. 마지막 노력으로 어떤 캐나다 회사와 협상한 적이 있었지만, 그마저도 결국 실패하고 말았다. 이제 〈바빌로니안 트윈즈〉의 운이 다한 것 같았다.

메소포타미아 팀의 팀원들이 각자의 삶을 사는 동안 몇 해가 흘러갔다. 쉬하브는 요르단으로 갔다가 후에 두바이로 건너갔고 그곳에서 아우데이 후세인Auday Hussein과 코스모스 소프트웨어Cosmos Software를 세웠다. 후세인은 〈바빌로니안 트윈즈〉를 만들 때 함께 했던 오래된 친구였다. 그 곳에서 가상 현실 박물관 등의 프로젝트를 성공적으로 마친 쉬하브와 후세인은 캐나다로 갔다. 한편 살만은 오스트레일리아로 이주해서 건축가로서 자리를 잡았고, 몇 년 간 두바이의 고층 빌딩과 관련된 일을 했다. 알살만은 의대를 마치고 바그다드에서 외과의사가 되어 요르단으로 갔다가, 그 후에는 미국으로 건너갔다.

2007년, 쉬하브가 〈바빌로니안 트윈즈〉의 게임 플레이 영상을 유튜브에 올렸다. 처음에는 별로 주목 받는 영상이 아니었다. 하지만 2008년에 잉글리시아미가 보드English Amiga Board라는 아미가 사용자 사이트의 한 회원이 그 영상을 발견하면서 주목을 받기 시작했다. 영상을 본 사람들의 반응이 좋은 걸 본 쉬하브는 다른 데모 영상을 올리게 되었다. 이번에도 영상에 대한 반응이 매우 좋았다. 마침 얼마 전 서비스를 시작한 애플 앱스토어가 성공적으로 자리를 잡고 있었다. 쉬하브는 게임을 아이폰용으로 이식하기로 결정했다. 그리고 얼마 안 가 혼자 힘으로는 제대로 결과를 낼 수 없다는 결론을 내렸다.

쉬하브는 곧 텔레필름Telefilm에 자금 지원을 요청했다. 캐나다 정부 소유의 회사인 텔레필름은 자금 여력이 있었고, 쉬하브의 프로젝트에 자금 지원을 하기로 결정했다. 든든한 후원자를 얻은 쉬하브는 게임의 리메이크를 위해 살만과 알살만을 불러들였다. "개발을 위해 몇 사람을 새로 영입했지만 핵심 멤버는 변함 없었죠." 프로그래머, 사운드 테스터, 디자이너 등을 맡은 멤버들의 이름은 게임의 크레디트 화면에서 확인할 수 있다.

쉬라브의 연락을 받은 살만은 예전 게임을 되살린다는 기대에 매우 흥분했다고 한다. "쉬라브와 통화하면서 그 게임을 다시 만들자는 이야기를 듣고 정말 깜짝 놀랐어요. 완전히 잊어버리고 있었거든요. 16년 전에 아미가와 얽힌 추억들이 생각나면서 저희의 작품을 다시 살려내야겠다는 생각이 들었어요."

새로 꾸려진 메소포티마아 팀은 이메일과 메시지 프로그램, 전화 등을 통해 의견을 나누며 게임을 개발했다. 그렇게 1년여간 작업한 끝에 드디어 아이폰용과 아이패드용을 각각 앱스토어를 통해 발매할 수 있었다. 게임 미디어와 팬들은 새로워진 〈바빌로니안 트윈즈〉를 매우 좋아했다.

유로게이머Eurogamer는 게임의 스테이지 디자인에 높은 점수를 주었다. 아이폰 소식과 리뷰를 게재하는 사이트인 터치아케이드닷컴TouchArcade.com에선 "깜짝 놀랄만한"이나 "기가 막힌" 등의 표현으로 게임을 치켜세웠고 "아이폰용으로 포팅된 티가 나지 않고, 아미가가 잘나갔던 시기의 게임들을 훌쩍 넘어선다"라고 평가했다. 많은 사람들이 아이튠즈 리뷰에 별 다섯 개를 주었고, 이 글을 쓰고 있는 현재 〈바빌로니안 트윈즈〉의 다운로드 횟수는 50만 번 이상이다.

게임 발매의 흥분이 가라앉자 팀원들은 안도의 한숨을 내쉬었다. "8개월 동안 자투리 시간과 주말을 몽땅 이 게임에 썼어요. 끝내고 나니까 기분이 정말 좋았죠. 한 번 더 할 수 있을 것 같아요."라고 살만은 말한다.

이 게임과 관련된 더 많은 이야기는 「게임프로GamePro」 잡지의 2010년 11월 판에 '메소포타미아에서 공개되지 못한Unpublished in Mesopotamia'이라는 제목으로 게재되었다. 게임프로닷컴GamePro.com에서 온라인으로 확인할 수 있다.

배틀 포 웨스노스

플랫폼 : 아이폰/아이팟 터치(아이패드 버전은 별도로 발매됨)
가격 : 3.99달러
개발사 : 데이비드 화이트(David White)
퍼블리셔 : 카일 풀(Kyle Poole)
발매일 : 2009년 11월 23일

게임 소개

〈배틀 포 웨스노스Battle for Wesnoth〉는 턴 기반의 전략 게임 팬에게는 마치 신이 내려준 오픈소스의 축복처럼 느껴진다. 2003년 PC와 맥Mac용으로 처음 발매된 이 게임은 웨스노스 엔진Wesnoth engine으로 자신만의 캠페인을 만들 수 있는 게임이었다. 이후 몇 년간 많은 사람들이 자발적으로 수많은 캠페인을 만들었고 iOS용으로 게임이 발매됐을 때 그 중 20여 개의 캠페인이 포함됐다. 플레이에 수백 시간이나 걸리는 분량이다. 지금은 아이폰과 아이패드를 비롯한 다양한 플랫폼에서 이 게임

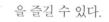

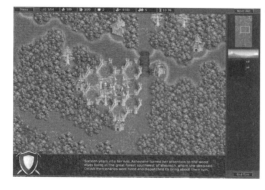

을 즐길 수 있다.

〈배틀 포 웨스노스〉에서 가장 멋진 부분은 사용자들이 맥과 리눅스, PC 등 어떤 플랫폼을 사용하든 다른 사람과 함께 멀티플레이를 즐길 수 있다는 점이다. 그뿐이 아니다. 플레이어가 게임을

저장하면 클라우드에 저장된다. 버스에서 아이패드나 아이폰으로 게임을 즐기다가 집에 돌아오면 데스크탑으로 게임을 이어갈 수 있다는 이야기다.

〈배틀 포 웨스노스〉가 재미없는 게임이라면 이런 멋진 특징들은 모두 무용지물이겠지만, 〈배틀 포 웨스노스〉는 정말 멋진 게임이다(물론, 디자인 면에서는 다른 유명 게임들에서 이것저것 빌려온 부분은 있지만). 조작이 복잡하지 않고, 〈밀리터리 매드니스Military Madness〉처럼 등장 요소의 움직임은 자연스럽고, 〈파이어 엠블렘Fire Emblem〉처럼 레벨 업을 할 수 있고, 〈어드밴스 워즈Advance Wars〉처럼 지형 요소를 이용할 수 있다.

전략 게임 팬들에게 〈배틀 포 웨스노스〉는 아이폰이 돈 값을 한다고 생각하게 만들 정도로 풍부한 내용을 가진 게임이다

게임 비화

대학 졸업 후 취업을 한 데이비드 화이트는 따분한 3년차 직장 생활을 보내고 있었다. 그는 회사를 '지겨운 재정 분석 회사'라고 생각했고 프로그래머로서의 업무가 특별히 어려운 일은 아니었지만 결과적으로 그 일을 하면서 프로그래밍 실력을 꽤 향상시킬 수 있었다.

그렇게 2003년이 되고 화이트는 게임 하나를 만들 수 있을 정도로 실력이 늘었다는 생각이 들었다. 직접 게임을 만든 경험이 없지는 않았다. 10대 때에는 이런저런 게임 아이디어가 많았고, 직접 게임을 제작해보며 자신의 프로그래밍 실력을 가늠해보곤 했었다. 대부분의 게임은 실패로 끝났지만, 화이트는 그 시절 자신에게는 "고삐 풀린 젊은 혈기"밖에 없었다며 웃어 넘긴다.

> **통계**
> ■ **개발 기간** : 8년(계속 늘어나고 있다)
> ■ **총 예산** : 오픈소스다!

게임을 만들기로 결심한 뒤, 처음엔 자신이 어렸을 때 좋아했던 게임들과 비슷한 게임을 만들 생각을 했었다. 하지만 그렇게 만들면 왠지 어린 시절의 아련한 향수를 망칠 것 같았다. 그는 그 때의 상황을 "〈소닉 더 헷지혹Sonic the Hedgehog〉 같은 유명한 게임보다는 덜 알려지고 잊혀진 게임을 찾아서 그 게임의 장점을 되살리는 게임을 만들고 싶었어요."라고 설명한다.

그래서 화이트가 선택한 게임은 확실히 인기와는 거리가 먼 게임이었다. 그 때 고른 〈워송Warsong〉과 〈마스터 오브 몬스터즈Master of Monsters〉라는 게임은 세가 제네시스Sega Genesis용의 전략 게임이었다. 사실 세가 제네시스용 전략 게임 중에서 참고할 게임을 고른다면 〈샤이닝 포스Shining Force〉 같은 게임이 가장 좋겠지만, 화이트는 〈워송〉이나 〈마스터 오브 몬스터즈〉의 아이디어를 가져와 멋지게 발전시키는 작업에 더 흥미를 느꼈다. 그는 "지금 생각에도 어딘가에 분명히 좋은 게임인데 묻혀버린 게임이 있을 것이라는 생각이 들어요."라고 말한다. 화이트가 게임의 방향을 정하고 난 뒤 게임의 기본적인 구조를 세우는 데 몇 주가 걸렸다. 하지만 기본적인 구색을 갖춘 게임을 프로그램하는 데에는 단 일주일밖에 걸리지 않았다.

화이트는 자신의 프로그래밍 실력은 그저 그런 수준이고, 혼자서 뭐든 다 할만한 정도는 아니라고 말한다. "그림을 잘 그리는 것도 아니고, 음악은 더욱 못했어요. 게다가 주위에 미술이나 음악을 하는 친구도 없었죠."

화이트는 일단 초기 버전의 게임을 공개하기로 결심했다. 멋진 그림이 들어가야 할 부분에 자신이 임시로 만든 그림을 넣었고, 제대로 된 음악도 없는 상태였다. 게임에 들어간 인공지능은 버전을 0.1로 붙일 정도로 아주 기본적인 수준이었지만 게임의 핵심적인 메커니즘을 보여주기에는 충분했다.

게임을 공개한 후 처음으로 프란시스코 무뇨즈Francisco Muñoz라는 스페인의 미술가가 게임 삽화를 도와주겠다는 의사를 밝혀와서 함께 몇 달 동안 작업을 했다. 그러는 동안 프로젝트에 함께 하고 싶은 사람들이 많이 생겼고, 최초 공개 후 두 달도 안 돼서 화이트는 원하는 사람은 누구나 제작에 참여할 수 있는 공식 온라인 커뮤니티를 만들게 됐다.

이 시점에서 〈배틀 포 웨스노스〉는 완전한 오픈소스로 전환됐다. 수십 명의 사람들이 자발적으로 참여해서 미술, 코딩, 음악, 효과음 등을 만들었다. 직접 게임을 해 본 결과를 분석해 의견을 내는 사람들도 있었다. "한두 번 도와주고 떠난 사람도 있었지만 대부분은 굉장히 열심히 참여했어요." 커뮤니티의 멤버들은 직접 게임 스토리를 만들고 싶어했고, 화이트는 사용자가 스토리를 만들 수 있는 기능을 추가했다. 멀티플레이어 게임으로 만들어야 한다는 의견이 나오자 화이트는 그 부분도 반영해서 프로그램을 고쳤다.

프로젝트에 참여하는 사람들이 점점 많아졌고 화이트는 모두를 환영했다. 그리고 각 분야별로 대표를 정해 맡은 부분을 관리하는 권한을 줬다. "음악, 아트, 게임 밸런스 확인, 멀티플레이어 맵 등의 분야에 책임자를 선정했고, 그 책임자를 당주 lord라고 불렀어요. 자신의 분야에서 최종적인 결정을 할 수 있는 권한을 가지고 있었죠."

2006년에 이르면 웨스노스는 자생 능력이 생길 정도로 규모가 커진 상태였다. 화이트는 "제가 있건 없건 게임 개발이 계속 되겠다는 생각이 들었어요."라고 말한다. 자신이 시작한 그 프로젝트에서 할 수 있는 일들이 점점 줄어들고 있었지만, 그는 여전히 프로젝트의 리더였다. 사람들 사이의 다툼을 중재할 수 있는 권한이 있었고, 여전히 게임 아이디어를 제안하거나 직접 프로그램으로 구현했다. "〈배틀 포 웨스노스〉 프로젝트는 살아있는 것 같았어요. 이미 충분히 완성된 제품이었지만, 계속해서 진화하고 개선되고 있었죠."

2009년, 화이트는 카일 풀Kyle Poole의 연락을 받았다. 그는 팜Palm의 휴대 기기용 게임인 〈카일의 모험Kyle's Quest〉을 제작한 유명한 개발자였다. 풀은 게임을 iOS용으로 포팅하고 싶어했다. 그의 계획은 자신의 이익의 일정 부분을 웨스노스 주식회사Wesnoth Inc.에 기부하는 것이었다. 웨스노스 주식회사는 게임 개발을 계속하기 위한 펀드를 마련하기 위해 만든 회사였다. 처음 화이트는 풀의 제안에 미심쩍어 했지만, 결국 받아들였다. 화이트는 "모든 시도를 다 해보던 시기였어요. 그리고 모든 일을 반드시 성공시켜야 된다고 생각하지는 않았죠."라고 회상한다

풀은 이전에 아이폰 게임이면서 어느 정도는 웨스노스와 비슷한 구석이 있는 〈검의 통치Reign of Swords〉라는 게임의 개발을 지휘한 경험이 있었다. 웨스노스와 자신의 게임을 비교하면서, 풀은 웨스노스의 수준에 대해서 "게임 디자인과 플레이가 모든 면에서 검의 통치보다 훌륭합니다."라고 이야기한다.

곧 풀은 웨스노스의 아이폰 버전을 만들기 시작했다. 화이트의 예상대로 포팅 작업은 매우 험난한 과정이었다. 풀은 꼬박 6개월에 걸쳐 웨스노스가 아이폰에서 제대로 작동되게 만드는 작업을 완료했다. 대부분은 아이폰에서 빠르게 돌아가도

록 코드를 최적화하는 일이었다. 풀은 "그렇게 어려운 작업일 줄 예상하지 못했어요."라고 말한다.

화이트는 기가 막히게 포팅을 해낸 풀에게 깊은 인상을 받았다. 발매 후의 지원에 대해서는 더 큰 인상을 받았다. 다섯 번의 대규모 업데이트를 실시했고, 각 업데이트는 사용자들이 만든 긴 캠페인들을 포함하고 있었다. 화이트는 "카일은 포팅만 하고 내버려두는 그런 사람이 아니었어요. 덕분에 아이폰용 웨스노스 커뮤니티가 열정으로 가득하게 되었고, 상업적으로도 대단한 성공을 거둘 수 있게 됐죠."라고 자랑한다.

흥미로운 사실

- 〈배틀 포 웨스노스〉는 wesnoth.org에서 무료로 다운로드할 수 있다.
- 카일 풀은 출장 때문에 갔던 베트남이 너무 마음에 든 나머지, 직장을 그만 두고 아내와 딸과 함께 베트남에서 살고 있다.
- 게임보이 어드밴스용 에뮬레이터인 〈파이어스톰(Firestorm)〉 때문에 닌텐도가 소송까지 고려했던 사건이 있었는데, 그 파이어스톰을 제작한 사람이 바로 카일 풀이다.
- 풀은 〈섀도우 에라(Shadow Era)〉, 〈카일스 퀘스트 2(Kyle's Quest 2)〉 등의 앱도 제작했다.

블롭스터

플랫폼 : 아이폰/아이팟 터치(아이패드 버전은 별도로 발매됨)
가격 : 0.99달러
개발사 : 디바인 로봇(Divine Robot)
퍼블리셔 : 칠링고(Chillingo)
발매일 : 2011년 7월 13일

게임 소개

〈블롭스터Blobster〉는 iOS용 기기 특유의 터치 인터페이스를 기반으로 만들어진 게임이다. 게임의 오프닝에는 멕시코만 기름 유출 사건으로 큰 문제를 일으킨 거대 석유 기업 BPBritish Petroleum를 연상시키는 "크고 강한 회사Big and Powerful Corporation"로부터 공격을 받아 블롭토피아Blobtopia의 평화가 깨지는 내용의 애니메이션이 나온다.

스크린의 양 옆을 움직이면 말랑말랑 잘 늘어나는 블롭스터가 좌우로 움직인다. 터치해서 당겼다가 놓으면 〈앵그리버드Angry Birds〉처럼 공중에 날릴 수도 있다. 게임의 목표는 움직이는 모습이 귀여운 블롭스터를 조종해 화려하고 넓은 공간을 돌아다니며 정해진 숫자의 블로뷸blobue을 모으는 것이다. 적

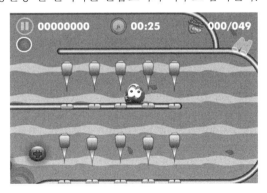

들 머리 위로 블롭스터를 날릴 수 있고, 블롭스터의 업그레이드가 가능하며, 키를 모아서 새로운 장소로 이동할 수 있다.

아케이드 모드가 대단히 재미있지만, 서바이벌 모드도 도전해볼 만하다. 매우 재미있고, 무한 플레이가 가능한 이 모드는 물에 빠지지 않는다면 계속해서 멀리 갈 수 있다.

〈블롭스터〉는 대단히 잘 설계된 플랫폼 게임이다. 화면 위에 복잡하게 버튼을 늘어놓지 않았고 엉성하게 점수를 매기는 시스템도 없다. 〈블롭스터〉는 칠링고 Chillingo가 퍼블리싱한 다른 게임들과는 사뭇 다르기 때문에 플랫폼 게임을 좋아하는 사람이라면 한 번쯤 해봐야 하는 게임이다.

게임 비화

2010년 2월의 어느 날, 아침 잠을 자던 헨릭 존슨Henrik Jonsson의 머릿속에 어떤 게임의 아이디어가 떠올랐다. 찐득찐득한 덩어리가 공중을 날아가는 설정의 게임을 곰곰이 생각하던 존슨은 침대에서 나오지도 안은 채 노트북 컴퓨터를 열어 그의 비즈니스 파트너인 닐스 안데라손Nils Anderasson에게 연락해 게임 아이디어를 설명했다.

그 해 3월 말경, 존슨과 닐스는 아이디어를 발전시켜 플레이가 가능한 초기 버전을 개발했다. 그리고 전혀 어울리지 않을 것 같은 장소에서 사람들에게 게임을 보여주며 반응을 살폈다. 존슨은 "술집에 있는 사람들에게 좋은 반응이 나왔어요."라고 말한다. 게임이 옳은 방향으로 나간다는 반증이었다. 그 직전에 만들었던 게임은 펍에서의 반응이 그렇게 좋지 않았다.

개발 초기의 게임은 형식적으로 만들어 놓은 배경 위로 젤리 같은 덩어리를 무한정 던지는 방식이었다. 존슨은 게임을 완성하는 데 6주 정도 걸릴 것으로 생각했지만, 예상은 빗나갔다. 개발을 시작한 지 3개월이 됐을 때 존슨과 닐스는 전통적인 직선형 레벨에서 벌어지는 아케이드 게임 스타일을 추가하기로 결정했다. 존슨은 "그 해 여름에 환경을 위협하는 큰 사고가 났었잖아요. 저희는 환경을 보호하는 내용을 게임의 배경으로 하기로 했어요. 큰 책임을 가진 사람들이 저지른 잘못을 재미있는 방법으로 지적하고 싶었습니다."라고 말한다.

7월이 되자 잠재적인 고객에게 보여줄 만큼 게임이 완성되었다. 8월부터 베타테스트가 시작됐다. 존슨은 "가장 처음 나온 불평은 게임이 너무 어렵다는 것이었어요. 사람들의 불만이 대단했어요. 다시 20개의 스테이지를 추가로 만들었는데, 이번엔 너무 쉽다는 반응이었죠. 세 번째에는 훨씬 나아졌습니다. 그때까지 만든 100개가 넘는 스테이지 대부분은 그냥 버려졌어요."라고 말한다.

1월이 되어 두 사람은 게임을 들고 칠링고에 찾아가 퍼블리싱을 약속받았다. 하지만 6개월 정도 더 게임을 다듬고 발전시켜야 한다는 조건이 붙었다. 결국 시작할 때 생각했던 6주의 개발 기간이 18개월로 늘어나게 됐다. 존슨은 대부분의 스테이지를 다시 설계했고 적들과 파워업 아이템의 숫자를 늘리는 데 중점을 뒀다.

이는 〈블롭스터〉의 제작사인 디바인 로봇Divine Robot 의 야나 니카넨Jaana Nykanen 에게 꽤 괴로운 기간이었다. 개발이 막바지에 이르렀을 무렵에 쌍둥이를 임신한 채로 일해야 했기 때문이었다. "그녀가 커다란 배 위에 맥북을 올려놓고 엄청나게 복잡한 퍼즐을 디자인하는 장면이 무척 재미있었어요."라고 존슨이 회상하며 웃음짓는다.

존슨은 투자와 관련된 회의가 몇 번이나 무산된 일 때문에 개발이 더 늦어졌다고 설명한다. "거기에서 시간이 많이 낭비됐어요. 소규모로 모바일 애플리케이션을 개발하는 분야에는 사기꾼과 허풍이 넘쳐나죠. 하지만 실제로 뭔가 쓸모 있는 물건을 만들어 돈을 버는 사람은 별로 없어요."

존슨은 〈블롭스터〉를 만들기 시작한 후 많은 것이 바뀌었다고 말한다. "그 동안 제작 과정이 굉장히 간소화됐기 때문에 지금 〈블롭스터〉 같은 게임을 만든다면 전에 비해서 삼분의 일 정도의 시간이 걸립니다." 〈블롭스터〉는 발매 당시 인기 차트에서 3위를 차지했다. 지속적인 업데이트를 위한 야심만만한 계획은 이미 실행 중이다.

흥미로운 사실

- 존슨에 따르면, 게임 초반의 52개 레벨 중에 놀랄만한 뭔가가 숨어 있다고 한다.
- 게임 중 악역인 "크고 강한 회사"는 블롭질라(Blobzilla)라는 참신한 이름의 악당이 이끌고 있다.
- 디바인 로봇은 〈이브닝스타(Eveningstar)〉라는 슈팅 게임도 제작했다.

블록 커미쓰

플랫폼 : 아이폰/아이팟 터치
가격 : 1.99달러
개발사 : 하프봇(Halfbot)
발매일 : 2011년 2월 16일

게임 소개

〈블록 커미쓰The Blocks Cometh〉는 날렵한 작은 캐릭터를 조종해서 〈테트리스〉처럼 하늘에서 떨어지는 블록들 사이에서 살아남는 게임이다. 살아남기 위해서 몇 가지 무기를 써야 한다. 화면 상의 가상 방향키와 두 개의 버튼을 사용해서 기본 점프,

이중 점프, 블래스터 등을 쓸 수 있다. 캐릭터가 블록으로 둘러 쌓이면 블래스터로 파괴할 수 있지만, 그보다 멋진 점은 그 전에 벽을 타고 점프할 수 있는 능력을 가지고 있다는 것이다.

주인공 캐릭터는 떨어지고 있는 블록을 향해 점프해서 블록의 옆 면을 타고 한 번 더 점프할 수 있다. 게임에 익숙해지면 이중 점프와 벽을 타고 점프하는 능력을 사용해서 땅을 밟지 않고 몇 분이나 계속 공중에 머무를 수 있다. 물론 타이밍을 잘못 맞춰 벽타기를 하면 떨어지는 다른 블록에

깔려 죽을 수도 있지만, 그런 점도 〈블록 커미쓰〉의 묘미다.

꼭 필요할 때만 박스 위로 점프하는 식으로 조심스럽게 할 수도 있지만, 고공 비행을 즐기는 플레이어가 더 높은 점수를 얻고 그런 플레이가 훨씬 더 재미있다.

〈블록 커미쓰〉는 장소에 구애받지 않고 간단히 즐기는 게임이다. 한 판에 몇 분밖에 걸리지 않고, 빠른 게임 속도 덕분에 짧은 시간 동안 플레이할 때에도 충분한 만족감을 얻을 수 있다.

게임 비화

데릭 로프먼Derek Laufman과 멜빈 새뮤얼Melvin Samual은 캐나다 온타리오에 있는 한 콘솔 게임 회사에서 함께 일하던 동료였다. 회사 사정상 몇 번 휴업을 하는 사이에 회사 사정이 난장판이 되자 두 사람은 각자 다른 일을 하기 위해 떠나게 되었다. 서로 다른 경력을 쌓아가는 와중에도 같은 헬스 클럽에 다니면서 친분을 유지하고 있었다.

새뮤얼은 프리랜서 일을 하며 1년을 보내는 동안 몇 번이나 로프먼에게 같이 게임 회사를 차리자고 제안했고, 결국 힘을 합쳐 일을 해보자는 결론이 났다. 회사 이름을 정하는 일부터 쉽지 않았다. 밤을 지새며 고민하다 결국 하프봇Halfbot이라는 이름을 골랐다. 로프먼은 하프봇이라는 발음을 좋아했다고 한다. 그 후, 새뮤얼이 사는 집의 남는 방에 사무실을 차리게 됐다. 새뮤얼의 집에 사무실을 차리게 돼 좋았던 점 중 하나는, 그 즈음에 새뮤얼이 새로 데려온 강아지를 돌보며 일을 할 수 있다는 점이었다.

새로 설립한 회사에서 로프먼이 우선적으로 결정할 일은 어떤 플랫폼에서 게임을 개발할 것인지에 대한 문제였다. "아이폰 마켓과 플래시 마켓 사이에서 고민했어요. 독립 개발사로서 양쪽 다 진입장벽이 낮으면서도 매력적인 플랫폼이었죠."

iOS용 프로그램을 개발해본 경험이 있는 친구들의 조언과, 나름의 조사를 통해 하프봇은 우선 플래시 프로그램을 개발하기로 결정했다. "꽤 간단해 보였어요. 게임을 만들고, '플래시 게임 라이선스Flash Game Licence(www.flashgamelicense.com)'에 등록하고, 경매 입찰이 되길 기다리면 되는 일이었죠."

여기서 잠시 플래시 게임 업계에 대해서 간단히 살펴보자. '플래시 게임 라이선스'는 게임 개발자와 플래시 게임 포탈 사이트를 중개하는 웹사이트다. 아모게임즈닷컴armorgames.com이나 애딕팅게임즈닷컴addictinggames.com 등의 플래시 게임 사이트는 플래시 게임 제작자들과 계약을 맺고, 자신들의 로고를 삽입한 게임을 자신들의 웹사이트에서 제공한다. 플래시 게임을 다루는 포탈 사이트에게 '플래시 게임 라이선스'는 이베이 같은 역할을 하는 셈이다. 콩그리게이트Kongregatesk와 아머게임즈Armor Games 등의 회사들은 좋은 플래시 게임을 두고 입찰 경쟁을 벌이기도 한다. 경쟁이 심한 게임은 입찰 가격이 10,000달러까지 올라가기도 한다. "처음으로 플래시 게임을 개발한 사람이면 거의 다 '플래시 게임 라이선스'에 게임을 올려서 입찰을 기다리죠."라고 로프먼은 설명한다.

로프먼과 새뮤얼은 플래시 게임 하나로 25,000달러를 벌었다는 어떤 개발자의 이야기를 듣긴 했지만, 현실적으로 자신들의 게임으로 그렇게 큰 돈을 벌 수 있으리라고 기대하지 않았다. 하지만 5,000에서 10,000달러 정도는 기대할 수 있다고 봤다. 로프만은 "대충 계산해서, 한 달에 한 개씩 플래시 게임을 만든다고 하면, 플래시 게임 시장에서 버티는 일은 어렵지 않다고 생각했어요."라고 말한다.

하프봇이 처음 개발한 게임은 슈팅 플랫폼 게임인 〈아이돈트컴인피스I Don't Come in Peace!〉라는 간단한 게임이었다. 새뮤얼과 로프먼은 개발 예상 기간에서 2주를 초과한 6주만에 완성했지만, 꽤 만족스러운 게임을 만들 수 있었다. 게임을 '플래시 게임 라이선스'에 등록했고 기대대로 첫날부터 입찰이 시작됐다. 하지만 결과는 기대 이하였다. "꽤 처량했어요. 첫날에는 300달러부터 시작해서 500달러, 800달러가 나왔어요. 하지만 '플래시 게임 라이선스'의 게시판에서는 원래 게임 포탈들이 소규모 게임에 대해서 가격을 낮게 책정한다는 이야기들이 있었기 때문에 첫날의 입찰 가격에 그렇게 큰 충격을 받지는 않았어요."라고 로프먼은 말한다.

새뮤얼이나 로프먼처럼 확실한 개발 경력이 있는 개발자에게 그런 낮은 가격은 성에 차지 않았다. "부양할 가족이 있고, 주택 융자도 갚아야 하는 상황인데 그렇게 낮은 가격에 게임을 팔 수는 없었어요."라고 로프먼은 말한다. 결국 입찰 가격은 1,500달러까지 올라갔지만 그게 끝이었다. 하프봇의 첫 성과는 별로 좋지 않았고, 앞으로 상황이 나아질 것 같지도 않았다.

이후 몇 달 동안 인기 있는 어린이 사이트인 모쉬몬스터즈닷컴Moshimonsters.com에 들어가는 플래시 게임을 제작했다. 그럭저럭 회사를 운영할 수 있었지만, 여전히 만족스럽지 않았다. "전혀 만들고 싶지 않은 게임을 만들고 있었고, 벌이도 좋지 않았어요. 지속적으로 게임 개발을 할만한 상황이 아니었죠."라고 로프먼이 말한다.

아이디어가 고갈되는 것을 느낀 로프먼과 새뮤얼은 시험 삼아 단 6시간 안에 게임을 만들어보기로 했다. 45분 후, 로프먼은 떨어지는 블록들을 피하는 게임을 구상했고, 4시간 후 플레이가 가능한 〈블록 커미쓰〉의 프로토타입을 만들어냈다. 이후 4주 동안 게임을 발전시켰고, 플래시 마켓에 내놔도 좋을 만큼 훌륭한 게임을 완성시켰다. 〈블록 커미쓰〉는 하프봇이 만든 최고의 게임이었고, 게이머와 친구들의 반응은 열광적이었다.

〈블록 커미쓰〉를 제대로 된 게임으로 만들긴 했지만, 플래시 게임 시장의 근본적인 문제점을 극복할 수는 없었다. 하프봇은 〈페피의 스턴트 바이크Peppy's Stunt Bike〉라는 게임을 만들어 모쉬게임즈닷컴에 납품한 것을 마지막으로 플래시 게임 개발을 그만뒀다.

2011년 초, 하프봇은 재정적으로 조금 더 나을 것이라는 기대에 iOS용 게임 개발을 시작했다. 우선 〈블록 커미쓰〉를 iOS용으로 포팅하는 일을 시작했다. 그리고 얼마 후, 누군가 이미 그 게임을 포팅했다는 사실을 알게 된다.

〈블록 커미쓰〉를 iOS용으로 포팅하기 시작한지 2주쯤 됐을 때, 에디슨게임Edison Game이라는 회사가 이미 iOS용으로 〈블록 커미쓰〉를 발매했다는 사실을 알게 됐다. 주인공 캐릭터 디자인을 제외하고 하프봇의 〈블록 커미쓰〉 디자인을 몽땅 베꼈고, 그나마 주인공 캐릭터 디자인도 워블리웨어WoblyWare의 〈리그 오브 에빌League of Evil〉이라는 게임을 베껴서 만든 게임이었다.

에디슨게임이 훔쳐서 만든 그 게임은 앱스토어의 '최신 및 추천 목록'에 등록된 채 100위 안에 들어 있었다. 에디슨은 훔친 게임을 팔아 돈을 쓸어 담고 있었고, 하프봇이 할 수 있는 일은 별로 없었다. "그 때 저희는 공황 상태에 빠졌어요."라고 로프먼이 회상한다.

하프붓은 애플에 이메일을 보내 문제의 게임을 앱스토어에서 내려 달라고 요청했지만, 묵묵부답이었다. 다급해진 로프먼은 언론 매체에 연락을 해서 에디슨의 사기 행각을 터뜨리기로 했다. "언론 쪽에 아는 사람이 하나도 없었어요. 전전긍긍하면서 손에 잡히는 대로 언론 매체에 무작정 이메일을 보낼 수 밖에 없었어요." 로프먼은 말한다.

그 날 이메일을 보낸 시간은 새벽 2시였다. 5시간 후 로프먼은 첫 번째 답장을 받았다. 디스트럭토이드닷컴Destructoid.com의 짐 스털링Jim Sterling이 이 문제에 관심을 가졌고, 하루도 되지 않아 기사가 나와 사건이 알려지기 시작했다. 「레딧Reddit」의 1면에 올랐고, 트위터에서는 에디슨게임의 불매 운동이 일어났다.

5일이 지나서야 애플이 이메일을 보냈다. 의견을 접수했고 진상을 조사하겠다는 내용의 형식적인 편지였다. 로프먼은 즉시 애플이 구체적으로 어떤 조치를 할 것인지 따져 묻는 이메일을 보냈지만, 다시 대답이 없었다. 바로 다음날, 애플은 오히려 에디슨의 게임을 "What's Hot"에 등록했다. 로프먼과 새뮤얼은 분노했고, 이틀 후에야 그 게임이 앱스토어에서 삭제됐다. "오늘까지 그 문제에 대해서 애플은 어떤 대답도 해주지 않고 있습니다. 그 일을 겪으면서 가장 실망스러운 것은 애플의 그런 태도입니다. 저희는 애플이 저희 편이라는 것과, 가능한 상황을 바로 잡으려고 한다는 것, 그리고 그런 사기꾼들을 어떤 식으로든 처벌할 것이라는 것을 확실히 하고 싶었을 뿐이에요. 하지만 그들은 전혀 그렇게 하지 않았어요. 정말 실망했죠."라고 로프먼이 말한다.

마침내 하프붓이 〈블록 커미쓰〉의 iOS용 포팅을 끝내고 앱스토어에 등록하자 곧바로 인기 차트에 올랐다. 이는 애플에서 그 게임을 '최신 및 추천 목록'에 올려준 덕도 있었다. 하지만 이내 판매는 지지부진해졌고 순위는 서서히 하락하기 시작했다. 로프먼은 사람들이 아마도 이미 에디슨게임의 버전을 구매했을 것이라며 신통치 않은 실적을 그 표절 게임의 탓으로 돌린다. "정확한 상황은 모르겠지만, 결국 그 가짜 게임 때문에 저희 게임의 매출이 줄어들었을 것입니다. 가슴 아픈 일이에요. 특히 발매 후 바로 차트에 올랐다가 그렇게 빨리 떨어지는 것을 보고 감정이 많이 상했어요."

흥미로운 사실

- 에디슨게임은 여전히 앱스토어에서 게임을 팔고 있다. 그 중 하나는 〈솔립스키어(Solipskier)〉를 노골적으로 표절했다.
- 로프먼과 새뮤얼은 지역 피구 리그에서 선수로 활약하고 있다.
- 〈블록 커미쓰〉 이후, 하프봇은 인디펜던트 게임 페스티벌의 우승팀인 블람비어(Vlambeer)와 함께 〈수퍼 크레이트 박스(Super Crate Box)〉를 iOS용으로 포팅했다.

하프봇의 게임이 앱스토어에 진출하는 과정은 악몽 같았지만 긍정적인 측면도 있었다. 짐 스털링의 기사 때문에 하프봇을 알아보는 사람이 많아졌고, 많은 사람들이 동정심을 가지게 되었다. "게임 업계의 사람들을 많이 알게 되었고, 지지해주는 사람도 많아졌죠. 게임 관련 매체와 게이머들 모두에서요. 그런 관심은 돈이 있다고 살 수 있는 것이 아니잖아요."라고 로프먼은 말한다.

브로큰 소드: 디렉터스 컷

플랫폼 : 아이폰/아이팟 터치(아이패드 버전은 별도로 발매됨)
가격 : 4.99달러
개발사 : 레볼루션 소프트웨어(Revolution Software)
발매일 : 2010년 1월 23일

게임 소개

〈브로큰 소드Broken Sword〉는 원래 유명한 포인트 앤드 클릭 방식의 어드벤처 PC 게임이었다. 미국에서는 〈써클 오브 블러드Circle of Blood〉라는 제목으로 발매된 이 게임을 아이패드와 아이폰으로 포팅하는 일은 당연한 수순이었다. 새 버전의 제작에는 왓치맨Watchmen으로 유명한 만화가인 데이브 기브스Dave Gibbons가 아이폰 버전의 새로운 그림과 애니메이션 제작에 참여했다. 또한, 게임의 메인 캐릭터 중 하나인 니코Nico를 직접 플레이할 수 있는 스토리가 추가됐다.

〈브로큰 소드〉는 프랑스인 기자인 니코 콜라드Nico Collard와 순진한 미국인 여행객인 조지 스토밧George Stobbart이 연쇄 살인 사건을 조사하면서 일어나는 사건에 휘말리는 줄거리를 가진 게임이다. 게임은 살인 사건, 카페의

폭발, 니코의 아버지와 관련된 이야기 등의 긴박감 넘치는 흥미진진한 요소로 가득 차 있다.

iOS 버전에서 그래픽이 고해상도로 바뀌었고 독특한 퍼즐이 추가되는 등의 개선이 있었는데, 그 중 가장 중요한 변경 사항은 힌트 시스템의 도입이다. 일반적인 포인트 앤드 클릭 방식의 어드벤처 게임에 익숙하지 않은 사람들을 위해 도입된 이 시스템은 게임 도중 겪게 되는 혼란을 없애고 게이머가 스토리에 몰입할 수 있도록 도와준다.

아이폰과 아이패드 버전 사이에서 고민하는 사람에게는 아이패드 버전을 추천한다. 이 게임은 조금 더 큰 화면에 적합한 게임이다.

게임 비화

끝내주는 어드벤처 게임을 만들고 싶었던 찰스 세실Charles Cecil은 1990년에 레볼루션 소프트웨어Revolution Software를 설립했다. 이후 비평가들의 극찬을 받은 〈루어 오브 더 템트리스Lure of the Temptress〉(1992년)와 〈비니스 어 스틸 스카이Beneath a Steel Sky〉(1994년) 등의 어드벤처 게임을 연이어 발표했다. 지금은 없어진 버진 인터랙티브Virgin Interactive를 통해 발매된 이 게임들이 크게 성공한 후, 버진 인터랙티브는 제대로 만들어진 대규모 게임을 만들자는 제안을 했다. "버진 인터랙티브가 밑천을 대겠다고 제안했어요. 최첨단 게임을 만들어보자는 이야기였죠."라고 세실은 말한다.

하루는 세실과 그의 부인이 버진 인터랙티브의 수석업무책임자인 션 브레넌Sean Brennan과 함께 저녁 식사를 할 기회가 있었다. "우리는 영웅이나 반영웅 같은 캐릭터들에 대한 이야기를 했어요. 그 즈음 션은 움베르토 우코의 『푸코의 진자』(열린책들, 2007)를 읽었다고 하더군요. 당시에는 십자군 전쟁 당시의 템플 기사단에 대해 아는 사람이 거의 없었어요. 저는 템플 기사단에 대한 조사를 시작했고 곧 완전히 푹 빠져들었어요."라고 세실은 말한다.

템플 기사단에 대한 이해가 깊어지면서 점점 게임의 구상도 명확해졌다. 게다가 게임의 배경으로 음모와 비밀이 가득한 고대의 전설만큼 훌륭한 장치가 어디 있겠는가? 세실은 모든 가능성에 대해서 곰곰이 생각했다. "떠나가는 성당기사단이 어떤 권력을 갖게 되고, 음모가 생기고 하는 등의 모든 요소들이 게임을 만들기에 적합하게 보였어요."

레볼루션 소프트웨어는 곧 새 게임 제작에 착수했고, 이후 〈브로큰 소드〉라는 제목을 붙였다. 역사적인 사건을 소재로 한 게임이었지만 사실과 픽션을 섞어 배경 줄거리를 만들었기 때문에 역사적으로 정확한 사실만 취하기보다는 미신과 신화들을 상당히 많이 채용하게 됐다. 이러한 방침은 게임의 모든 면에 적용됐고, 도시 외관 등의 디자인에도 예외는 아니었다. "사실성에 목매달지는 않았어요. 게임을 그럴듯하게 보이게 만드는 개연성이 더 중요했죠." 이는 장기 프로젝트를 수행하는 게임 개발자들이 신봉하는 오래된 격언이다. "우리의 개발팀은 그런 개연성을 만드는 방법을 잘 알고 있었습니다. 현실 세계와 똑같지는 않지만, 정말 환상적으로 멋진 게임을 만들 수 있었죠."

템플 기사단 전설을 소재로 〈브로큰 소드〉를 만들게 된 과정을 설명해준 세실은 이 게임이 엄청난 인기를 끈 댄 브라운의 〈다빈치 코드〉보다 7년 먼저 나왔다는 사실을 상기시켰다. 〈브로큰 소드〉의 팬들은 댄 브라운이 〈다빈치 코드〉를 쓰기 전에 우리의 게임을 해봤을 거라고 확신하고 있어요. 줄거리에 유사점이 너무 많거든요."

"하지만 감히 소송을 걸 수는 없죠. 댄 브라운은 저희보다 훨씬 비싼 변호사를 고용할 수 있으니까요."라고 세실이 웃으며 말한다. "어쨌든 댄 브라운이 우리 게임에서 많은 아이디어를 얻었다고 믿는 팬들이 있어서 기분 좋아요."

> **통계**
> - iOS로의 포팅에 걸린 시간 : 4개월
> - 최초 게임의 개발 시간 : 2년
> - iOS용으로 팔린 숫자 : 250,000번

〈브로큰 소드〉의 마케팅 팀은 게임 개발이 거의 완료될 때까지 게임에 대해서 그다지 확신을 가지고 있지 않았다. 그 이유에 대해 세실은 원래 어드벤처 게임은 개발이 완료되는 몇 주 전까지는 당최 어떤 게임이 될지 알기 힘들기 때문이라고 설명한다.

마케팅 팀이 게임의 성패에 대해 불안해 하는 데 더해서 세실이 해결해야 할 일이 또 있었다. 마케팅 팀이 게임의 제목을 〈서클 오브 블러드Circle of Blood〉로 바꾸기로 결정한 일이었다. 마케팅 팀은 그 제목이 미국 시장에서 더 잘 먹힐 것이라고 봤다. 왜 그렇게 됐는지 묻자 세실은 웃음을 터뜨리면서 그 사람들에게 가서 물어보라고 말했다. "마케팅 팀이 왜 그런 결정을 내렸는지 정말 모르겠어요. 이해가 안 돼요."

마침내 〈브로큰 소드〉가 발매됐을 당시는 플레이스테이션PlayStation이 발매된 지 얼마 안 됐을 때였다. 세실은 〈브로큰 소드〉를 플레이스테이션용으로 발매하는 여부를 가늠하기 위해 소니와 접촉했다. 하지만 소니 측의 반응은 시큰둥한 편이었다. "플레이스테이션 관계자들은 자신들의 플랫폼에 들어가는 게임은 자극적인 3D 게임이어야 한다는 강박에 사로잡혀 있었어요."라고 세실이 믿기 힘들다는 투로 이야기한다.

결국 세실은 게임을 플레이스테이션용으로 만들기로 소니와 협의했고, 그의 도박은 성공했다. 플레이스테이션 버전은 각종 리뷰에서 극찬을 받았고, 약 50만 장이 판매됐다. "당시 그런 수치는 극히 예외적이었어요."라고 세실이 뿌듯하게 회상한다.

흥미로운 사실

- 게임 초반부에 니코가 로드니 잭스(Rodnay Zaks)가 쓴 『Programming the Z80』이라는 책을 보는 장면이 나온다. 이 책은 1980년대의 유명한 프로그래밍 서적이었고, 이는 알아보는 사람들을 위한 게임 내의 이스터 에그다.
- 디렉터스 컷 버전에서 원작이 가지고 있던 다소 잔인한 장면들이 삭제됐다.
- 조지 스토밧의 목소리를 연기한 롤프 색슨(Rolf Saxon)은 '미션 임파서블'과 '라이언 일병 구하기' 등의 영화에서 단역으로 출연한 경력이 있다.
- 레볼루션 소프트웨어의 〈비니스 어 스틸 스카이: 리마스터드(Beneath a Steel Sky: Remastered)〉와 〈브로큰 소드 II: 스모킹 미러(Broken Sword II: The Smoking Mirror)〉 등의 게임도 앱스토어에서 찾아볼 수 있다.

세실은 플레이스테이션의 성공은 양날의 검이라고 평가한다. "그 때 자극적이고 3D 효과를 입힌 플레이스테이션 게임들이 쏟아져 나오고 있었어요. 덕분에 많은 사람들이 발길을 돌려 위나 닌텐도 DS를 사게 됐죠. 닌텐도가 게임 시장을 만드는 능력을 보면 정말 감탄이 나옵니다. 하지만 닌텐도가 한 일을 정확히 말하자면, 플레이스테이션의 자극적인 게임들에 질린 사람들을 다시 불러 모은 일이었죠."

"게임을 판매하는 사람들보다 저희 개발자들이 오히려 팬들과 더 가까이 있다고 생각합니다. 저희는 어떤 게임이 시장에서 통할지 잘 알고 있었고, 결국 저희의 방법이 먹혔어요."

처음 〈브로큰 소드〉가 PC 버전으로 발매된 지 10년이 넘었다. 세실은 유비소프트Ubisoft와 퍼블리싱 계약을 맺고, Wii용과 닌텐도 DS 버전으로 제대로 된 포팅을 시작했다. 세실은 과거에 자신이 심혈을 기울여서 만들었던 게임을 다시 복각하는 작업에 들떠 있었다. "예전에 만든 게임으로 다시 작업할 수 있어서 기분이 좋았어요. 1996년에 발매된 게임을 2008년에 다시 꺼내어 원래 스토리가 가지고 있던 문제점들을 짚어보고 고칠 수 있었죠. 배경이 되는 이야기를 추가하거나 저희 스스로 만족하지 못했던 스토리 라인을 보강하는 작업은 정말 특별한 경험이었습니다."

세실은 닌텐도 DS와 위로의 변환 작업이 때로 감당하기 힘들만큼 어려운 작업이었다고 말하지만, 게임 발매 후의 반응은 매우 좋았다. 6개월 후 애플에서 연락이 왔다. 〈브로큰 소드〉를 아이폰용으로 매우 적합한 게임이라고 평가하고 있다는 내용이었다.

세실은 애플의 제안에 흥분했고, iOS용으로 포팅한다는 점이 마음에 들었다. 이미 닌텐도 DS 터치스크린의 터치감에 깊은 인상을 받은 세실은 아이폰의 정전식 터치스크린에서는 훨씬 더 흥미로운 일이 가능하다는 사실을 알고 있었다. "손가락으로 직접 화면을 터치하는 방식을 도입함으로써 게임의 수준이 한 단계 높아졌습니다. 정말 흥미진진한 방식으로 게임 속 공간을 돌아다닐 수 있죠."

단 몇 달 만에 레볼루션 소프트웨어는 아이폰용 디렉터스 컷 버전의 포팅을 완료했다. iOS 버전은 엄청난 성공을 거뒀고, 세 달 만에 아이폰과 아이패드용을 합해 백만 번의 다운로드 횟수를 기록했다.

세실은 게임의 성공은 시작부터 함께 해온 개발팀의 덕분이라고 말한다. 처음으로 회사를 세워 '루어 오브 템트리스'를 만들 때부터 같이 일한 사람들이다. "같이 시작했던 사람의 절반 정도가 아직 우리 회사에서 일하고 있어요. 굉장히 실력 있는 사람들이에요. 초창기에 만들었던 게임들을 다시 생각해보면서 이들이 얼마나 훌륭한 사람들인지 확실하게 알게 됐죠."

캐너벌트

플랫폼 : 아이패드/아이폰/아이팟 터치(유니버설 앱)
가격 : 2.99달러
개발사 : 세미 시크릿 소프트웨어(Semi Secret Software)
발매일 : 2009년 10월 1일

게임 소개

〈캐너벌트Canabalt〉는 원래 플래시 게임으로 만들어졌지만, 지금은 멋진 아이폰용
게임이며, 다른 많은 게임에 엄청난 영향을 준 게임이 되었다. 또한 〈캐너벌트〉는
'끝없이 달리는' 방식의 게임을 유명하게 만든 계기가 됐다. 현재 앱스토어에서는
이와 유사한 〈몬스터 대시Monster Dash〉나 〈그림 조거스Grim Joggers〉, 〈젯팩 조이라이
드Jetpack Joyride〉 등의 게임이 인기를 끌고 있다.

〈캐너벌트〉의 핵심 아이디어는 꽤 간단해서 아이폰을 손에 잡자마자 바로 게임

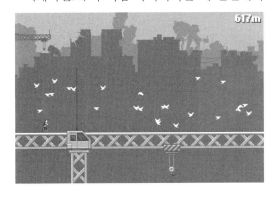

을 시작할 수 있다. 곧 부서질 것
같은 회색 빛의 도시에서 살아
남기 위해 지붕 위를 달리는 남
자를 조종하는 간단한 게임이다.
화면을 탭하면 캐릭터가 점프를
하고, 게임의 목표는 밑으로 떨
어지지 않게 타이밍에 맞춰 계속

해서 점프를 하는 것이다.

플레이어가 조종할 수 있는 부분이 거의 없기 때문에 〈캐너벌트〉를 간단한 캐주얼 게임으로 생각할 수 있지만, 사실 이 게임은 위기 관리에 대한 흥미로운 요소가 숨어 있다. 게이머가 자신의 속도를 조절할 수 있다는 점이다. 양복을 입은 게임 속 주인공은 앞으로 달리면서 자동으로 점차 속도가 붙는다. 하지만 곳곳에 놓인 상자들에 부딪힐 때마다 감속이 된다. 달리는 속도가 너무 빠르면 다가오는 위험에 적절한 시기에 대처하기가 힘들다. 반대로 말하면 너무 천천히 달리는 플레이어는 포인트를 얻는 속도가 느릴뿐더러, 먼 거리를 점프해야 하는 상황에서 충분한 탄력을 받지 못한다.

요령 있는 게이머는 의도적으로 장애물에 몇 번씩 부딪혀 자신이 감당할 수 있는 수준의 속도를 유지한다. 일반적인 게임에서는 플레이어가 스스로 게임의 난이도를 조절할 수 없기 때문에 이는 〈캐너벌트〉의 장점이 된다. 〈테트리스〉를 예로 들면, 게임을 진행할수록 점점 어려워지고 종국에는 인간의 능력으로는 도저히 원하는 곳에 놓을 수 없을 정도로 블록이 빠르게 떨어지는 상황이 된다. 〈캐너벌트〉에서 장애물로 나오는 상자는 이런 문제에 대한 창의적인 해법이 될 수 있다.

게임 비화

엑스페리멘탈 게임플레이 프로젝트The Experimental Gameplay Project는 독창적인 게임 개발에 관심 있는 독립 게임 개발자들이 모여 만든 웹사이트다(www.experimental gameplay.com). 매달 다른 종류의 주제를 선정하면 개발자들은 7일 안에 완성된 게임을 제출하는 방식이다.

〈캐너벌트〉는 이런 도전 과제 중에 나온 게임이다. 그 달의 주제는 미니멀리즘이었고, 아담 솔츠먼Adam Saltsman에게 적합한 주제였다. 솔츠먼은 모바일 게임 개발 경험이 충분했기 때문에 미니멀리즘이라는 주제에 적합하게 단 하나의 버튼만 있는 게임을 구상하기 시작했다. 당시 계속해서 즐기던 〈슈퍼 마리오〉가 게임 구상에 도움이 됐다. "〈슈퍼 마리오〉에서 오른쪽으로 달리기 위해 오른쪽 방향키와 B버튼을 계속 누르고 있는 일로 게임 플레이의 대부분이 채워지죠. 점프하기 위해서 가끔 A 버튼을 누를 뿐이고요. 자동으로 달리는 기능을 넣는다는 생각이 자연스럽게 떠올랐어요. 그렇게 하면 단 하나의 점프 버튼만 있으면 되죠."라고 솔츠먼이 설명한다.

약간의 변화로 큰 차이를 만든 솔츠먼에게 "조작이 간단한 대신에 배경이 복잡해지는 것은 어떨까?"하는 생각이 떠올랐다. 완전히 독창적인 생각은 아니었다. 솔츠먼은 그 아이디어를 EA의 〈미러스엣지 Mirror's Edge〉에서 얻었다고 말한다. 사실 자신은 그 게임을 그렇게 좋아하는 편이 아니었다고 한다. "굉장히 기대를 많이 했던 게임이었어요. 하지만 어설픈 컨트롤 때문에 개인적으로 꽤 실망했죠. 저는 뭔가 리듬감 있고, 끊임없이 이어지고, 빠르고, 공중을 날아다닐 수 있는 게임을 만들고 싶었어요. 〈캐너벌트〉에서는 이 모든 부분들이 딱 들어맞는 느낌이 들었어요. 일단 창문을 깨고 나가는 점프가 끝내주잖아요."

솔츠먼이 처음 만든 점프 방식은 최종적으로 게임에 들어간 방식과는 사뭇 달랐다. "처음 선택한 방식은 하나뿐인 버튼을 사용하면서 게임 플레이는 가능한 어렵게 하는 식이었어요. 〈토니 호크Tony Hawk〉(천재적인 스케이트 보드 선수인 토니 호크를 소재로 한 게임. 1999년 〈토니 호크의 프로 스케이터Tony Hawk's Pro Skater〉 이후 여러 시리즈가 나왔다. - 옮긴이)와 비슷하게 점프 버튼을 누르고 있다가 점프 타이밍에 맞춰서 손을 놓아야 했어요. 점프하는 높이와 거리는 얼마나 오래 누르고 있는지에 따라 결정됐죠."

솔츠먼은 친구인 에드먼드 맥밀런Edmund McMillen에게 초기 버전을 보내 의견을 물었다. 맥밀런은 〈수퍼 밋 보이Super Meat Boy〉의 공동제작자로 이름이 알려진 사람이었다. 솔츠먼의 말에 따르면, 그 때 맥밀런은 멍청한 컨트롤을 가진 게임이라며 〈캐너벌트〉를 '씹어댔다'고 한다. 솔츠먼은 믹밀런의 충고를 받아들여 점프 방식을 〈슈퍼 마리오〉 스타일로 바꿨다.

솔츠먼은 맥밀런이 도움을 줘서 굉장히 기뻤다고 회상한다. 토니 호크는 다소 느리게 진행되는 게임이기 때문에 그에 어울리는 컨트롤 방식이 적용됐지만, 〈캐너벌트〉는 빠른 속도에 초점을 맞춘 게임이기 때문이다. 누르고 있는 만큼 멀리 점 프하는 방식은 여러 가지 이유에서 〈캐너벌트〉에 어울리지 않는다. 이 게임에서는 타이밍에 맞춰 미리 점프를 해야 하기 때문이다. 마지막 순간에 하는 점프는 대부 분 실패하게 된다.

흥미로운 사실

- 게임 중 플레이어가 죽을 때 나오는 메시지는 19 종류다.
- 개발 초기에 구상했던 아이디어 중에는 길이 나눠지는 맵을 구상한 적이 있었고, 미끄러지는 기능을 넣었던 적도 있었다.
- http://www.canabalt.com/에서 무료로 〈캐너벌트〉를 즐길 수 있다.
- 세미 시크릿 소프트웨어는 〈그래버티 훅(Gravity Hook)〉이나 〈스팀버드(Steambird)〉 등의 게임도 제작했다.

〈캐너벌트〉에 영향을 준 다른 게임은 독립 개발자인 파브스Farbs가 제작한 캡틴 포에버Captain Forever라는 게임이다. "캡틴 포에버의 가장 멋진 점은 상대하기 어려 운 거대한 적을 만나면 그냥 도망가는 방법도 있다는 것이에요. 멀리 도망가버리 면 피하고 싶은 적은 사라지고 대신 다른 적이 나타나죠. 당시에는 깜짝 놀랄만한 방식이었어요. 우리가 알고 있던 전통적인 게임 진행 방식과 전혀 달랐기 때문이 죠. 위험한 것들은 모두 피하기만 한다면 무슨 재미가 있냐고 묻는다면, 글쎄요, 캡 틴 포에버가 엄청난 인기를 끌었다는 이야기를 해주고 싶어요."

원하면 피할 수 있는 위험이라는 개념은 〈캐너벌트〉에서 장애물인 상자로 표현 됐다. 솔츠먼은 달리는 주인공이 의도적으로 상자에 부딪혀 원하는 만큼 속도를 줄이는 방식을 구현했다. "이 방식은 일반적인 게임이 추구하는 플레이어의 '도전' 이라는 개념과 정반대이지만, 플레이어가 직접 게임의 난이도를 결정할 수 있는 방식을 가진 캡틴 포에버가 성공하는 것을 봤기 때문에 〈캐너벌트〉에 도입해도 좋 겠다는 확신이 생겼어요."

게임에 삽입될 음악을 위해 솔츠먼은 〈슈퍼 밋 보이〉의 멋진 음악을 만든 대니 버라노스키Danny Baranowsky에게 도움을 청했다. 버라노스키는 〈캐너벌트〉의 음악을 무료로 만들어주었고, 그 뒤 런Run이라는 제목의 멋진 테마 음악을 단 하루만에 만 들었다. "끝내주는 사람이에요."라고 솔츠먼은 말했다.

솔츠먼과의 인터뷰 중 몇 번이나 언급됐던 내용은 게임의 오프닝 부분이었다. 긴 복도를 뛰어가는 주인공 캐릭터가 유리창을 깨고 밖으로 나오면서 지붕 위로 떨어지는 장면이다. 솔츠먼은 자신이 오스틴Austin에 있는 회사를 다닐 때 겪었던 일에서 영감을 받았다고 말한다. "그 회사는 강변에 세워진 커다란 건물에 있었어요. 제 자리는 강이 내려다보이는 창가에 있었는데 매주 금요일이 되면 양쪽에 물레방아가 달린 커다란 외륜선 위에서 사람들이 파티를 즐기는 모습이 보였죠. 제 자리 바로 아래를 지나가곤 했는데, 그 모습을 보는 것은 마치 천천히 당하는 고문 같았어요."

솔츠먼이 일하던 건물에는 길고 긴 복도가 있었고 그 끝에 커다란 창문이 있었다고 한다. "제 자리 밑으로 배가 천천히 지나가고 나면 제가 헛된 자유를 찾아 복도를 달려 창문을 깨부수고 뛰어나가는 상상을 하곤 했어요." 솔츠먼은 그 때의 경험이 자신도 모르는 사이에 〈캐너벌트〉에 영향을 끼쳤다고 생각한다. 솔츠먼이 인터뷰 내내 창문이라는 단어를 10번 가까이 사용하는 모습을 보며 나도 솔츠먼에게 동의하게 됐다.

앞서 언급한대로 플래시 버전의 〈캐너벌트〉는 단 며칠 만에 완성됐다. 세미 시크릿 소프트웨어Semi Secret Software에서 일하던 에릭 존슨Eric Johnson은 솔츠먼의 친구였다. 존슨이 〈캐너벌트〉를 아이폰용으로 포팅하는 데에 채 열흘이 걸리지 않았다. 2009년에 iOS용으로 발매된 이후 계속해서 업데이트가 이루어지고 있다. 현재는 아이폰 4의 레티나 디스플레이를 지원하고, 애플 게임 센터의 멀티플레이어 기능을 쓸 수 있으며, 아이패드에서도 게임을 즐길 수 있다.

컴프레션

플랫폼 : 아이폰/아이팟 터치(아이패드 버전은 별도로 발매됨)
가격 : 2.99달러
개발사 : 리틀 화이트 베어 스튜디오(Little White Bear Studios)
발매일 : 2009년 12월 24일

게임 소개

〈컴프레션Compression〉은 얼핏 유명한 닌텐도 게임인 〈닥터 마리오Dr. Mario〉에 세기 말 분위기의 스킨을 적용한 게임의 인상을 준다. 두 개씩 묶여 낙하하는 여러 가지 색상의 블록을 움직여 위치를 조정하고, 세로 방향이나 가로 방향으로 같은 색상의 블록이 바닥에 모이면 그 블록이 사라지면서 점수를 얻는 방식이다.

이 점만 놓고 보면 구태의연한 퍼즐 게임처럼 보이지만 벽이 서서히 좁아지거나 바닥이 점점 높아질 때 전혀 다른 게임으로 변하기 시작한다. 쌓이는 블록을 빨리 제거하지 않으면 움직일 수 있는 공간이 점점 좁아진다. 게다가 벽과 바닥이 움직이면 쌓여있는 블록이 같이 움직여 배치가 바뀌기 때문에 떨어지는 블록을 어디에 놓을 것인지 미리 전략적으로 생각해야 한다.

일반적인 플레이 모드도 있지만 다양하고 흥미진진한 폐쇄Blocked 모드로 플레이하면 짝이 맞지 않는 금속 블록이 나오고 그것들을 부술 수 있는 폭탄 아이템을 쓸 수 있다. 앱 내 구매 기능으로 구할 수 있고, 99센트가 전혀 아깝지 않을 만큼 재미있다.

게임 음악은 음산한 인더스트리얼 계통의 음악으로 독특한 분위기의 비주얼 스타일을 잘 살린다. 사실 게임 음악으로는 굉장히 특이한 편이다. 점점 좁아지는 공간의 급박함을 잘 살린 곡이라고 할 수 있다. 〈컴프레션〉은 〈닥터 마리오〉 스타일에 밀실 공포증의 느낌을 섞어 만든 훌륭한 게임이다.

게임 비화

리틀 화이트 베어 스튜디오Little White Bear Studios는 단 두 명으로 이뤄진 작은 회사다. 그리고 그 두 사람은 부부인 크레이그 켐퍼Craig Kemper와 린디 켐퍼Lindi Kemper다. 크레이크 켐퍼는 자신을 "미술 파트를 간신히 맡을 만큼의 포토샵 실력을 가진" 프로그래머라고 소개하고, 린디는 퍼즐의 설계와 게임에 들어가는 그림을 함께 그리는 일을 한다. 린디가 맡은 다른 하나의 역할은 크레이그가 만든 게임을 비평하는 일이다. "무슨 일이든 그녀가 검토한 후에 결정해요. 평범한 앱스토어 이용자의 관점으로 생각하는 일입니다."라고 크레이그는 말한다.

리틀 화이트 베어 스튜디오가 〈컴프레션〉의 개발을 시작했을 때, 크레이그는 기본적으로 〈테트리스〉와 유사한, 블록 낙하 장르의 게임을 만들고 싶었다. 개발에 앞서 크레이그는 〈테트리스〉 같은 게임이 어떻게 만들어지는지 시험해보기 위해 직접 〈테트리스〉 프로그램을 만들었다. "블록 낙하 게임의 기본에 대해 많이 배우게 됐어요. 하루 동안 제가 만든 〈테트리스〉를 플레이해보고 왜 그 게임이 재미있는지 분석해봤습니다."

```
┌─────────────────────────────────┐
│             통계                 │
│                                  │
│ ■ 개발 기간 : 4개월               │
│ ■ 총 예산 : 1,000달러             │
│ ■ 다운로드 횟수 : 약 6,300번(무료 다운로드는 제외) │
└─────────────────────────────────┘
```

다음 단계는 테트리스의 각 부분을 체계적으로 분해하는 일이었다. 크레이그는 가장 기본적인 기능만 가진 블록 낙하 게임은 어떻게 보이는지 알고 싶었고, 과연 재미를 느낄 수 있을지 궁금했다.

자신이 뜯어 고친 〈테트리스〉를 플레이하던 크레이그는, 새로운 기능에 대한 아이디어를 떠올렸다. 블록을 한 줄씩 쌓아서 없애는 식이 아니라 같은 색의 블록 세 개가 맞춰지면 없어지는 방식이었다. "일단 간단한 블록 낙하 방식을 떠올렸어요. 괜찮았죠. 하지만 특별한 구석이 하나도 없었어요." 크레이그는 말한다.

〈컴프레션〉 개발 초기에 스크린의 양 옆에서 삼각형의 블록이 튀어나오는 아이디어를 떠올린 적이 있었다. 하지마 아이디어가 떠오른 지 바로 다음 날, 터치아케이드닷컴TouchArcade.com에 〈유니파이Unify〉라는 게임의 리뷰가 실렸다. "그 게임은 우리가 생각하던 아이디어와 정말 비슷했어요. 삼각형이 아니라 사각형 블록이었지만요. 유니파이는 이미 몇 달 전부터 개발이 시작된 게임이었잖아요. 만들더라도 우리 게임이 유니파이를 따라서 만들었다는 소리는 듣기 싫었어요. 결국 우리 아이디어는 없는 셈 쳤죠." 크레이그는 말한다.

그 후 크레이그는 색상을 맞춰야 하는 방식을 도입했고, 여러 방향에서 무언가 밀려 들어오는 아이디어에 대해 재고해보기로 했다. "〈유니파이〉처럼 만들고 싶지는 않았어요. 그러다가 블록들이 화면 안으로 들어온다는 설정이 아니라, 벽이 안 쪽으로 밀고 들어오는 설정을 넣게 됐죠. 블록을 맞추다가 벽이 움직이면 혼란스럽지 않겠어요? 그런 게임은 본 적이 없었어요. 그렇게 〈컴프레션〉의 아이디어가 완성됐죠."

크레이그와 린디는 움직이는 벽이라는 아이디어가 마음에 들었다. 크레이그는 이미 완성된 기본적인 블록 낙하 게임에 벽이 움직이는 기능을 추가했다. 드디어 〈컴프레션〉이 구체적으로 완성되기 시작했다.

흥미로운 사실

- 〈컴프레션〉은 맥 앱스토어(Mac App Store)에서도 다운로드할 수 있다.
- 리틀 화이트 베어 스튜디오의 가장 중요한 베타 테스터는 크레이그 부부의 세 자녀들이다.
- 리틀 화이트 베어 스튜디오는 〈트라이젠(Trizen)〉과 〈젠토미노(Zentomino)〉라는 게임도 만들었다.

크레이그가 〈컴프레션〉의 게임 방식을 발전시켰던 사연을 듣다 보면, 그가 닌텐도의 〈닥터 마리오〉 시리즈를 전혀 언급하지 않고 있다는 점을 알 수 있다. 〈닥터

마리오〉는 〈컴프레션〉과 매우 유사한 방식의 게임이기 때문이다. 여기에는 이유가 있다. 크레이그는 그 게임을 한 번도 해본 적이 없었다. 크레이그가 〈컴프레션〉을 개발하기 위해 자료를 조사할 때에 우연으로라도 〈닥터 마리오〉를 보지 못했다. 게임을 만든 후 크레이그가 처음 〈닥터 마리오〉를 알게 됐을 때, 마치 심장이 꺼져 버리는 것 같은 느낌이었다고 한다.

크레이그는 자신이 의도치 않게 〈닥터 마리오〉의 아류작을 만들었다는 사실을 알게 됐다. "사람들은 항상 저희 게임과 〈닥터 마리오〉를 비교하면서, 저희 게임이 〈닥터 마리오〉를 기반으로 했다고 생각하죠." 기분이 좋을 리가 없겠지만, 크레이그 는 대수롭지 않게 넘긴다. "저희 게임은 〈테트리스〉를 기반으로 했고, 〈테트리스〉의 특징들을 모두 걷어냈죠. 아마 닌텐도도 그렇게 하지 않았을까요?"

2009년 크리스마스를 얼마 남기지 않고 〈컴프레션〉의 개발이 끝났다. 발매할 준비가 됐지만 크레이그 부부는 신중한 편이었다. 매년 연말쯤 앱스토어는 모든 업무가 멈춘다는 사실을 알고 있었기 때문이었다. 이 시기의 앱스토어는 새 앱의 등록을 받아주지 않고, 보통 다음해 1월까지 점검 기간을 갖는다. 새로운 게임의 등록 뿐 아니라 기존 앱의 업데이트도 받아주지 않고 판매 순위도 갱신되지 않는 다. 사실상 앱스토어가 멈추는 셈이다.

12월 21일, 리틀 화이트 베어 스튜디오는 〈컴프레션〉의 최종 버전을 앱스토어 에 제출했다. 다음해 1월이 돼서 앱스토어가 다시 문을 열어야 게임이 승인될 것 이라고 생각했지만, 깜짝 놀랄만한 일이 벌어졌다. 애플이 단 하루만에 10,000개 의 앱을 무더기로 승인시키고 휴가를 가버린 것이다. 〈컴프레션〉도 그렇게 승인된 앱 중 하나였다.

이 일은 10,000개의 애플리케이션에게 재앙이었다. 시장이 한꺼번에 포화되는 점도 문제였고, 그 상황에서 판매 순위가 전혀 갱신되지 않는다는 점도 문제였다. 〈컴프레션〉은 진열대에 한 번 올라가지도 못하고 묻혀버린 제품이 됐다. "악몽 같 은 발매였죠. 저희가 만든 다른 소프트웨어는 크리스마스 당일에 655번 다운로드 됐어요. 〈컴프레션〉은 7번 다운로드됐죠. 4개월 동안 개발했는데 한 해에 가장 소 프트웨어가 잘 팔린다는 날에 번 돈이 고작 5달러였어요."

이후 몇 달 동안 리틀 화이트 스튜디오는 어떻게든 게임을 살려보려고 했다. 앱 스토어 추천 목록에 몇 번 오르기도 했고, 아이패드 버전이 나왔을 때 잠시 판매량이 올라가기도 했다. 하지만 판매 순위에 오르기는커녕 그 근처에도 못 가고 있었다. 아무리 업데이트를 하고 이벤트를 벌여도 소용이 없었다.

〈컴프레션〉으로 돈을 벌지는 못했지만, 크레이그 부부가 얻은 것도 있었다. 평론가들의 반응이 좋았다는 점은 부정할 수 없는 사실이었고, 게임을 구매한 사람 수천 명의 사람들의 긍정적인 리뷰가 점점 쌓였다. 궁극적으로 크레이그는 〈컴프레션〉을 좋은 경험으로 받아들이게 됐다. "〈컴프레션〉으로 저희의 능력을 시험해 볼 수 있었고, 저희가 실패한 프로젝트를 딛고 다시 시작할 수 있는 능력이 있는지 알아보는 계기가 됐어요. 게임이 팔리지 않을 때 업데이트, 가격 인하, 무료 버전 등 아무리 노력해도 팔리지 않는다면, 글쎄요... 그걸로 끝났다고 보고, 다른 일을 시작해야죠. 고객들이 저희 게임을 좋아하도록 강요할 수는 없잖아요. 실패를 교훈 삼아 무언가 새로운 것을 다시 만들어야죠."

카우 트러블

플랫폼 : 아이폰/아이팟 터치
가격 : 0.99달러
개발사 : 코스마인드 & 블루(CosMind & Blue))
발매일 : 2011년 3월 3일

게임 소개

"공을 떨어뜨리자. 소를 맞추자."〈카우 트러블Cow Trouble〉이 로딩될 때 나오는 문구다. 게임의 특징을 잘 요약하고 있다. 게임을 시작해보자. 농부인 디들Diddle의 소들이 달을 향해 점프를 하다가 구름 속에 박히게 된다. 플레이어는 해변용 배구공을 잘 조준해서 구름 위의 소들을 아래로 떨어뜨려야 한다. 여태껏 이보다 더 현실적으로 목축업의 느낌을 주는 게임이 있었던가!

〈카우 트러블〉은 공이 물체나 벽에 부딪히면 각도에 따라 이리저리 튕겨나가는 방식의 물리 게임이다. 사실 이미 앱스토에 유사한 게임이 많이 있다. 플레이어의 실력이 좋으면 공 하나로 한 번에 여러 마리의 소를 맞출 수 있다. 〈카우 트러블〉은 초기 스테이지부터 상당히 머리를 써야 하는 게임이다.

스테이지가 끝날 때마다 폭탄 공이나 야구공 등의 새로운 공을 받게 된다. 어떤 공은 공중에 날아가는 동안 쓸 수 있는 특수 기능이 있다(이쯤 되면 〈앵그리버드〉가 생각나지 않는가?). 〈카우 트러블〉은 가장 도전 해볼만한 아이폰용 물리 퍼즐 게임이다. 특히 끝까지 깨는 것이 목표라면 더욱 해볼 만하다. 스테이지를 클리어하는 방법을 알아내기 다소 까다롭기 때문에 가장 쉬운 스테이지에서도 꽤 여러 번 시행착오를 반복해야 제대로 할 수 있다.

다소 기묘한 유머 센스로 만들어졌으며, 여러 번 시도해야 한 판을 깰 수 있지만 게임 몰입에 방해가 될 정도는 아니다. 〈카우 트러블〉은 숙달된 게이머를 위한 게임이며, 〈컷더로프Cut the Rope〉처럼 단순한 플레이에 질린 사람들을 위한 게임이라고 할 수 있다.

게임 비화

코스마인드CosMind로도 알려져 있는 저스틴 라인갱Justin Leingang과 블루Blue로도 알려져 있는 아론 펜들Aaron Pendley은 닌텐도 DS용 게임을 만드는 작은 게임회사에서 함께 일하며 처음 친해졌다. 몇 년 후, 둘은 각자의 길을 걷고 있었다. 라인갱은 DS용 게임인 〈트레저월드Treasure World〉라는 게임의 제작을 이끌었고, 펜들리는 비질게임즈Vigil Games에서 〈다크사이더Darksiders〉라는 게임을 만들고 있었다.

각자 하던 일이 끝나자, 두 사람은 각자 독립 개발자로서 본인의 프로젝트를 해보기로 결심했다. 이 시기 라인갱은 아이폰에 최적화된 게임 아이디어를 궁리하고 있었다. 그의 설명이 게임의 아이디어를 떠올렸던 상황을 잘 요약해준다. "낮잠을 자다가 엉뚱한 꿈을 꿨어요. 달을 향해 뛰어오르는 젖소들이 구름 속에 처박히죠. 그러면 구름 위로 배구공을 던지면 소들이 땅으로 떨어지는데 그게 정상으로 보이는 꿈이었어요."라고 설명한다.

자신과 마찬가지로 펜들리도 전통적인 게임계를 떠나고 싶어하는 걸 알게 된 라인갱은 펜들리에게 자기가 꾼 꿈을 실제 게임으로 만들어보자는 제안을 했다. "투박한 프로토타입을 만들어서 해보라고 보내줬어요. 그리고 이 빈약한 게임에 살을 더 붙여서 제대로 된 게임을 만들 수 있다는 생각을 했죠. 우리는 신나게 맞장구를 치며 곧바로 코스마인드 & 블루 유한회사를 세웠어요."

하지만 함께 프로젝트를 시작한 지 얼마 되지 않아 펜들리가 다른 주로 이사를 가야 하는 상황이 되었다. 그 바람에 뭔가 흥이 깨진 느낌이 들었다. 수백 마일이나 떨어진 사람과 함께 작업하는 일은 생각보다 훨씬 힘든 일이기 때문이다. "몇 분 안에 닿을 수 있는 거리에서 함께 일하다가 갑자기 온전히 비디오 채팅에 의지할 수 밖에 없는 상황이 되었죠."

두 사람이 대면한 가장 큰 문제 중 하나는 그 둘의 지나치게 엉뚱한 상상력이었다. 심각한 토론을 하다가도 대화가 매번 언어 유희나 말장난으로 흘러가곤 했다. "젖소, 공, 디들스Diddles라는 농부의 이름, 치킨, 해변의 여자들...(모두 성적인 농담에 사용될 수 있는 표현이다 - 옮긴이) 그런 단어를 쓰다 보면 회의가 아무리 진지하더라도 웃음이 터질 수 밖에 없었어요."

라인갱과 펜들리는 제작 초기부터 자신들이 만들 게임의 성공에 대해 현실적인 태도를 가지고 있었다. 급하게 게임을 완성시키는 일보다 중요한 것은 제대로 만드는 것이라는 것을 알고 있긴 했지만, 합리적인 기한 안에 게임을 성공적으로 완성시켜야 한다는 점은 분명했다.

흥미로운 사실

- 〈카우 트러블〉 개발 초기 단계에는 땅 위에서 폭죽을 터뜨려 젖소를 떨어뜨리는 방식도 있었다.
- 라인갱과 펜들리가 함께 일하던 회사는 피즈 팩(The Fizz Factor)이라는 회사였다. 2009년에 문을 닫기 전까지 라이선스를 받아 게임을 제작하던 곳이었다.

6개월 동안의 노력 끝에 코스마인드 & 블루는 〈카우 트러블〉을 앱스토어에 등록할 수 있었다. 합리적인 개발 시간에 맞춰 훌륭한 게임을 만들어낸다는 계획은 잘 지켰지만, 흥행으로 이어지지는 않았다. 라인갱은 매출이 기대에 비해 형편없이 적었다고 이야기한다. .

라인갱은 대부분의 사람에게 〈카우 트러블〉은 너무 어려운 게임이었다고 생각한다. 그의 분석에 따르면 게임을 할 때 심각한 고민을 너무 많이 해야 한다는 점이 문제였다. 신통치 않은 판매량에도 불구하고 라인갱의 태도는 꽤 긍정적이며 이 프로젝트를 통해 배운 점이 많다고 한다. "물론 저희 게임의 형편없는 앱스토어 판매량에 실망했죠. 하지만 지금은 저희의 게임이 왜 망했는지 잘 알고 있어요. 바로 그 점이 현재 앱스토어 마켓이 아주 멋진 마케팅 환경인 이유겠죠. 게임 업계에서 성공하기 위한 확실한 방법이 있을까요? 큰 돈을 손에 쥐고 사업을 하는 사람들이 어떤 게임에 엄청나게 투자를 하고, 사람들한테 돈을 줘가면서 자기들 게임을 홍보하게 만들고, 평론가들이 이 게임은 최고의 게임이라고 말하게 만들면 반드시 성공할 수 있을까요? 그렇게 하지 않고도 성공한 게임이 많다는 점을 알아야 해요."

컷더로프

플랫폼 : 아이폰/아이팟 터치(아이패드 버전은 별도로 발매됨)
가격 : 0.99달러
개발사 : 젭토랩(ZeptoLab)
퍼블리셔 : 칠링고(Chillingo)
발매일 : 2010년 10월 4일

게임 소개

〈컷더로프Cut the Rope〉는 말 그대로 수없이 많은 로프를 잘라야 하는 게임이다. 또한 공기 분사, 거품 터뜨리기, 중력 스위치 등의 다른 요소도 놀랄 정도로 많이 들어 있다. 이 모든 일이 옴 놈Om Nom이라고 부르는 작은 괴물의 배를 캔디로 채워주기 위해 벌어진다. 〈앵그리버드〉와 마찬가지로 〈컷더로프〉도 물리 법칙을 이용한 퍼즐 게임이다. 하지만 차이가 있다면 무언가를 부수는 일이 아니라 스테이지별로 주어진 다양한 도구를 사용해 어떻게 사탕을 옮길지 궁리하는 일이 재미를 준다. 〈컷더로프〉는 아이폰의 역사 초기, 아직 정말 멋지다고 할 만한 게임이 없을 때 발매됐다. 〈컷더로프〉는 부드럽게 작동하는 물리적인 움직임을 훌륭하게 구현했고, 매력적이고 고급스러운 iOS 게임의 새 기준을 세웠다고 할 수 있다.

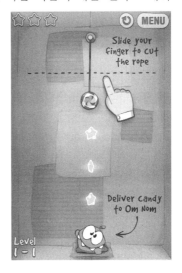

많은 iOS 게임이 각 스테이지의 난이도를 별의 개수로 나타내곤 하는데, 〈컷더로프〉는 훨씬 더 재미있는 방법으로 별을 쓴다. 각 스테이지마다 플레이어는 최대한 간단한 방법으로 사탕을 옴 놈에게 먹여 끝낼 수 있다. 혹은, 스크린에 흩어져 있는 별 세 개를 모두 모으고 난 뒤에 옴 놈에게 사탕을 먹여 스테이지를 끝내는 어려운 방법을 쓸 수도 있다. 이런 방식을 통해 플레이어는 다양한 수준으로 게임에 도전할 수 있고 여러 번 반복해도 재미있게 할 수 있다. 이는 〈컷더로프〉가 수백만 번의 다운로드 횟수를 기록한 이유 중에 하나다.

게임 비화

젭토랩의 첫 작품은 〈패러슛 닌자Parachute Ninja〉라는 게임이었다. 틸트 기반으로 조종하는 플랫폼 게임이었고 약 300,000카피가 팔렸으며 잠깐이나마 앱스토어의 인기 차트에 올라간 적이 있었다. 하지만 중력 센서와 터치스크린을 함께 이용하는 이 게임은 다소 난잡한 조작 메커니즘을 가지고 있었다. 공중에서 낙하산을 펼치기 위해 스크린을 터치해야 하고, 게임 진행을 위해 종종 무언가를 건드리거나 당겨야 했다.

〈패러슛 닌자〉의 최종 버전이 나올 때까지 수많은 아이디어가 제시됐고, 대부분 버려졌다. 퇴짜를 맞은 아이디어 중에 하나는 〈패러슛 닌자〉의 개발 초기 단계에서 꽤 중요하게 고려됐던 로프를 이용한 조작 메커니즘이었다. "〈패러슛 닌자〉의 원래 이름 중 하나는 요요 닌자였어요."라고 세미욘 보이노프Semyon Voinov가 말한다. 그는 젭토랩의 크리에이티브 총 책임자이다. "플랫폼 사이를 뛰어다닐 때 로프를 안전 장치로 사용하는 아이디어였죠."

통계

- **개발 기간** : 4개월
- **백만 카피 판매를 달성한 기간 순위** : 9위
- **다운로드 횟수** : 9,000,000번

이 방법은 다루기가 다소 까다로웠기 때문에 결국 젭토랩은 로프 아이디어를 채택하지 않았다. 하지만 개발팀은 이미 현실감 있는 로프의 움직임을 구현하기 위해 상당히 많은 작업을 해놓은 상태였다. 처음 만들어진 로프의 프로토타입은 화면 위 단순한 선에 지나지 않았지만, 로프의 움직임은 정말 멋있었다고 한다.

〈패러슛 닌자〉 프로젝트가 끝난 이후 젭토랩은 이 로프 메커니즘을 사용한 다양한 게임의 프로토타입 제작에 착수했다. 작은 회사였기 때문에 아이디어가 많은 편은 아니었지만, 회의 끝에 어떤 물체나 캐릭터를 이동시키는 데에 중점을 두는 게임을 만들기로 결정했다.

기획 단계에서 아이디어의 세부적인 부분에 대해 많은 토론이 있었다고 한다. 어떤 캐릭터나 사물을 이동시키는 게임이 될지 확신이 서지 않았고, 물건을 옮기는 이유를 결정하기도 힘들었다. 토론 끝에 결국 제자리에 가만히 있는 어떤 동물에게 음식을 전해주는 설정으로 정했다. 옴 놈이라는 생명체의 이름은 나중에 지어졌다. "동물에게 먹이를 준다는 설정은 정서적인 관계를 만드는 데에 좋은 방법이라고 생각했어요. 무언가 따뜻한 느낌이 들고, 즐거운 일이잖아요."라고 보이노프는 말한다. "동물에게 먹이를 줄 때면 부모가 된 느낌이 드니까요."

옴 놈에게 먹이를 줄 때 동물을 보살피고 있다는 느낌을 더 확실하게 주기 위해 젭토랩은 의도적으로 동물의 얼굴을 어린 아이의 얼굴처럼 디자인했다. 그러면서도 조금 더 경험 많은 플레이어에게 캐릭터가 지나치게 귀엽게 보이는 것을 피하기 위해 날카로운 이빨을 가진 동물로 만들었다. "주인공인 옴 놈이 괴물이라는 설정이 좋았어요. 제가 어린아이 같은 구석이 있긴 하지만 꽤 멋지게 들리지 않나요?"라며 보이노프는 웃는다. "괴물의 좋은 점은 너무 유치하지도, 너무 어른스럽지도 않다는 점이에요. 어른들도 아이들도 괴물을 좋아하죠."

〈컷더로프〉의 디자인에는 마케팅을 고려한 시각이 많이 반영됐다. 젭토랩은 가능한 많은 사람의 흥미를 끌기 위해 노력했고, 거의 대부분 성공했다. 보이노프는 순전히 재정적인 측면에서 본다면, 옴 놈이라는 캐릭터를 사용한 점이 가장 성공적인 아이디였다고 평가한다. "당시에는 그렇게 많은 고민을 하지 않았어요. 하지만 돌이켜보면 게임 캐릭터는 하나의 브랜드를 만들기에 아주 좋은 요소라는 생각이 듭니다. 벽돌이 주인공인 게임을 만들 수는 있겠지만, 그 캐릭터로 고급스러운 장난감을 만들어 팔 수는 없으니까요."

제작진은 "옴 놈은 왜 상자 위에 앉아 있나요?"라는 질문을 많이 받았다고 한다. "제작 당시에는 그 이유에 대해서 논리적인 설명이라고는 전혀 없었어요. 하지만 곰곰이 생각해보면 유년시절의 기억 때문이 아닌가 합니다. 누구나 고슴도치나 둥지에서 떨어진 작은 새를 발견한 기억이 있잖아요. 그러면 동물을 상자에 넣고, 보살피면서 먹이를 주려고 하죠. 많은 사람들이 그런 추억을 가지고 있죠."

흥미로운 사실

- 첫 업데이트 전에는 옴 놈의 이름이 게임 어느 곳에도 나오지 않았다. 첫 업데이트 이후, 첫 번째 스테이지에 포함된 사용법 안내에 옴 놈의 이름이 나온다.
- 보이노프에게 퍼블리셔로 칠링고를 택한 이유를 묻자, "그 사람들이 〈앵그리버드〉를 팔고 있잖아요"라고 대답했다.
- 젭토랩의 다른 게임으로 〈패러슛 닌자〉와 〈컷더로프:익스페리먼트(Cut the Rope: Experi-ments)〉가 있다.

〈컷더로프〉 제작이 거의 완성단계에 이르러 퍼블리셔를 찾는 동안 젭토랩의 직원들은 친구와 가족들에게 게임을 보여줬다. 게임을 본 사람들의 첫 반응은 엇갈렸다. 보이노프도 여자친구에게 게임을 보여줬지만 별로 좋아하지 않았다고 한다.

다행스럽게도 젭토랩은 게임의 가능성을 인정해준 칠링고Chillingo와 퍼블리싱 계약을 맺게 됐다. 대신 칠링고가 게임의 몇 가지 요소에 대해 귀중한 조언을 하는 조건이 붙었다(보이노프는 그에 대해 구체적인 답을 피했다). 이후 젭토랩은 마지막으로 게임을 다듬는 작업을 시작했다. 개발팀은 마무리 제작에 출시 전까지 많은 정성과 시간을 들였고, 특히 게임이 깔끔하게 보이는 데에 큰 노력을 기울였다.

2010년 10월에 출시된 〈컷더로프〉는 회사에 엄청난 수익을 벌어주었다. 〈프룻닌자Fruit Ninja〉나 〈앵그리버드〉만큼이나 인기 차트의 단골 손님이었고, 수백만 카피를 팔아 치웠다. 물론 젭토랩은 〈컷더로프〉에 많은 기대를 하고 있었지만, 이 정도의 폭발적인 성공에 대해서는 준비돼 있지 않았다. "앵그리버드를 제치고 1위를 한 적이 있었다는 사실이 정말 믿어지지 않아요. 거의 비현실적으로 느껴져요."라고 보이노프가 말한다. 출시 후 젭토랩은 축배만 들고 있을 수는 없었다. 게임이 출시되고 상위 10위 안에 든 직후부터 업데이트와 버그 픽스를 준비해야 했기 때문이었다.

발매 첫 해 〈컷더로프〉는 9백만 카피가 넘게 팔렸다. 젭토랩은 그 숫자에 엄청나게 놀랐지만, 보이노프는 회사가 만든 갑작스러운 수익에 조심스럽게 대처해야 한다는 점을 분명히 했다. 젭토랩은 히트곡 하나만 내고 사라지는 가수처럼 되고 싶지 않았고, 수백만 카피를 팔아서 만든 수익 또한 그냥 흘려 보내고 싶지 않았다.

"그렇게 많이 팔았다는 이야기를 들은 사람들은 저희가 페라리를 타거나 목에 뭔가 블링블링한 보석을 걸치고 화려하게 차려 입는 줄 알아요. 하지만 전혀 그렇지 않아요. 애플이 수익의 일정 부분을 가져가고, 퍼블리셔도 자기 몫을 챙기고, 저희는 세금을 내야 하죠. 그리고 남은 돈은 회사 계좌에 넣어 놓았습니다. 몽땅 저희 주머니로 들어오지 않아요. 〈컷더로프〉의 성공으로 저희가 얻게 된 것은 자유입니다. 자본주의 세상에서 돈이란 결국 얼마나 자유로운지 보여주는 척도잖아요."

다크 네뷸라 에피소드 1, 2

플랫폼 : 아이폰/아이팟 터치
가격 : 무료~1.99달러
개발사 : 1337 게임 디자인(1337 Game Design)
발매일 : 2009년 10월 14일

게임 소개

틸트 방식으로 금속 공을 움직인다는 점에서 〈다크 네뷸라Dark Nebula〉는 일루전랩 Illusion Lab의 〈라비린스Labyrinth〉 시리즈와 비슷한 점이 있지만 이 게임은 퍼즐 중심 의 어드벤처 게임이라고 설명하는 편이 더 정확하다. 놀랄 만큼 다양한 스테이지

가 나오고, 특히 에피소드 2는 정말 믿기 힘들 정 도의 다양한 종류와 난이도의 스테이지로 구성돼 있다. 압축 파괴장치나 회전 포탑 등의 다양한 공 격을 피해야 하고, 심지어 거대한 보스 몬스터와 싸우기까지 한다.

각 레벨을 최대한 빨리 끝내는 데에 흥미를 느 끼는 플레이어일수록 빠른 속도로 움직이는 스테 이지에서 원하는 대로 공을 조종하는 일이 결코 쉽지 않다는 사실을 알게 된다. 험담이 아니라 오 히려 정반대의 표현이다. 이 게임은 정말 굉장하

다. 각 스테이지는 매우 훌륭하게 설계돼 있고 위험한 지역을 지나갈 때의 공의 움직임은 매우 훌륭하다. 특히 에피소드 2의 보스와 싸울 때에는 세심한 조작이 핵심이기 때문에 수전증이 있는 플레이어는 더욱 힘겨운 대결을 펼쳐야 한다.

2009년 10월에 발매된 〈다크 네뷸라〉의 완성도는 너무나 대단해서 플레이어들은 마치 어두운 방에 있다가 눈부신 밝은 복도로 뛰쳐나온 것 같은 느낌을 받았다. 당시의 다른 게임들과 도저히 비교할 수 없을 정도로 뛰어난 게임이다.

게임 비화

앤더스 헤덴버그Anders Hejdenberg는 게임 업계에서 잔뼈가 굵은 사람이다. 스웨덴 출신의 개발자로서 십여 개의 게임 크레딧에 이름을 올렸고, EA의 〈배틀필드 2: 모던 컴뱃Battlefield 2: Modern Combat〉의 책임 디자이너를 맡기도 했다. 〈배틀필드〉 시리즈의 개발을 마친 헤덴버그는 잠시 EA에 남아 있었지만, 돈과 욕망이 지배하는 게임 업계에 점점 불만이 쌓여갔다. 돈 보다는 혁신과 디자인에 대한 열정을 원했던 그는 결국 회사를 그만두고 본인의 표현대로 '긴 휴가'를 보내게 된다.

시간이 흐르고 헤덴버그는 다시 게임 디자인을 하고 싶은 생각에 몸이 근질거리기 시작했다. 많은 예산이 들어가고 함께 일하는 사람들이 서로 다른 입장 때문에 다투는 데에 염증을 느꼈던 헤덴버그는 새로운 방법을 시도하기로 했다. "당시에 발매한 지 얼마 안 됐던 아이폰을 샀었는데, 아이폰의 다양한 기능에 깊은 인상을 받았습니다. 마침 바로 그 당시에 아이폰 프로그래밍 컨설팅을 하던 친구 중 한 명이 일을 그만둔 직후였고, 저는 그 친구가 만들 수 있는 다양한 게임들을 구상하기 시작했습니다."

밤새 잠 못 이루고 궁리하던 헤덴버그에게 아이디어가 하나 떠올랐다. 곧 그의 친구를 고용해 자신의 아이디어를 기반으로 개발에 착수했고, 그 게임은 후에 〈다크 네뷸라: 에피소드 1〉이 된다. "개발을 시작하고 몇 달 동안은 정말 놀라운 시기였어요. 게임 관련 일을 처음 시작할 때 느꼈던 마법 같은 매력이 돌아왔고, 게임 만드는 일이 다시 재미있어졌어요. 우리에게 이래라 저래라 참견하는 퍼블리셔도 없었고, 창의적인 개발을 오히려 방해하는 크리에이티브 디렉터도 없었죠. 정말 행복했어요."

에피소드 1의 개발 과정에서 가장 중요한 문제는 조작 방법을 결정하는 일이었다. 헤덴버그는 틸트 기반의 조작법에 확신이 없었다. 그 동안 자신이 경험한 게임들을 생각해보면 디바이스를 기울여 조작을 한다는 점이 왠지 마음에 들지 않았다. 게다가 당시에는 가속도계 센서를 이용해서 성공한 게임이 그리 많지 않았다. "처음엔 아이폰의 센서가 이상한 게 아닌가 생각했는데, 알고 보니 프로그래밍 구현에 문제가 있었죠."라고 헤덴버그가 말한다.

에피소드 1이 출시되고 게임 잡지나 블로그 등에서 엄청난 관심을 받았지만 기대만큼 매출이 급등하지는 않았다. 그럼에도 헤덴버그는 후속작을 만들기로 결심했다. "게임을 만드는 일이 너무 재미있었거든요."라고 헤덴버그가 회상한다.

헤덴버그는 에피소드 2를 단순히 전편을 조금 확장한 게임으로 만들고 싶지 않았다. 훨씬 더 큰 야망을 가지 있었다. 새롭게 전투 모드를 추가했고, 스테이지 맵을 더 넓게 만들었으며, 보스 몬스터와 싸우는 기능까지 추가했다. 심혈을 기울여 여러 가지 요소를 추가했고 결과적으로 게임의 전체적인 디자인이 매우 다양해졌다.

흥미로운 사실

■ 〈다크 네뷸라: 에피소드 2〉의 멋진 사운드트랙을 아이튠즈에서 7달러에 다운로드할 수 있다.

후속작에 대한 야심찬 계획과는 별개로, 헤덴버그는 완성까지 5개월 정도 소요되리라고 예상했다. 어차피 헤덴버그가 가진 예산으로는 그 이상 버틸 여력이 없었다. "문제가 많았죠. 새로 도입하고 싶은 것들은 많은데, 그 중 몇 가지는 제대로 구현하려면 엄청나게 많은 시간이 걸리는 상황이었어요."라고 헤덴버그는 말한다.

에피소드 2 개발을 시작한 지 겨우 몇 달이 지났는데, 헤덴버그의 잔고가 바닥나기 시작했다. 상황은 꽤 심각했다. "집에서 직접 빵과 감자 스프를 만들어 먹었어요. 혹독한 날씨의 스웨덴에 살면서 신발이 헤지지 않기를 기도해야 했죠. 신발한 켤레를 살 돈도 없었거든요."라고 헤덴버그는 말한다.

헤덴버그가 원하는 완성도로 에피소드 2를 완성하려면 앞으로 몇 달이나 더 걸릴지 모르는 일이었다. 하지만 헤덴버그는 완성도가 떨어지는 게임을 만들어 시장에 내놓을 생각이 전혀 없었다. "저희에게 선택은 단 두 가지였어요. 정말 훌륭한 게임을 만들어 발매하거나, 아니면 그냥 그대로 일을 접는 것이었죠. 이 게임을 시작하기 전에 저희는 더 좋아질 수 있는데 그러지 못하고 그저 그런 수준이 된 게임을 만들며 너무 오랜 세월을 보냈어요. 이제 저희가 만들고 싶은 게임을 만들고 있는데 여기에서 쉽게 지름길로 가려고 한다면 전과 다를 바 없는 보통의 게임 업계로 돌아가게 될 뿐이라고 생각했죠."

에피소드 2가 완성되기까지 거의 10개월이 걸렸다. 처음 예상한 기간의 두 배였다. 하지만 그 과정에서 헤덴버그의 현명한 마케팅 전략이 팀을 재정 파탄에서 구해냈다. "알고 지내던 어떤 개발자가 있었어요. 그 사람이 게임을 무료로 발매했는데, 금요일부터 일요일까지 주말 동안 거의 5만번이나 다운로드됐다는 이야기를 들었죠."

당시 〈다크 네뷸라: 에피소드 1〉로는 하루에 고작 60달러 정도밖에 벌지 못하는 상황이었기 때문에, 주말의 시작인 금요일에 게임을 무료로 공개하는 모험을 하기로 했다. 애플은 개발자에게 앱스토어에 올린 애플리케이션이 하루에 몇 번이나 다운로드됐는지 알 수 있도록 리포트를 제공한다. 자료는 하루에 한 번씩 갱신되기 때문에, 헤덴버그는 게임을 무료로 바꾸고 긴장 속에서 하루를 기다려야 했다.

토요일이 되자 금요일의 실적이 나왔다. 실적을 확인한 헤덴버그는 한 방 얻어맞은 기분이었다. 금요일 단 하루에 다운로드된 횟수가 5만 번이 넘었기 때문이었다. 그런 수치라면 주말이 끝날 때에는 15만 다운로드까지 기대할 수 있었다.

일요일이 되어 헤덴버그는 토요일의 실적을 확인했다. 이번에는 5만 번이 아니었다. 무려 25만 번의 다운로드 횟수를 기록했다. 게다가 주말이 아직 끝난 것도 아니었다. 〈다크 네뷸라〉의 게임 내 최고 점수 기록을 제공하는 서버 호스팅 회사의 직원들이 깜짝 놀라 헤덴버그에게 전화를 걸었다. "서버 부하가 너무 심해서 같은 서버를 쓰는 사람들이 자기 홈페이지에도 접속하지 못하고 있다고 하더군요." 라고 헤덴버그가 말한다. 〈다크 네뷸라: 에피소드 1〉은 24개 국가에서 무료 인기앱 1위에 올랐고, 무엇보다 가장 큰 시장인 미국 앱스토어에서도 1위에 올랐다.

앱을 무료로 전환한 주말이 끝났을 때 〈다크 네뷸라: 에피소드 1〉은 백만 번 이

상의 다운로드 횟수를 기록했다. 이제 최소한 백만 명의 사람들이 〈다크 네뷸라〉
의 후속작이 곧 발매된다는 사실을 알게 된 셈이다. 게임의 가격을 다시 99센트로
올린 후에도 입소문을 타고 계속해서 〈다크 네뷸라〉의 최고 매출 기록이 갱신됐
다. 〈다크 네뷸라〉 2탄을 만들기 위해 꼭 필요했던 자금줄이 트인 것이다. "에피소
드 2가 구원받았어요. 돈이 생겼기 때문에 이제 적당히 타협하지 않고 저희가 원
하는 만큼의 완성도를 가진 게임을 만들 수 있었죠."라고 헤덴버그가 말한다.

〈다크 네뷸라: 에피소드 2〉는 2010년 선정한 올해의 아이폰 게임 중 두 번째로
높은 점수를 받았다(당시 1위는 로켓캣 게임즈Rocketcat Games의 〈슈퍼 퀵훅Super Quickhook〉
이었다. - 옮긴이). 또한 앱스토어의 선호 앱을 모아놓은 아이폰 명예의 전당에 등록
됐고, 게임 디벨로퍼Game Developer는 다크 네뷸라를 제작한 1337 게임 디자인1337
Game Design을 매년 발표하는 최고의 개발사 중 하나로 선정했다. 닌텐도나 블리자
드 같은 대형 제작사의 바로 다음인 7위였다.

생애 최고의 성공의 비결을 묻는 질문에 헤덴버그는 이렇게 대답한다. "타협하
지 않고 게임을 만든 팀의 일원이 된 것이죠."

더트

플랫폼 : 아이폰/아이팟 터치
가격 : 0.99달러
개발사 : 브로큰 킹즈(Broken Kings)
발매일 : 2011년 2월 2일

게임 소개

〈더트Dirt〉는 내가 해본 게임 중 가장 불안하고, 마음이 무거워지는 게임이다. 게임 스토리에 대해 더 자세히 이야기하는 대신에, 게임 속 주인공은 곡괭이들 들고 땅 속을 헤매는 죽은 고양이라는 점을 말해둔다. 게임은 그 고양이가 묻혀 있는 무덤 아래에서 진행된다. 스크린을 탭하면 고양이가 움직여 바로 앞에 위치한 블록을 파낸다. 아이폰을 회전시키면 화면 속 중력의 방향이 바뀌며 위아래도 바뀌게 된다. 고양이가 땅을 파고 전진하면서 다양한 색깔의 보석을 획득하기도 하고, 고양이가 살아있을 때의 사연을 보여주는 짧막한 이야기를 보게 된다. 또한 게임의 배경 줄거리와 연관된 작은 물건들을 마주치기도 한다.

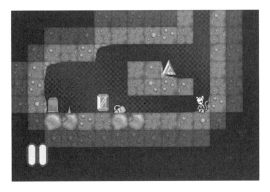

게임 음악은 으스스한 분위기를 만드는 데에 큰 역할을 한다.

또한, 지하 세계에 사는 다른 존재들과 마주칠 수 있기 때문에 꽤 긴장하며 플레이하게 된다.

게임은 그리 길지 않고 한 시간 정도면 엔딩을 볼 수 있다. 하지만 〈더트〉는 다른 게임에서 느껴보지 못한 진정성 있고 감동적인 이야기를 경험하게 해준다. 이는 겨우 1달러라는 앱 구매 비용보다 훨씬 더 가치 있는 경험이다. 게임이라는 장르가 스토리텔링의 매체로서 얼마나 훌륭하게 쓰일 수 있는지 알고 싶은 사람이라면 반드시 이 게임을 해보길 권한다.

게임 비화

친구 네 명을 모아 게임회사를 차리게 된 스티븐 가자드Stephen Gazzard는 앞으로 어떤 어려움을 겪게 될지 잘 알고 있었다. 브로큰 킹즈Broken Kings는 다섯 명의 친구가 모여 만든 회사였고, 사실상 예산이라고 할만한 돈은 한 푼도 없이 시작했다. 가자드 본인, 그의 부인, 친구 두 명, 친구 중 한 명의 여자친구로 구성된 이 팀은 비용을 아끼기 위해 같은 집에 살았고, 지극히 적은 자본으로 일을 시작했다. 다섯 명이 쓸 수 있는 돈은 고작 한 달에 4천에서 5천 달러 정도였다. "우리가 주말에만 게임을 만들고, 대신에 엄청나게 열심히 한다면 한 주에 게임 하나씩 뽑아낼 수 있지 않을까 하는 생각을 했어요."라고 가자드가 말한다.

> **통계**
> - **개발 기간** : 4일
> - **총 예산** : 2,000달러
> - **다운로드 횟수** : 65,000번

지금 이 책에는 완성되기까지 몇 달, 혹은 몇 년이 걸렸다고 하는 게임들에 대한 이야기가 많이 실려 있는데, 한 주에 하나씩, 그것도 주말에만 제작하는 게임을 만든다는 가자드의 계획은 정말 터무니없이 보일지 모른다. 하지만 가자드는 확신을 가지고 있었고 게임을 만들기 위한 혁신적인 아이디어들을 넘치도록 많이 가지고 있었다.

팀의 한 여자 멤버는 다른 멤버들의 모습을 각 개발 단계마다 다양하게 카메라로 촬영했다. 그 영상들을 유튜브에 올렸고, 사실상 팀의 게임 개발 영상 일기라고 할 수 있다. 사람들에게 브로큰 킹즈의 작업이 매력적인 일이라는 사실을 알려서 팬을 늘리고 싶은 희망으로 시작한 일이었다.

브로큰 킹즈가 〈더트〉를 개발하기 시작할 당시 이미 두 개의 게임을 '주말에만 일하는' 방식으로 제작해본 경험이 있었다. 첫 번째 게임은 기한을 살짝 넘겼고, 두 번째 게임은 질질 늘어지는 상황이었다. "두 번째 게임은 〈스무디 오퍼레이터 Smoothie Operator〉라는 게임이었는데, 열정이 없어졌다기보다는 팀원 모두가 동의하는 아이디어가 나오지 않아서 그만 두게 됐어요."라고 가자드는 말한다. "타협을 한 셈인데, 큰 실수였죠."

〈더트〉의 제작을 시작했을 때, 팀원들은 지쳐 있는 상태였기 때문에 이번에는 게임이라기보다는 장난감을 만든다는 느낌으로 가보기로 했다. 가자드는 가장 영향을 많이 받은 게임으로 〈마인크래프트Minecraft〉를 꼽았다.

가자드와 팀원들은 어느 금요일 아침의 회의에서 땅을 파고 뭔가 물건을 발견하는 방식의 게임을 만들기로 결정했다. 그리고 실제 게임 개발을 시작하기도 전에 팀원들은 게임의 이름을 〈더트〉로 정했다. 브로큰 킹즈의 팬 중 몇 명은 이미 같은 이름의 콘솔 게임이 있다는 점을 지적했지만, 팀은 그에 대해 딱히 신경 쓰지 않았다. "우리는 벌써 아이튠즈에 그 이름으로 예약해 둔 상황이었고, 절대로 바꿀 생각이 없었어요."라고 가자드는 말한다.

주말이 절반쯤 지났을 때, 게임 제작은 순조롭게 진행되고 있었다. 팀 멤버인 조사이아Josiah는 플레이스테이션 2용 게임이며 거의 전 우주적인 호평을 받은 〈완다와 거상Shadow of the Colossus〉을 굉장히 좋아했다고 한다. "조사이아는 그 게임에 대한 이야기를 굉장히 많이 했어요. 게임 내에서 발견할 수 있는 것들이 굉장히 많지만 모두 비밀스럽게 숨겨져 있다는 이야기였죠."라고 가자드가 말한다. "거상에서 다른 거상으로 옮겨 타는 일만 한다면 그 밑에 숨겨진 보석이 있다는 사실은 절대 알 수 없다고요."

흥미로운 사실

- 팀의 개발 일지 영상은 유튜브에서 확인할 수 있다. "brokenkings"로 검색하면 된다.
- 게임 속 공간에서 가끔 마주치는 으스스한 말하는 벌레의 이름은 '테디'이다.
- 각각의 색깔이 있는 보석들은 가족 중 누군가와 연결돼 있다. 게임의 힌트로 생각해 보자.
- 브로큰 킹즈의 다른 게임은 〈캐슬 컨플릭트(Castle Conflict)〉와 〈스퀄(Skwerl)〉이 있다.

브로큰 킹즈 팀원들은 뭔가 비슷한 느낌의 게임을 만들 수 있을 것 같았다. 여기저기에 작은 보석들을 숨겨 놓고, 보석들이 모이면 조금씩 게임의 전체 스토리를 알려주는 방식이다. 그 때가 벌써 개발 2일차였다. 주말의 3일동안 완성시키는 계획이었기 때문에 할 일이 많았다. 새로운 디자인 요소를 취합해서 게임에 넣고, 스토리텔링에 적합하게 게임을 재배열하는 작업을 시작해야 했다. 얼마나 많이 바꿔야 할지 예상하지 못했기 때문에 더욱 힘든 작업이었다. "그때까지도 우리는 우리의 게임이 단순하게 땅을 파는 게임이 아니라는 점을 깨닫지 못하고 있었어요."

일요일 밤이 다가오면서 계획이 점점 어그러지기 시작했다. 멤버 중 절반은 월요일에 여행을 가기로 계획한 상태였기 때문에 가자드와 조사이아는 게임을 완성하기 위해 월요일 내내 작업해야 했다. 화요일 아침이 돼서야 완성된 〈더트〉를 앱 스토어에 등록시킬 수 있었다. "우리 다섯 명이 가장 기대한 게임이 〈더트〉였어요. 창의적이기도 했고, 감정적으로 정말 열심히 노력했기 때문이죠. 우리가 만든 네 개의 게임 중에서 가장 돋보이는 게임이었죠."라고 가자드는 말한다.

이후에 흥미롭지만 슬픈 뒷이야기가 있다. 가자드는 〈더트〉의 스토리가 실제로 고양이의 죽은 사건을 소재로 삼지 않았다고 말한다. 게임을 제작할 당시에 가자드는 고양이를 기르고 있었는데, 브로큰 킹즈가 해체한 직후 그 고양이가 암으로 죽었다고 한다. "제가 7살때부터 기르던 고양이였어요. 고양이가 죽은 이후로 다시 〈더트〉를 해볼 엄두가 안 나요."라고 가자드가 말한다. "그 때 제 마음 깊은 곳에서 고양이가 죽을 수도 있다는 걱정을 하고 있었어요. 저는 아직도 고양이의 뱃속에 생긴 작은 혹이 고양이를 죽였다는 사실이 믿기지 않아요. 만약에 그 전에 고양이가 죽었다면 저는 〈더트〉를 만들 수 없었을 거에요."

〈더트〉가 완성된 후 얼마 안 돼서 브로큰 킹즈 팀은 와해됐다. 재정적으로 후원해줄 사람을 찾아봤지만 아무것도 성사시키지 못했고, 그 사이에 팀원들은 빈털터리가 됐다. 가자드는 그 경험을 '영광의 2 개월'이라고 부르지만 짧은 운영 기간 동안 꽤 많은 빚을 지게 됐다고 한다. 현재 그는 외주를 받아 일하고 있고, 브로큰 킹즈의 다섯 멤버가 다시 모여서 게임을 만들기는 힘들 것 같다고 한다.

두들 점프

플랫폼 : 아이폰/아이팟 터치(아이패드 버전은 별도로 발매됨)
가격 : 0.99달러
개발사 : 리마 스카이(Lima Sky)
발매일 : 2009년 3월 15일

게임 소개

〈두들 점프Doodle Jump〉는 아이폰 게임 초창기의 흥행을 이끌었던 역사적인 게임으로 기억될 것이다. 점프로만 이뤄진 간단하기 그지없는 이 게임은 천만 명이 넘는 사람들이 기꺼이 호주머니를 열어 99센트를 지불하게 만들었고, 수많은 '두들 유사품'에 영감을 줬다(그 중 썩 괜찮은 게임은 별로 없었지만). 〈두들 점프〉의 매력에는 한마디로 설명하기 힘든 점이 있다.

틸트 컨트롤 방식의 게임은 그다지 중독성이 없을 수 있다. 하지만 한 게임을 끝내면 "한 번 더!"라며 소리지르는 코치가 선수를 잘 훈련시키듯이, 게임 내의 득점 기록 체계를 잘 만든다면 이야기가 달라질 수 있다. 간단하고 허술하게 그려진 파워업 아이템과 몬스터는 게임 발매 후 몇 년 동안 게임계의 대유행이 됐다. 화면 속 캐릭터가 스프링을 타고 점프를 하면 실제로 트램폴린 위에서 점프하는 것처럼 흥분되고, 어쩌다 한 번씩 나오는 로켓 팩 아이템을 쓰면 나도 모르게 입에서 슈욱-하고 로켓이 이륙하는 소리가 나온다. 부끄럽지만 사실이다.

최근에 추가된 멀티플레이어 모드는 이 하찮은 게임을 몇 시간씩 하게 만드는 다른 이유가 된다. 나는 침대에 누워 팔이 아플 때까지 〈두들 점프〉를 하고, 친구들과 가족들은 딱 한 판만 하겠다며 아이팟을 빌려가서 몇 시간이나 돌려주지 않는다. 제대로 설명하기 힘들지만, 나를 포함한 천만 명의 사람들은 아무리 해도 〈두들 점프〉에 질리지 않는다.

게임 비화

사람들은 종종 〈두들 점프〉의 개발자인 이고르 푸세냑Igor Pusenjak에게 〈두들 점프〉가 처음으로 만든 게임이냐는 질문을 한다. 그의 대답은 이렇다. "정확히 말하자면, 〈두들 점프〉는 제가 가장 마지막으로 만든 게임입니다."

2008년, 이고르와 마르코Marko 형제에게 앱스토어는 함께 프로젝트를 즐기며 돈도 벌 수 있는 좋은 기회로 보였다. 그때까지 평범한 웹 개발자였던 두 사람은 게임을 만들기로 결심했다. 정식으로 게임 개발을 해본 경험이 전혀 없었기 때문에 일단 엄청나게 간단한 앱인 뽁뽁이 비닐 시뮬레이터를 만들어봤다. 시험 삼아 만든 게임으로 앱스토어의 분위기를 파악할 심산이었다.

푸세냑 형제의 어이없는 계획에도 불구하고, 리마 스카이의 버블랩Bubble Wrap 애플리케이션은 99센트의 가격에 무려 수천 카피가 팔렸다. 이 결과를 본 이고르와 마르코는 앱스토어에 확신을 가질 수 있었고, 이후 본격적으로 풀 타임 개발을 시작했다.

> **통계**
> - 개발 기간 : 3개월
> - 2009년 3월부터 2011년 9월까지의 업데이트 횟수 : 48번
> - iOS용 기기에 다운로드된 횟수 : 10,000,000번

푸세냑 형제는 꽤 독특한 초기 진입 전략을 택했다. 단 몇 달 안에 수십 개의 앱을 쏟아내는 방법이었다. 대부분의 개발자가 보기에 그런 전략은 스팸 메일과 다를 바가 없었지만, 푸세냑 형제의 생각은 조금 달랐다. "저

희가 〈두들 점프〉를 만들기 전에 했던 많은 프로젝트는 확실한 목표가 있었습니다. 일단 정말 짧은 시간 안에 그럭저럭 쓸만한 애플리케이션을 만들어 앱스토어에 시험 발매해서 반응을 봤어요. TV 제작자들이 파일럿 프로그램을 제작해 시험 방영하는 것처럼 말이죠. 첫 번째 버전을 발매해서 좋은 반응을 얻으면 그 애플리케이션을 계속 발전시킨다는 전략이었죠. 반응이 시원치 않으면 다음 프로젝트로 넘어가고요."라고 이고르는 설명한다.

게임 개발에 있어서 이런 방식의 접근법은 오직 앱스토어에서만 가능한 일이지만, iOS 개발자에게는 충분히 설득력 있는 전략이다. 리마 스카이의 이러한 전략으로 〈두들 점프〉를 만들기 전까지 깃발 기억하기 게임이나 짝 맞추기 등의 괴상하고 잘 팔리지도 않는 교육용 앱들을 출시했다.

그때 리마 스카이가 앱스토어에 내놓은 앱 중에 〈잇 버니 잇Eat Bunny Eat〉이라는 게임이 있었다. 토끼가 하늘에서 떨어지면서 당근을 먹는 간단한 방식의 게임이었다. 단 두 명뿐인 개발팀에서 미술/디자인 담당을 맡았던 이고르에 따르면 그 게임은 크게 성공하지는 못했지만 적게나마 팬이 생겼기 때문에 같은 토끼 캐릭터가 나오는 후속작을 만들기로 했다고 한다.

푸세냑 형제는 토끼 캐릭터가 점점 더 높이 점프해서 올라가는 게임 아이디어를 구상했다. 마르코는 즉시 프로그래밍에 착수했지만, 이고르는 토끼 캐릭터의 까다로운 애니메이션 작업 때문에 애를 먹고 있었다. "플랫폼을 멋있게 만들 수가 없었어요. 토끼가 움직이는 애니메이션도 별로 좋아 보이지 않았죠."

보통 게임 개발 과정에서는 디자인이 완성되지 않았을 때 코딩에 필요한 임시 캐릭터를 만들어 쓰곤 하기 때문에 이고르는 급하게 캐릭터를 하나 그렸다(그렇게 끄적거리며 낙서한다는 뜻의 단어인 doodle이 게임 제목에 사용됐다. - 옮긴이). 마르코는 이고르가 만들어 준, 다리 네 개에 녹색 티셔츠를 입고 개미핥기 같은 주둥이를 달고 있는 괴상한 생물체로 게임을 만들었다.

이고르는 공공연히 자신의 일러스트 능력을 자책하지만, 제작 당시에 이고르와 마르코는 '두들' 스타일의 디자인이 움직이는 모습을 본 순간 완전히 반해버렸다고 한다. 이고르는 토끼 캐릭터를 집어 던지고 두들 스타일을 발전시켰다. 〈두들 점프〉가 탄생한 순간이다. 몇 달 후 완성된 게임이 앱스토어에 출시됐다.

흥미로운 사실

- 〈두들 점프〉의 주인공의 이름은 두들 더 두들러(Doodle the Doodler)다.
- 리마 스카이의 다른 앱으로 〈애니매스(Animath)〉와 〈버블랩(Bubble Wrap)〉 등이 있다.
- 리마 스카이의 〈버블랩〉은 앱스토어에서 유일하게 공식적으로 라이선스를 얻은 버블랩 애플리케이션이다. 〈버블랩 (Bubble Wrap)〉은 실드에어코퍼레이션(Sealed Air Corporation)의 등록상표다.
- 〈두들 점프〉에서 이름을 Ooga로 입력하면 포켓갓(Pocket God)에 나오는 피그미족 캐릭터로 〈두들 점프〉를 플레이 할 수 있다!

이 독특한 그림체는 〈두들 점프〉의 가장 큰 특징이지만, 처음부터 모두가 좋아 하지는 않았다. 이고르는 "사람들이 '글쎄요, 재미는 있는데 그림이 마음에 안 들 어요'라는 말을 많이 했어요."라며 웃는다. "그러다가 시간이 지날수록 저희의 디 자인과 정서가 공감을 얻고, 사람들이 저희의 게임 캐릭터와 디자인을 좋아해주기 시작했어요."

앞서 언급했듯, 혜성처럼 나타난 〈두들 점프〉가 앱스토어의 판매 순위를 점령 한 뒤 몇 달 동안 두들의 영향을 받은 뻔뻔스럽고 창의력 없는 게임들이 쏟아져 나 왔다. 〈두들 카트_Doodle Kart〉, 〈두들 아미_Doodle Army〉, 심지어 〈두들 갓_Doodle God〉이라 는 게임도 있었다. 게임계에서 '두들'이라는 말은 곧 자신들의 게임을 설명하기 위 한 형용사가 됐다. 게으른 개발자들이 자신들의 게임에 '두들'이라는 이름을 붙이 기만 하면 판매 순위에서 상위권에 올라간다는 우스갯소리도 있었다. 푸세냑 형제 는 두들이라는 단어가 너무 퍼지는 상황이 별로 달갑지 않았다. 두들은 자신들의 브랜드인데 불합리하게 이용당한다는 느낌이 들었다. 당시 상황을 묻는 질문에 이 고르는 "정말 참담한 기분이었습니다."라고 털어놓았다. "다른 개발자들은 게임을 너무 쉽게 생각하는 것 같았어요. '여기 이 사람들 좀 봐. 〈두들 점프〉로 엄청나게 성공했잖아? 우리도 두들 어쩌고 하는 게임을 만들어보자고. 두들이라는 단어는 무슨 상표명이 아니니까 우리 게임 스타일을 설명하기에 딱 좋아'하는 식으로 말 이죠. 정말 마음이 상한 이유는 우리의 디자인 스타일이 흔해져서 그렇기도 했지 만, 점점 놀림감이 되었기 때문이에요. 사람들은 점점 두들 어쩌고 하는 게임에 질 리게 되었죠."

이는 2011년 초에 큰 이슈가 되었다. 리마 스카이는 제목에 두들이라는 단어를 쓴 게임의 개발자들에게 접촉해 두들의 상표권을 주장했고, 게임 이름에서 두들이라는 단어를 빼달라고 요구했다. 하지만 이는 이후에 벌어진 사건들로 인해 리마 스카이에게 역풍이 되어 돌아왔고, 회사 이미지에 큰 악영향을 끼쳤다. 포켓게임즈 PocketGamer.co.uk는 이 사건을 '두들게이트'라고 표현할 정도였다. "제 생각에도 어쨌든 별로 자랑스러운 일은 아니었어요. 게다가 저희가 마치 거대 악덕 기업인 듯한 이미지가 생겼죠. 저희는 단지 두 명뿐인데요."라며 이고르는 한숨을 쉰다.

결국 리마 스카이는 게임 이름에 두들을 쓴 개발자들을 쫓아다니는 일을 그만두었지만, 이미 리마 스카이의 이미지는 타격을 입은 후였다. 사건이 벌어지는 동안 회사를 대표해 외부에 나섰던 이고르의 이미지도 마찬가지였다. 이런저런 소동이 모두 끝난 후, 이고르는 사건에 대한 리마 스카이의 입장을 발표했다. "결국 저도 여러분과 같은 게임 개발자입니다. 소송 따위보다는 멋진 게임을 만드는 일에 시간을 쓰고 싶습니다."라는 내용의 공개 편지 형식이었다.

이 상황이 더 흥미로운 이유는 많은 사람들이 〈두들 점프〉를 〈파피점프 PapiJump〉라는 다른 iOS용 게임을 베꼈다고 생각하고 있기 때문이다. 〈파피점프〉는 〈두들 점프〉가 개발되기 몇 달 전에 출시된 작품이고, 두 게임은 쌍둥이처럼 닮아 있다. 〈두들 점프〉처럼 〈파피점프〉도 조그만 캐릭터가 공중에 떠 있는 플랫폼 위를 점프하며 점점 높이 올라가는 게임이다.

이고르에게 그 게임에 대해서 질문했을 때, 그는 두 게임이 '대단히' 유사하다고 인정했다. 두 사람은 〈두들 점프〉 발매 전까지 그 게임을 몰랐다고 한다. "하도 많은 사람들이 그 게임을 말해줘서 나중에 그 게임을 해봤어요. 제 생각엔 저희가 더 잘 만든 것 같던데요."라고 이고르는 말한다.

분명히 이고르의 주장에 일리가 있다. 2009년 초에 〈두들 점프〉가 나온 이후, 리마 스카이는 수십 번의 무료 업데이트를 통해 새로운 내용을 추가했고 버그를 고쳤다. 새 아이템이 도입된 업데이트도 있었고, 완전히 새로운 게임 방식을 적용한 업데이트도 있었다. 게임 센터를 통한 온라인 멀티플레이 기능 추가는 게임 발매 후에 있었던 가장 큰 변화였다.

2011년 하반기에 리마 스카이는 아이패드 전용 버전을 출시했다. 아이폰 버전과 마찬가지로 1.0 버전에서 끝나지 않을 계획이다. 푸세냐 형제에게 〈두들 점프〉는 한 번 만들고 그만 두는 게임이 아니다. 그들에게 〈두들 점프〉는 현재 진행 중인 프로젝트이고, 모든 것을 쏟아 붙고 있는 게임이다. 이고르에게 〈두들 점프〉 개발에 시간을 얼마나 썼는지 묻자, 이고르는 웃으며 "제가 가장 좋아하는 질문이 바로 그 질문입니다. 〈두들 점프〉 개발은 아직 끝나지 않았거든요."라는 대답을 한다.

"고전적인 콘솔 게임은 CD나 DVD 매체를 사용하죠. 하지만 우리는 아이폰 게임을 완성품으로 보지 않습니다. 마치 웹사이트 같다고 봅니다. 사람들은 내용이 추가되지 않는 웹사이트를 두 번 다시 찾지 않죠. 좋은 웹사이트는 살아있는 생물처럼 계속 변화하니까요."

이는 다른 개발자들에게도 해당되는 이야기이다. 〈월드 오브 워크래프트World of Warcraft〉는 아마도 지속적으로 변화하는 게임의 가장 모범적인 예가 될 것이다. 이고르와 마르코는 이러한 철학을 잘 유지했고 결과적으로 평범한 중산층 웹 개발자에서 역사상 가장 상징적인 모바일 게임을 만든 백만장자가 되었다. "말도 안 되죠. 얼떨떨해요. 정말이지 아직도 믿을 수가 없어요. 누군가 제 뺨을 꼬집으면서 빨리 꿈에서 깨라고 할 것 같아요."

둠 2 RPG

플랫폼 : 아이폰/아이팟 터치
가격 : 3.99달러
개발사 : id소프트웨어(id Software)
발매일 : 2010년 2월 8일

게임 소개

〈둠 2 RPG_{Doom II RPG}〉는 〈둠 2〉를 깔끔하게 만든 버전처럼 보이지만, 사실 이 게임은 1인칭 슈팅 게임이 아닌 턴 방식의 게임이다. 내가 움직이지 않으면 게임 속 세상도 움직이지 않는다. 한 번의 움직임이 한 번의 턴으로 간주되고 상대방, 즉 적도 한 번 움직일 수 있는 턴을 갖는다. 팬들의 기대대로 많은 무기와 적의 디자인은 오리지널 둠 게임과 여러 가지로 유사하다.

턴 방식으로 몬스터를 난타하면 몬스터의 체력치가 내려간다. 주인공은 경험치를 쌓고, 레벨 업을 하고, 맵을 돌아다니며 숨겨진 무기와 장비를 얻는다.

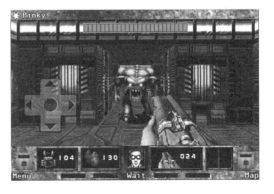

〈둠 2 RPG〉의 전투 모드는 다양한 전략을 구사할 수 있도록 설계됐다. 코 앞에 나타난 적에게 전기톱을 쓸 수 있고, 조금 떨

어진 적에게는 총을 쏠 수 있다. 적의 종류와 숫자에 따라 주인공의 피해를 최소화할 수 있는 위치와 공격 방법을 다양하게 선택할 수 있다.

앱스토어에는 이미 오리지널 둠과 완전히 같은 게임들이 올라와 있다. 하지만 턴 방식의 이 게임은 아이폰의 조작 특성과 기가 막히게 잘 들어맞는다. 화면 위의 가상 방향키를 빠르게 조작하면서 움찔거릴 필요가 없기 때문이다. 고백하자면 필자는 원래 〈둠〉 시리즈를 그다지 좋아하는 편이 아니지만, 〈둠 2 RPG〉는 정말 멋진 게임이다.

게임 비화

캐서린 안나 강Katherine Anna Kang은 영화 제작자이자 게임 디자이너이자 기업가다. 강은 여러 회사의 CEO와 대표를 역임했고, 우주 관광 투자를 위해 설립된 아르마딜로 에어로스페이스Armadillo Aerospace의 공동 창립자이기도 하다. 또한 〈둠〉 시리즈에 가장 큰 기여를 했던, 게임계의 전설이라고 할 수 있는 존 카맥John Carmack의 부인이다.

2005년 발매된 1탄인 〈둠 RPG〉는 대단한 성공을 거뒀다. 각 매체의 '올해의 게임'에 여러 번 선정됐고, 판매량도 좋았다. 〈둠 RPG〉의 프로듀서였던 강은 연이어 〈오크&엘프Orcs & Elves〉 시리즈를 만들었고, 역시 좋은 평가를 받았다. "언젠가 〈둠 2 RPG〉를 만들게 되리라고 생각하고 있었어요. 1탄은 평론가나 팬들 모두에게 인기가 많았고, 당시까지 저희가 만든 모바일 게임 중에서 가장 높은 이익률을 기록했기 때문입니다."

흥미로운 사실

- 〈둠 2 RPG〉의 초기 개발 단계에서는 더 전통적인 핸드셋 기기를 염두에 두고 게임 디자인을 했다고 한다.
- 〈둠 2 RPG〉의 공식 트레일러에 등장하는 몬스터 중 몇 종류는 최종 버전에서 빠졌다.

1탄이 나온 지 몇 년이 지난 상태에서, id 모바일id Mobile에서 강이 이끌던 제작팀은 〈둠 RPG〉 세계관의 후속작을 다시 만들어야 하는지 확신이 서지 않았다. 팀의 절반은 〈오크&엘프〉 시리즈를 계속하고 싶어했고, 나머지 절반은 이미 〈둠 2

RPG〉 제작에 착수할 준비가 됐다고 생각하고 있었다. 당시 강의 걱정은 모바일 기기의 성능이 자신들이 만들려는 게임을 원활히 돌릴 수 있을지에 대한 문제였다. "정말 화려하게 만들고 싶었거든요. 둠이라는 이름의 게임은 엄청난 역사를 가지고 있고, 팬도 정말 많잖아요. 명성에 걸맞지 않는 게임은 만들고 싶지 않았어요."

오리지널 시리즈였던 〈오크&엘프〉를 제작할 당시에 스토리를 마음껏 창작할 수 있었던 경험도 영향을 끼쳤다고 말한다. 〈둠〉의 세계관은 이미 엄청나게 확장돼서 바꾸기 힘든 상태인 반면, 〈오크&엘프〉의 스토리를 만든 강은 스스로 창조자가 되어 많은 부분을 채울 수 있는 신세계였다. 강은 〈오크&엘프〉의 세계관에 여자 주인공을 창조해 넣을 수도 있었다. "결국 결정은 높은 분들의 몫이었습니다. 회사는 〈둠 2 RPG〉를 하기로 했어요. 제작이 결정되고, 일이 진행되기 시작했죠." 당시에 발매된 지 얼마 안 됐던 〈둠〉 4탄과 충돌하지 않는 스토리가 만들어졌고, 본격적인 제작이 시작됐다.

〈둠 2 RPG〉의 스토리를 쓰던 강은 자신이 〈오크&엘프〉 3탄을 기획하면서 만든 여자 주인공을 〈둠〉 시리즈에 써야 할지 고민했다고 한다. "존 카맥과 이야기를 했는데, 몇 번의 토론을 거쳐서 제 아이디어가 쓸만하다고 설득시켰어요."라고 강은 말한다. "〈둠〉 팬이 수백만 명인데 다들 여자 주인공으로 플레이하는 것을 좋아할지 확신이 서지 않았어요. 그래서 주인공을 세 명으로 만들었습니다. 세 명의 주인공은 여자 해병대 소령Major, 오리지널 둠의 해병대 병장Sarge, 괴짜 과학자scientist였어요.

줄거리와 대사를 쓰면서 강은 각각의 캐릭터를 깊이 파고들었다. 세 캐릭터의 시각을 모두 보려면 게임을 여러 번 반복해야 하는데, 사람들이 게임을 하면서 그 세 명의 사연을 잘 모르고 지나간다는 점이 아쉬웠다고 한다. 제작팀은 게임 스토리를 보완하기 위해 만화책이 필요하다는 점을 깨달았다. id 모바일의 미술 담당인 조나단 레인Jonathan Lane이 그림을 그렸고, 강은 스토리를 썼다. 게임을 시작하고 캐릭터를 고르기 전에 각 캐릭터의 이야기를 보여주는 장치로서 매우 창의적인 아이디어였다. "이미지에 저희의 아이디어를 추가할수록 점점 흥분됐어요. 만화에 다소 과장된 면은 있지만, 제작팀 대부분은 그 만화를 정말 좋아했어요."

강은 스테이지마다 각 캐릭터의 비밀이 드러나거나 이스터 에그를 뿌려 놓는 설정을 계획했다고 한다. 하지만 예산과 스케줄 문제로 대부분 구현하지 못했다. "어쩔 수 없이 임시변통으로 다른 방법을 써야 했어요. 대부분의 아이디어를 대사로 표현했죠."라고 강은 말한다. "저희는 id의 다른 게임과 캐릭터들에서 따온 이름이나 캐릭터가 무척 재미있었어요. 사실 〈울펜슈타인Wolfenstein〉 주인공의 후손처럼 생긴 캐릭터가 〈울펜슈타인 RPGWolfenstein RPG〉에 등장하는 아이디어도 있었어요."

강은 〈둠 2 RPG〉가 지금처럼 재미있어진 데에는 미술과 스테이지 디자인을 담당한 매트 로스Matt Ross의 역할이 크다고 말한다. "게임 초반에 전기톱에 머리가 잘려나가는 몬스터가 굉장히 인상적인데 그런 장면을 모두 혼자서 만들어냈어요. 게임에 나오는 역겹거나 어설프게 웃긴 표현은 대부분 매트가 만들어냈다고 보면 돼요."

〈둠 2 RPG〉의 제작이 진행되는 동안 강은 둘째 아이를 임신했고, 하루도 빼놓지 않고 고통의 나날을 보냈다고 한다. 또한 게임이 완성된 직후에 산기를 느껴 병원으로 달려가 제왕절개수술로 아이를 출산한 기적 같은 사연도 있었다.

완성된 게임은 전반적으로 긍정적인 평가를 받았고, 강은 그런 반응에 만족한다고 말한다. 특히 한정된 자원으로 좋은 게임을 만들었기 때문이다. "저희가 만드는 다른 게임들도 그렇지만, 항상 조금만 더 시간이 있었으면, 예산이 더 있었으면, 인력이 더 있었으면 하는 생각이 들죠. 하지만 결국 저희는 훌륭하게 일을 마쳤고, 그렇게 적은 자원으로 프로젝트를 성공적으로 끝냈다는 사실이 자랑스럽습니다."라고 강은 말한다.

엣지

플랫폼 : 아이패드/아이폰/아이팟 터치(유니버설 앱)
가격 : 2.99달러
개발사 : 모비게임(Mobigame)
발매일 : 2009년 1월 4일

게임 소개

〈엣지Edge〉는 개발 당시부터 아이폰을 염두에 두고 만들어진 게임이 아니다. 하지만 iOS 기기에서 작동되는 모습을 본 사람은 아무도 그 사실을 알아채지 못한다. 공간에 놓인 무지갯빛 정육면체 블록을 스와이프 제스처를 사용해 이리저리 움직이는 게임이다. 칙칙한 회식으로 된 공간이지만 움직이는 물체들은 여러 가지 색상으로 반짝반짝 빛난다. 손가락으로 화면을 천천히 슬라이드하면 블록이 불안정하게 일정 방향으로 들썩이고, 화면을 빠르게 움직이면 빠른 속도로 데굴데굴 굴러간다. 모든 바닥은 기하학적으로 구분돼 있고 그 구조는 각 레벨마다 다르다.

블록이 움직이는 방법은 매우 제한적이다. 굴러가고, 다른 블록 위로 올라가고, 짧은 벽에 매달리는 움직임이 전부다. 이동하거나 떠 있는 플랫폼을 돌아다니며 올바른 길을 찾아 목표까지 도착하면 다음 스테이지로 넘어간다. 예를 들어 무언가를 작동시키기 위해 스위치를 찾아 눌러야 하는 부분은 전형적인 플랫폼 게임의 요소지만, 이 게임의 진짜 재미는 가능한 빠른 시간에 스테이지를 끝내기 위해 육면체의 가속도를 적절히 조정하는 데 있다. 물론 그와 동시에 스테이지 여기저기에 흩어져 있는 반짝거리는 픽셀을 모아야 한다. 단순해 보이는 게임이지만 매우 독창적인 발상을 훌륭하게 구현했다. 또한 환상적인 분위기의 음악도 재미에 한몫을 하고 있다.

게임 비화

연령에 상관없이 누구나 한 번에 이해할 수 있는 게임은 어떻게 만들어야 할까? 이는 게임 산업이 태동할 때부터 개발자들을 괴롭혀온 질문이다. 매튜 말롯Matthieu Malot은 정답을 찾았다. 바로 블록을 사용한 게임이다. 블록을 가지고 노는 법을 모르는 아이는 없다. 블록은 단순하고 안전하다. 부모들이 아이에게 블록을 쥐어줄 때 아이가 블록을 삼키거나 하는 걱정은 하지 않아도 된다. 블록은 직접 손으로 만질 수 있는 장난감이고, 아주 어린 아이들도 이해할 수 있다. 다시 말해, 블록은 아이들을 위한 게임을 만들기에 완벽한 소재다.

〈엣지〉를 프로그래밍 한 데이비드 파파지안David Papazian과 말롯은 게임 디자인 준비에 앞서 루빅 큐브Rubik's cube를 몇 개 샀다. "육면체로 게임을 만들 때에는 육면체가 필요한 법이죠. 루빅 큐브를 가지고 여러 가지 상황을 시뮬레이션하면서 아이디어를 명확하게 정리할 수 있었습니다."

> ### 통계
> - **총 개발 비용** : 130,000달러
> - **개발 기간** : 2년
> - **다운로드 횟수** : 2,000,000번 이상

〈엣지〉를 플레이하면서 느끼는 재미는 대부분 육면체를 가지고 노는 데에서 나온다. 스와이프의 길이에 따라 속도가 변하기 때문에 플레이어에게 육면체의 아주 미세한 움직임을 조절할 수 있는 여지를 준다. 하지만 이런 종류의 게임에는 큰 문제점이 있는데, 실제로 플레이를 해보기 전에는 게임이 가진 매력을 알기 힘들다는 점이다. 스크린샷 몇 개를 보여주고 게임을 구매하게 만들기는 매우 힘들다. 말롯과 파파지안의 생각으로 당

시 상황에서 가장 좋은 판매 전략은 모바일 기기에 〈엣지〉가 기본 탑재되도록 모바일 기기 생산업체와 계약을 맺는 것이었다.

18개월동안 파파지안과 말롯은 지칠 줄 모르고 〈엣지〉에 매달렸다. 하지만 두 사람 모두 돈이 부족했다. 파파지안은 종종 아버지에게 돈을 빌려야 했고, 말롯은 수입이 전혀 없는 사태였다. "프랑스에서는 실직자를 위한 보험 같은 제도가 있어요. 그 제도로 받는 돈이 당시 말롯이 얻은 수입의 전부였어요."라고 파파지안이 설명한다.

2008년 중반쯤 상황이 나아지기 시작했다. 말롯과 파파지안의 회사인 모비게임Mobigame이 소니 에릭슨Sony Ericsson과 교섭을 했고, 매우 만족스러운 금액을 약속받고 소니 에릭슨에 게임을 팔 수 있었다. 9월에는 프랑스에서 매해 최고의 모바일 게임에 주어지는 밀톤Milthon 상을 받았다.

모비게임은 〈엣지〉를 완성했고, 언제든 발매할 준비가 되었다. 하지만 소니 에릭슨의 사정은 여의치 않았다. 2008년 후반 소니 에릭슨은 대규모의 경비 절감 정책을 시행했다. 50% 이상의 해외 인력을 감축하고 세계 곳곳의 R&D센터를 폐쇄하기 시작했다. 모비게임과의 계약도 파기됐다. 파파지안과 말롯은 즉시 〈엣지〉를 아이폰으로 포팅하는 작업을 시작했고, 결국 2008년 크리스마스 이브에 출시할 수 있었다. 하지만 안타깝게도 게임을 공식적으로 출시했다고 해서 모든 문제가 해결된 것은 아니었다.

〈엣지〉 발매 5개월 후, 파파지안은 티모시 랭들Timothy Langdell이라는 사람에게 이메일을 받았다. 자신은 더엣지The Edge라는 1인 회사의 대표인데, 모비게임의 소프트웨어가 자신의 상표권을 침해했다는 내용이었다. 게다가 〈엣지〉는 랭들 자신이 1980년대에 자신의 회사 명의로 개발한 〈바비 베어링Bobby Bearing〉이라는 게임의 모방작이라고 덧붙였다. 랭들은 모비게임을 쉽게 봐주고 넘어가지 않을 태세였고, 금전적인 보상을 요구했다.

게임 저널리스트인 사이먼 파킨Simon Parkin은 유로게임닷넷Eurogamer.net에 모비게임과 랭들의 분쟁을 자세히 소개하며 랭들과 파파지안이 주고받은 이메일을 공개했다. 그 내용에 따르면 랭들은 불량배나 돈에 눈이 먼 상표권 사냥꾼이 되어 모비

게임에서 긁어낼 수 있을 만큼 모두 긁어낼 것처럼 보인다.

흥미로운 사실

- Mobigame.net에서 〈엣지〉에 쓰인 게임음악을 다운로드할 수 있다.
- 〈엣지〉의 제작은 2년이 걸렸지만, 아이패드로 포팅하는 데에는 한 달 밖에 걸리지 않았다.
- 〈엣지〉는 수백만 대가 팔린 자바 기반의 삼성 전화기에 사전 설치됐다.
- 모비게임의 다른 앱으로 〈엣지 익스텐디드(EDGE Extended)〉와 〈퍼펙트 셀(Perfect Cell)〉 등이 있다.

대단히 잘 작성된 네 페이지짜리 기사에서 파킨은 그 사건에 대한 모든 이야기를 누구보다 자세히 시간순으로 서술했다. 짧게 줄이자면, 모비게임은 앱스토어에서 〈엣지〉를 내려야 했고, 몇 달 후에 〈엣지 3〉나 〈엣지 바이 모비게임 3〉 등으로 철자나 이름을 바꿔 다시 앱스토어에 올려야 했다. 이후 랭들은 일렉트로닉 아츠Electronic Arts와 또다른 소송을 벌였고, 결국 패소했다. EA의 미러스엣지Mirror's Edge에 들어 있는 edge라는 단어에 대한 소송이었다(이후 EA는 Mirror's Edge라는 게임 타이틀 끝에 상표권을 밝히는 TM이라는 표시를 달아버렸다. - 옮긴이). 소송 결과 랭들은 상표권을 박탈당했고, 모비게임은 〈엣지〉를 다시 앱스토어에 올릴 수 있었다. "랭들은 미친 사람이에요. 다른 말로는 설명할 수 없네요. 저희는 엄청나게 피해를 봤어요. 게임을 1년 넘게 미국 앱스토어에 올리지 못했죠."

사건이 공론화된 뒤 모비게임은 EA와 퓨쳐퍼블리싱Future Publishing이라는 회사와 같이 소송에 맞섰다. 퓨쳐퍼블리싱은 엣지 매거진Edge Magazine의 소유주로, 역시 랭들의 공격을 받은 회사였다. 파파치니는 자신들이 랭들의 소송을 물리친 일이 일종의 공동 작업이었다고 설명하며 두 회사를 '가장 중요한 동맹'이라고 불렀다.

"법적인 이유가 있어서 소송 과정을 자세히 말씀드릴 수 없습니다. 하지만, EA가 팀 랭들과의 소송에서 이겼고, 랭들이 그렇게나 아끼던 상표권들은 무효화됐어요. 이제 〈엣지〉는 문제없습니다."

〈엣지〉 발매 후, 약 100만 카피를 팔았고, 많은 상을 받았다. 2009년 독립 게임 페스티벌IGF, Independent Games Festival(독립 개발자들이 퍼블리싱 회사와 만날 수 있는 기회가 되는 행사로, GDC 기간 중에 열린다. - 옮긴이)의 세 가지 부문에서 결승까지 진출했다. PC와 맥 버전에 대한 계획이 있고, 여러 플랫폼에서 호환되는 멀티플레이어 모드를 갖춘 속편을 기획하고 있다.

엔바이로 베어 2010

플랫폼 : 아이폰/아이팟 터치
가격 : 0.99달러
개발사 : 블링크뱃 게임즈(Blinkbat Games)
발매일 : 2009년 7월 8일

게임 소개

〈엔바이로 베어 2010Enviro-Bear 2010〉은 이 책에 있는 다른 게임들과는 사뭇 다른 게임이다. 게임 플레이는 의도적으로 몹시 힘들게 만들어졌고, 플레이어가 조작 방식을 명확히 알 수 있는 방법도 없다. 게다가 게임의 배경은 인류는 멸망해 있고, 곰이 자동차를 운전하는 세상이다.

화면을 보면 어떤 곰의 오른팔이 길게 뻗어 있고, 그 팔로 게임을 조작하게 된다. 정말이지 그게 전부다. 플레이어는 곰의 팔 하나만 가지고 엑셀 페달을 밟고,

운전대를 돌리고, 물고기를 먹어
야 한다. 게다가 대단히 빠른 속
도로 조작해야 한다. 차 앞에 나
타난 오소리를 피하자마자 나타
나는 나무를 피하기 위해서 브레
이크를 밟아야 하는 식이다.

〈엔바이로 베어〉에서 명쾌하

게 설명된 것은 단 하나도 없지만 사실 꽤 많은 가능성을 가지고 있다. 재치 있는 플레이어는 게임 속 세상에서 할 수 있는 일들을 굉장히 많이 찾아낼 수 있기 때문이다. 예를 들어, 커다란 바위에 충돌하면 차 안으로 작은 돌멩이가 떨어지는데, 이 돌멩이를 엑셀 페달 위에 올려 놓으면 고정된 상태가 되어 플레이어는 핸들을 돌리고 먹이를 먹는 데에 집중할 수 있다.

게임의 최종 목적은 겨울을 대비해 가능한 많은 먹이를 먹어두는 일이다. 충분한 먹이를 먹으면 화면에 '이제 겨울잠을 자세요!'라는 말이 나오고, 이제 동굴을 찾아 안전하게 들어가야 한다. 게임 속에서 벌어지는 모든 일들이 터무니없는 넌센스이면서 대단히 재미있다는 점이 이 게임의 핵심이다.

게임 비화

〈엔바이로 베어 2010〉은 티아이지소스닷컴TIGsource.com에서 주최한 콕핏 컴피티션 Cockpit Competition에 출품하기 위해 제작된 게임이다. 그 대회는 조종석에 앉아서 무언가를 조종하는 컨셉의 게임을 한 달 안에 만들어야 하는 대회였다. 생각할 수 있는 모든 종류의 탈것을 게임으로 만들 수 있었다. 우주 여행 시뮬레이터, 기차 운전, 공군 비행기 훈련 프로그램까지 가능했다.

하지만 저스틴 스미스Justin Smith는 평범한 센스를 가진 사람이 아니었다. "원래 계획은 자동차를 운전하는 다람쥐가 멸망해버린 지구의 황무지를 돌아다니며 다른 다람쥐가 운전하는 자동차를 공격해 땅콩을 뺏는 게임이었어요."라고 스미스는 말한다. "마치 해적처럼 다른 차에 올라타서 다른 다람쥐 앞에서 허세를 부릴 수도 있었어요. 서로 다른 역할을 맡은 여러 마리의 다람쥐가 힘을 합해 자동차를 운전하는 설정이었죠."

> **통계**
> - **개발 기간** : 2개월
> - **총 예산** : 개발 기간 동안의 생활비
> - **다운로드 횟수** : 약 50,000번

하지만 여러 마리의 다람쥐를 구현하기에 한 달은 너무 짧은 기간이었다. 당시 스미스는 공황 발작이라고 표현할 정도로 힘든 시기를 보냈기 때문에, 자신의 정신 나간 게임 아이디어를 그나마 납득이 되는 수준으로 다듬어야 했다. 그렇다고 대단히 정상적인 센스를 찾았다고 하긴 힘들지만. "생각해봤죠. 어떤 캐릭터로 만드는 게 더 쉬울까? 아, 바로 곰이지!라고 결론을 내렸죠."라고 스미스는 말한다.

나와의 인터뷰에서 스미스는 한 달 동안의 지루했던 개발 과정보다는 게임이 완성된 이후의 이야기를 하고 싶어했다. 그의 이야기를 축약해서 설명하자면, 마감 직전에야 제작을 마칠 수 있었고 엔바이로 베어는 대회에서 1위를 차지했다. 이어서 PC 버전을 출시했고, 곧 iOS 버전으로 포팅하는 작업을 시작했다. 포팅은 정확히 한 달이 걸렸다고 한다.

앱스토어에 게임을 발매한 후 한 달 동안 어느 정도의 매출을 올리고, 그 후에는 급격하게 판매가 줄어들었다. 스미스는 그저 반짝 인기였다고 표현했다. 게임의 성공은 많은 부분이 인터넷 게시판을 도배하는 네티즌 덕이었다고 한다. "사람들이 앱스토어 리뷰에 정말 천재적인 우스갯소리를 남겼어요."라고 스미스는 말한다.

실제로 내가 앱스토어에서 그 게임을 찾아 상위 유저의 리뷰를 몇 개 읽어보았는데, 역시 기대한 대로였다. "이 게임은 조종 자체가 불가능하고, 무슨 일이 일어나고 있는지 알 수가 없다."라고 쓴 사람도 있고, "오소리가 계속해서 내 물고기를 먹고 있는데, 아니 이게 대체 무슨 일이야. 이 게임은 사상 최고의 게임이다. 별점 백만 점을 주겠다." 등의 리뷰가 있었다.

"어떤 게임은 아이폰의 우월한 인터랙티브 기능과 고성능의 그래픽 성능 등의 특징을 제대로 보여준다. 이 게임은 아이폰의 그런 장점을 자동차를 운전하는 곰에 접목시킨 게임이다."라는 리뷰도 있었다. 다른 리뷰도 만만치 않게 유머로 넘쳐났다. 어떤 사용자는 이 게임으로 인해 자신의 '슈퍼 사이즈 에이즈'가 치유됐고, 덕분에 로켓 과학자 일자리를 구하게 됐다는 말도 했다. 이 게임이 러시아에서의 삶을 완벽하게 묘사했다는 평가가 있었고, "이 게임 때문에 돌아가신 할머니께서 다시 살아나셨어요."라는 주장도 있었다.

이렇게 유쾌한 반응을 보면 이 게임이 적어도 수천 카피는 팔리지 않았을까 하는 생각이 들고, 실제로도 그랬다. 하지만 스미스에 따르면 이 게임을 사는 주 고객층은 전혀 다른 종류의 사람들이었다. "네 살에서 여섯 살 정도의 아이들에게 이 게임이 얼마나 인기가 좋을지 전혀 예상하지 못했어요. 제가 만든 게임은 색상도

다채롭고 여러 종류의 동물이 나오는데, 그런 설정을 가지고 성인들을 위한 게임을 만든 셈이에요."

흥미로운 사실

- 게임에서 황금 물고기는 아무런 역할을 하지 않는다. 스미스는 "인류 멸망 후의 세계에서 금은 아무런 의미가 없거든요."라고 설명한다.
- 스미스가 최초로 만든 게임은 〈플로릭(Frolik)〉이라는 아타리-ST용 게임이었다.
- 〈엔바이로 베어〉의 게임 음악은 인도네시아 발리의 한 호텔 매니저가 작곡했다.
- 블링크뱃 게임즈의 다른 앱으로 〈스컬포고(Skullpogo)〉와 〈안녕, 오레곤(So Long, Oregon)〉 등이 있다.

스미스는 사람들이 게임을 좋게 봐줘서 매우 기쁘지만, 사실 자신은 미술 방면에는 형편없는 실력을 가지고 있다고 생각한다. 그가 이 게임에 나오는 그림을 직접 그려 만든 것은 프로젝트에 대한 무관심 때문이었다고 한다. "협업을 원하는 훌륭한 디자이너들은 굉장히 많죠. 하지만 저는 이 게임이 완전히 망할 것이라고 생각했고, 다른 사람들을 끌어들이고 싶지는 않았어요."

스미스는 게임이 이룬 성과에 대해 만족하고 있지만, 업데이트 예정은 없다고 한다. "다루기 쉬운 게임이 아니에요. 코딩이 엉망진창이에요. 코드를 들여다볼 때마다 마치 원자력 발전소 폭발 사건이 있었던 체르노빌로 들어가는 것 같아요. 한번 시작하면 아주 짧은 시간만 작업할 수 있고, 끝나고 나면 곧바로 오염 제거 절차를 밟아야 하죠."

에픽윈

플랫폼 : 아이폰/아이팟 터치
가격 : 2.99달러
개발사 : 수퍼모노 리미티드(Supermono Limited)
발매일 : 2010년 8월 18일

게임 소개

일정 관리 소프트웨어에는 근본적인 문제가 있다. 애초에 그런 프로그램의 도움이 필요할 만큼 바쁜 사람은 스마트폰을 꺼내 필요한 내용을 입력할 시간도 없을 가능성이 크기 때문이다. 정말로 바쁜 사람들은 그런 데에 쓰는 시간으로 얻는 것이 거의 없기 마련이다.

〈에픽윈EpicWin〉은 이런 문제에 대해 게임에 기반한 창의적인 해결 방법을 제시한다. 이 앱은 할 일 관리 앱의 차원을 한 단계 높였다. 즉, 나의 일상과 해야 할 일을 게임 속 퀘스트로 치환시켜 현실을 롤 플레잉 게임으로 만들어준다. 플레이어는 자신이 해야 하는 일을 퀘스트로 설정하고 그 일을 마치는 데 필요한 시간과 노력에 따라 적절한 경험치를 정한다. 경험치가 쌓이면 다음 레벨로 올라가고, 아이템을 얻을 수 있다. 아이템의 이름도 무척 재미있다. '수상쩍은 매력의 투구'가 무엇인지 궁금하지 않은가?

실제 예를 들어보자. 여러분이 쓰레기통을 비워야 하는 정도의 사소한 일을 마치면 경험치는 50 정도 된다. 학교 숙제나 회사의 프리젠테이션은 경험치가 더 클 것이다. 물론 얼마나 큰 경험치를 설정할지는 전적으로 여러분에게 달려 있기 때문에 게임을 마음대로 조작하는 일이 가능하다. 크레용을 화장실 변기에 넣고 물을 내리면 경험치 300을 받는 식으로 설정할 수도 있지만, 실제 생활에 도움이 되는 방향으로 〈에픽윈〉을 플레이하고 싶은 사람은 그런 식으로 하지 않는다.

〈에픽윈〉은 롤 플레잉 게임을 많이 해본 이들에게 익숙한 방식의 보상 시스템을 사용한다. 롤 플레잉처럼 〈에픽윈〉은 본질적으로 중독성이 있고, 플레이를 하며 점점 올라가는 경험치를 보면 엔돌핀이 솟구친다. 인공적으로 만들어진 가상 공간에서 느끼는 흥분이지만, 어쨌든 기분이 매우 좋다는 사실은 변하지 않는다. 사람들이 지속적으로 흥미를 느끼고 재미있게 즐길 수 있도록 만들어진 좋은 게임이다.

게임 비화

게임 개발자인 렉스 크로울Rex Crowle이 자신의 일도 아니면서 집요하게 매달리던 게임이 있었다. 2004년경 크로울은 전설적인 게임 제작자인 피터 몰리뉴Peter Molyneux가 이끄는 라이온헤드 스튜디오Lionhead Studios의 개발팀에서 일하고 있었다. 당시 그와 동료인 탁 펑Tak Fung은 온라인 게임인 〈프로그레스 퀘스트Progress Quest〉라는 제로 플레이어 RPG(사용자가 초반 설정을 해 놓으면 이후에는 전혀 건드릴 필요가 없는 롤 플레잉 게임 - 옮긴이)에서 누가 높은 점수를 얻는지 경쟁하고 있었다.

〈프로그레스 퀘스트〉는 일반적인 롤 플레잉 게임에서 게임이 진행될수록 주인공과 적들이 점차 강해지는 특징을 패러디한 게임이었다. 실제 게임 플레이와 구동 방식들을 모두 생략하고 순전히 문자 기반의 시뮬레이션으로 진행됐다. "플레이어가 할 수 있는 유일한 행동은 게임을 켜고, 계속 돌아가도록 내버려두는 일뿐이었어요. 게임은 자동으로 진행됩니다. 게임 속 세상에서 어떤 일이 일어나는지 계속 텍스트로 설명이 나오죠. '여러분은 치료 부적을 얻었습니다', '고등학생 트롤이 여러분을 깨물었습니다'하는 식으로요. 이벤트에 따라 스탯의 각종 수치들도 계속 바뀌고요."라고 크로울은 그 게임에 대해 설명한다.

프로그레스 퀘스트에는 전 세계의 모든 플레이어의 순위가 있었고, 순위는 거의 전적으로 플레이어가 자신의 컴퓨터로 그 게임을 얼마나 오래 돌리느냐에 따라 결정됐다. 프로그레스 퀘스트를 독하게 하는 사람들은 전 세계 순위표에서 높은 순위를 유지하기 위해 몇 주나 계속해서 PC를 켜놓기도 했다. "컴퓨터에 에러가 나거나 리부팅이라도 하면 한 번에 수백 등이나 떨어졌어요."라고 크로울은 말한다.

5년 후 어느 날, 크로울은 기차를 타고 런던에서 지방의 고향집으로 가고 있었다. 크로울은 집에 가는 그 시간이 인터넷 연결 없이 보내는 유일한 시간이어서 뭔가 생각할 수 있는 시간이 됐다고 한다. "제가 할 수 있는 일의 생산성이나, 여러 가지 일을 동시에 잘하려면 어떻게 해야 할지 생각하고 있었어요. 일정관리 소프트웨어를 써보기도 했지만, 할 일을 적어 넣고 서식을 만들어서 각각 다른 상황과 프로젝트에 정리해야 하는 부분에서 흥미가 많이 떨어졌죠." 크로울은 자신이 맡은 일을 완수하는 데에는 문제가 없었지만, 어떤 일을 마쳤고 다음에 어떤 일을 해야 하는지 기록하지 않아서 문제를 겪는 경우가 많았다고 한다. "그러면서 게임 속에서 퀘스트를 했던 생각이 났어요. 퀘스트 로그를 깔끔하게 잘 유지하면서 게임 속 숨겨진 퀘스트를 전부 찾아 다니는 과정을 정말 좋아했거든요."라고 크로울은 말한다.

크로울은 곧바로 노트북을 꺼내 프로그램 설계를 시작했다. 〈디아블로Diablo〉나 〈월드 오브 워크래프트World of Warcraft〉 같은 RPG 게임의 퀘스트 로그와 비슷한 방식의 일정 관리 프로그램이었다. 이어서 그 아이디어를 어떻게 모바일용 애플리케이션으로 개발할지 구상하며 게임에 등장할 드워프 캐릭터의 모습을 그려보았다. 그 캐릭터는 후에 〈에픽윈〉에 실제로 도입됐다. 크로울은 며칠 동안 열심히 작업했고, 전체적인 프로그램의 작동 방법을 설명하는 플로우 차트도 만들었다. "그때쯤 저의 앱이 엄청난 잠재력을 가지고 있다고 느꼈어요. 평소에는 어떤 아이디어가 떠오르면 이틀 정도 생각해보다가 다음날 흥미를 잃어버리고 그게 끝이었는데, 이번엔 아니었어요." 크로울은 프로젝트를 같이 할만한 사람이 필요하다고 생각했다.

크로울의 머릿속에 오랜 친구이자 동료인 탁 펑이 떠올랐다. 같이 프로그레스 퀘스트에 중독됐던 적이 있었기 때문에 이번 기회에 같이 게임을 만들기면 좋을 것 같다는 생각이 들었다. 펑은 이미 게임 개발사인 슈퍼모노 리미티드Supermono Limited를 세워 2009년 〈미니스쿼드론MiniSquadron〉을 만들어 이름을 알렸고, 이후에 는 아름답고 독창적인 〈폭스 vs. 덕Fox vs. Duck〉이라는 게임으로 그의 능력을 한층 더 보여준 상황이었다.

흥미로운 사실

- 크로울은 미디어 몰리큘(Media Molecule)의 〈리틀빅플래닛(LittleBigPlanet)〉 시리즈의 트레일러 동영상을 여러 편 제작했다.
- 〈에픽윈〉 홍보를 위한 재미있는 티저 트레일러는 당연히 크로울이 직접 만들었고, 유튜브에서 50만 번의 뷰를 기록 할 정도로 굉장히 인기가 많았다.
- 크로울은 언젠가 〈에픽윈〉에 실제 RPG 게임이 삽입될지도 모른다고 말한다. 할일 목록에서 레벨업을 하면 게임이 훨씬 쉬워질 것이다. 제발 그렇게 되길!
- 슈퍼모노의 다른 앱은 〈미니스쿼드론〉과 〈폭스 vs. 덕〉 등이 있다.

크로울은 펑과 약속을 잡았다. 장소는 런던의 비좁은 커피숍이었다. 크로울은 펑에게 자신의 아이디어에 대해 짧고 효과적인 설명을 했고, 낡아빠진 1세대 아이 팟 터치에 담은 게임 디자인의 스크린 샷을 보여줬다. 펑은 크로울의 아이디어가 마음에 들었고, 결국 프로젝트에 합류하게 됐다.

〈에픽윈〉의 아이디어를 소프트웨어로 구현하는 일은 그다지 어려운 작업이 아 니었다. 이미 크로울이 게임 디자인의 대부분을 완성한 상태였기 때문이다. 가장 큰 문제는 어떻게 코딩을 하느냐였지만, 그마저 펑에게는 전혀 문제 거리가 아니 었다. 하지만 정작 중요한 문제는 〈에픽윈〉이 발매되고 나서 발생했다. 회사는 게 임 발매 전에 베타 테스터 몇 명을 고용해 버그를 점검했는데, 그 중 아무도 찾지 못했던 치명적인 버그가 앱스토어 발매 직후에 발견됐다. 그 시간 크로울과 펑은 근처 술집에서 발매 기념 파티를 하고 있었고, 그 버그에 대해서 전혀 모르고 있었 다. "로딩이 끝나기 전에 게임을 끄면, 앱이 얼어버려서 다시 인스톨하지 않으면 실행이 안 되는 문제였어요"라고 크로울이 설명했다. "완전히 대참사였죠."

슈퍼모노 개발팀은 서둘러 버그를 고쳤지만, 애플이 앱스토어에서 새 버전으로 업데이트해줄 때까지 절망스럽도록 오랜 시간이 걸렸다. 업데이트를 기다리는 동안 수많은 사람들이 실망과 불만이 담긴 이메일을 수퍼모노로 보냈다. 끔찍한 시기였다. 며칠 후 버그가 수정된 버전이 앱스토어에 등록됐고, 애플은 〈에픽윈〉을 대부분의 유럽 국가들의 앱스토어에서 금주의 앱으로 선정했다.

발매 후의 분위기는 꽤 흥미로웠다. 소위 게미피케이션gamification(사용자의 참여도를 높이기 위해 게임과 상관 없는 분야에 게임 요소를 도입하는 전략. 교육, 연구, 마케팅 등 다양한 분야에 응용된다. - 옮긴이)을 지지하는 사람들이 게미피케이션 게임의 모범적인 예시로 〈에픽윈〉을 꼽는 일이 많이 있었기 때문이었다. 작가인 니콜라스 로벨Nicolas Lovell은 게미피케이션이라는 개념을 경영 프로세스, 고객 경험, 이윤 등을 개선하는 데에 사용하는 기법으로 설명한다. 로벨이 쓴 "게미피케이션 10가지 규칙"이라는 기사가 게임즈프리프닷컴GamesBrief.com과 가마수트라닷컴Gamasutra.com에 차례로 실렸다. 이를 참고하면 〈에픽윈〉이 어떤 식으로 그 10가지 규칙들을 구현했는지는 쉽게 알 수 있다. 문자 그대로 실제 삶을 RPG로 만들었다는 점이다. 그러나 크로울은 그런 식으로 관심을 받는 일이 별로 달갑지 않았다. 게임 내 아이템에 스폰서를 하겠다는 마케팅 회사가 여럿 있었기 때문이었다. "그런 회사들은 왠지 불편하게 느껴져요. 저는 사람들이 〈에픽윈〉으로 인해서 자기가 원하는 일들을 더 잘했으면 하는 바람이었지, 유명한 음료수를 박스 채로 사거나 어떤 헬스클럽에 등록할 때마다 경험치를 부여하는 게임을 만들려던 게 아니었거든요." 마케팅 에이전시의 제안들을 거절했다는 이야기는 크로울이 상당한 액수의 수입을 포기했다는 의미다. 하지만 크로울은 그런 식으로 자신의 게임을 망치고 싶지 않았다.

그 후 〈에픽윈〉은 몇 번의 업데이트를 거치며 구글 캘린더와의 싱크 기능을 지원하게 됐고, 안드로이드 버전도 거의 완성됐다고 한다.

플라이트 컨트롤

플랫폼 : 아이폰/아이팟 터치(아이패드 버전은 별도로 발매됨)
가격 : 0.99달러
개발사 : 파이어민트(Firemint)
발매일 : 2009년 3월 5일

게임 소개

나는 항상 〈플라이트 컨트롤Flight Control〉과 〈캐너벌트〉를 함께 설명한다. 서로 전혀 다른 방식의 게임이지만 두 게임 모두 아이폰의 터치스크린을 사용하는 일이 얼마나 단순하고 이해하기 쉬운지 보여주는 획기적인 게임이기 때문이다. 두 게임은 괴상한 조작 방식을 쓰지 않고, 1인칭 슈팅 게임처럼 아이폰이라는 기기에 어울리지 않는 게임이 아니다. 이 두 게임의 제작자들은 한 손에 잡힌 아이폰의 터치스크린이라는 장치를 잘 이해했고, 그에 잘 맞는 방식의 게임을 만들어냈다. 비유하자면, 십자 드라이버로 망치질을 해서는 안 된다는 점을 잘 이해하고 있다고 할 수 있다.

〈플라이트 컨트롤〉은 매우 단순한 게임이다. 비행기가 화면 안으로 들어오면 손가락으로 비행기를 짚어 올바른 활주로에 착

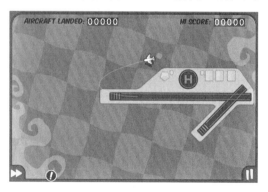

륙할 수 있도록 경로를 그려주면 된다. 비행기들의 색과 활주로의 색을 맞추고, 비행기들이 충돌하지 않도록 겹치지 않는 경로를 그려주는 것이 비결이다. 게임을 하다 보면 어느 순간 열 대가 넘는 비행기가 동시에 움직인다. 게임 속 비행기의 조종사들은 도무지 자기보존욕구가 없어 보인다. 이 게임은 한편으로 타이밍을 다루는 게임이면서 한 편으로는 비행기의 충돌을 미리 예상해서 예방하는 전략적인 게임이기도 하다. 게임이 진행될수록 많은 비행기가 나오면 플레이어는 서너 단계를 미리 생각해야 하고, 다른 비행기에게 경로를 내주기 위해 같은 경로를 맴돌도록 해야 하는 지경까지 갈 수 있다.

〈플라이트 컨트롤〉의 가장 뛰어난 점 중에 하나는 멀티플레이어 기능의 지원이다. 와이파이나 블루투스를 사용해 아이폰끼리 멀티플레이어를 즐길 수도 있지만, 아이패드로는 더 큰 화면과 맵으로 즐길 수 있기 때문에 훨씬 큰 만족을 준다. 협동 플레이로 인해 생기는 흥미진진한 상황 덕분에 〈플라이트 컨트롤〉은 테이블에 놓고 할 수 있는 게임으로 만점짜리다. 또한 이런 점은 아이폰으로 할 수 없지만 아이패드로 할 수 있는 일이 있다는 사실을 잘 보여준다.

게임 비화

파이어민트Firemint는 엔디웨어ndWare라는 이름으로 1999년에 시작된 회사다. 시작 당시는 CEO겸 사원인 로버트 버레이Robert Murray가 만든 1인 기업이었다. 머레이는 차츰 팀원들을 늘렸고, 회사는 모바일 플랫폼 업계에서 용역 개발을 맡기 시작했다. 처음으로 수주했던 게임은 게임보이 어드밴스용으로 발매돼 꽤 호평을 받았던 〈닉툰 레이싱Nicktoons Racing〉이었다.

이후 몇 년간 엔디웨어는 할 수 있는 일은 다 맡아 여러 가지 모바일용 타이틀을 제작했다. 그 중에는 갱스터들이 싸우면서 전진하는 횡방향 스크롤 액션 게임인 〈소울 대디 BKBSoul Daddy BKB〉 같은 정말 이상한 게임도 있었다.

2004년 엔디웨어는 회사 이름을 파이어민트로 바꿨다. 그 후 해를 거듭하며 점차 규모가 커졌고, 수십 여 종의 인기 게임을 모바일 버전으로 만드는 일을 했다. 〈니드포스피드: 모스트 원티드Need for Speed:Most Wanted〉와 픽사Pixar의 〈라따뚜이

Ratatouille〉를 소재로 한 게임 등이 그 시기의 작품이다. 2008년 후반 파이어민트는 20개 이상의 게임을 제작한 경력을 쌓은 제작사가 됐다. 머레이는 이제 변화가 필요한 시기가 됐다고 생각했다.

〈백 앳 더 반야드: 슬롭 버킷 게임즈Back at the Barnyard: Slop Bucket Games〉라는 닌텐도 DS용 게임의 납품을 마지막으로 파이어민트는 더 이상 외주 제작 게임을 만들지 않기로 했다. 그리고 곧 첫 번째 오리지널 게임 제작에 착수했다. 〈리얼 레이싱 Real Racing〉이라는 레이싱 시뮬레이션 게임이었다. 회사로서는 오리지널 게임을 기획 제작하는 일을 해본 적이 없었고 앱스토어의 판매 구조에 대해서도 거의 아는 바가 없었지만, 〈리얼 레이싱〉은 처음부터 iOS용으로 계획됐다.

> **통계**
> - **개발 기간** : 3주
> - **총 예산** : 50,000달러
> - **아이폰용만 고려했을 때 다운로드 횟수** : 4,5000,000번

〈리얼 레이싱〉제작에 8개월 정도가 소요됐을 무렵, 머레이의 머릿속에는 아이폰의 터치스크린을 이용한 게임 아이디어가 몇 가지 맴돌고 있었다. 일주일간의 크리스마스 휴가 동안 머레이는 간단한 게임의 프로토타입을 만들어보았다. 그리고 그 게임은 후에 〈플라이트 컨트롤〉이 된다. "〈플라이트 컨트롤〉을 만드는 과정에서 해결해야 할 가장 중요한 문제는 실제로 게임을 만들어내는 것이었어요. 휴가를 모두 쏟아 부어서 일주일 안에 게임을 만들었어요. 쉽지 않았지만 열심히 했죠."라고 머레이는 말한다.

머레이에게는 〈플라이트 컨트롤〉을 완성해야 하는 이유가 있었다. 회사가 추진하는 핵심 프로젝트인 〈리얼 레이싱〉을 발매하기에 앞서 〈플라이트 컨트롤〉을 먼저 발매해 앱스토어에 퍼블리싱하는 과정을 겪어보려고 했다. 머레이는 회사에 재정적으로 부담을 주지 않으면서 간단하고 리스크가 적은 게임으로 앱스토어의 분위기를 살피고 싶었다.

머레이는 〈플라이트 컨트롤〉이 얼마나 성공하게 될지 전혀 감이 없었다고 한다. 〈플라이트 컨트롤〉을 해본 사람들은 모두 재미있다고 했지만, 그 정도로 안심할 수 없었다. 머레이는 게임이 너무 단순한 것은 아닌지 걱정이 됐지만, 게임 진행의 기본적인 방법인 화면에 선을 그려서 조작하는 방식에는 확신이 있었다고 한

다. "터치스크린을 사용해서 선을 긋는 방식이 게임의 핵심이었고, 그 느낌이 너무 좋았어요. 직접적이고 직관적이죠."라고 머레이는 말한다.

흥미로운 사실

- 손가락으로 누르고 있으면 비행기를 실제로 정지시킬 수 있다.
- 〈플라이트 컨트롤〉이 처음 개발될 때 벡터 그래픽을 연상시키는 스타일의 그림이 사용됐다. 개발이 한참 진행된 후에야 매력적이고 복고풍인 그림이 추가됐다.
- Flightcontrol.cloudcell.com에서 〈플라이트 컨트롤〉을 위한 여러 가지 팁을 제공한다.
- 파이어민트의 다른 앱으로 〈리얼레이싱 2〉와 〈스파이 마우스〉 등이 있다.

휴가가 끝나고 머레이는 프로토타입을 회사로 가져와 회사 직원 두 명을 더 참여시켰다. 미술을 담당한 제스 웨스트Jesse West와 그의 아내인 알렉스Alex였다. 세 명은 머리를 맞대고 개발을 진행했고, 몇 주 안에 게임을 완성시킬 수 있었다. 그렇게 완성된 〈플라이트 컨트롤 1.0〉은 리얼 레이싱 발매를 세 달 앞둔 2009년 3월 앱스토어에 발매됐다. 발매 후 〈플라이트 컨트롤〉의 성공 스토리는 굳이 말할 필요가 없을 정도다.

〈플라이트 컨트롤〉은 파이어민트가 전혀 기대하지 못했던 엄청난 성공을 거뒀다. 앱스토어 퍼블리싱 절차에 대한 경험을 쌓고자 만들어진 간단한 게임이 전 세계의 주목을 받게 됐다. 파이어민트는 하룻밤 사이에 대단한 대표작을 가진, 믿을 수 있고 재정적으로 건실한 개발사가 됐다. "신뢰와 재정적인 뒷받침을 얻게 됐어요. 이제 저희가 정말로 저희 자신의 길을 갈 수 있게 된 셈이죠."라고 머레이는 말한다.

〈플라이트 컨트롤〉 발매 후, 파이어민트는 iOS 개발자들 사이에서 가장 존경받는 회사 중 하나가 됐다. 〈리얼 레이싱〉은 〈플라이트 컨트롤〉만큼이나 좋은 평가와 매출 실적을 기록했고, 1년 후 발매된 〈리얼 레이싱 2Real Racing 2〉의 경우도 마찬가지였다. 〈리얼레이싱 2〉는 아이패드용으로 먼저 발매됐고, 6개월 후 아이폰용이 나왔다. 파이어민트는 〈플라이트 컨트롤〉을 플레이스테이션 3와 닌텐도 DS용으로 포팅했고, 2011년 9월 앱스토어에 출시한 〈스파이 마우스Spy Mouse〉라는 게임으로 〈앵그리버드〉를 제치고 매출 1위를 차지했다. 〈스파이 마우스〉는 〈플라이트 컨트롤〉과 비슷한 방식으로 파이어민트가 자체 기획 제작한 게임이다.

2011년 1월 파이어민트는 〈퍼즐 퀘스트Puzzle Quest〉로 유명한 제작사인 인피니트 인터랙티브Infinite Interactive를 인수했다. 3개월 후, 이번에는 파이어민트 자신이 EA에 인수됐다. 회사는 이제 60명의 넘는 직원들이 있다. 독립 개발사로 전환한 지 3년 밖에 되지 않았지만 파이어민트는 더 이상 외주 용역 개발을 하지 않아도 된다.

포겟 미 낫

플랫폼 : 아이패드/아이폰/아이팟 터치(유니버설 앱)
가격 : 1.99달러
개발사 : 나이알루 랩스(Nyarlu Labs)
발매일 : 2011년 3월 22일

게임 소개

〈포겟 미 낫Forget-Me-Not〉의 모든 요소는 1980년대 아케이드 게임의 향수를 불러일으킨다. 원색으로 도배된 극도로 간단하고, 픽셀이 들여다보이는 그래픽 스타일에 사운드 또한 삐잇 소리, 실수할 때 나는 소리, 고전적인 끼이익 소리와 뽀롱 거리는 소리가 끝없이 나온다. 게임 방식 또한 예전의 게임들 그대로이기 때문에 〈팩맨Pac-Man〉과의 유사점을 떠올릴 수밖에 없다. 〈팩맨〉은 총을 쏘지 않는다는 점이 다르긴 하다. 어쨌든 〈포겟 미 낫〉은 남코Namco의 고전게임들처럼 미로를 돌아다니고, 꽃으로 된 아이템을 모으고, 나쁜 놈들을 피해 다니는 게임이다. 정해진 맵의 꽃을 모두 먹고, 열쇠 아이템을 얻으면 다음 레벨로 넘어가는 문이 열린다.

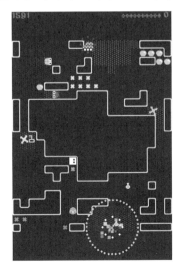

플레이어가 버튼을 누르지 않아도 주인공은 꽃

을 모으는 동안 끊임없이 레이저를 쏜다. 이는 iOS용 게임에서 어느 정도 용인되는 일이다. 예를 들어 〈리얼 레이싱〉에서는 화면 위의 가상 엑셀 페달을 누르지 않아도 자동차가 계속 가속된다. 하지만 〈포겟 미 낫〉이 자동으로 레이저 총이 나가도록 만들어진 이유는 게임을 그렇게 하는 편이 더 재미있기 때문이다. 이 게임의 구성 화면은 〈팩맨〉과 비슷하다. 각 스테이지가 벽으로 둘러 쌓인 미로인데, 테두리를 이루는 바깥쪽 벽에는 구멍이 뚫려 있다. 하나의 구멍으로 들어가면 그 모습 그대로 맞은 편에 있는 구멍으로 나온다. 같은 이치로 한 쪽 구멍으로 들어간 총알은, 반대편 구멍으로 나온다. 이런 설정 때문에 내가 쏜 총알에 내가 맞는 재미있는 상황이 생긴다. 하지만 열쇠를 얻은 다음에는 그 열쇠를 등 뒤에 매달고 다니기 때문에 열쇠로 뒤에서 오는 총알을 방어할 수 있다.

이 게임에는 별로 알려지지 않았고 알아내기도 쉽지 않은 트릭이 하나 있다. 이른바 벽타기 기술인데, 벽을 따라 움직이는 주인공을 벽 쪽으로 스와이프하면, 캐릭터가 벽을 갈며 움직인다. 어느 정도 벽을 갈면 특수 효과가 생겨 적에게 돌진해서 적을 죽일 수 있다. 이 기능을 사용해서 플레이를 하면 겉보기와 달리 꽤 복잡한 게임이 된다.

〈포겟 미 낫〉이 오락실용 아케이드 게임이 아니어서 다행이다. 실제 아케이드 게임이었다면 계속 이어서 하기 위해 마구 동전을 찾아야 했을 테니까.

게임 비화

게임을 만든 브랜든 윌리엄슨Brandon Williamson은 〈포겟 미 낫〉은 자신이 어렸을 때부터 꼭 만들고 싶은 게임이었다고 말한다. 윌리엄슨이 8살짜리 꼬마였던 1980년대 말에 「컴퓨트! 가제트Compute!'s Gazette」라는 잡지를 구독하고 있었는데, 그 잡지는 종종 실제 게임의 소스 코드를 실었고, 독자들은 자신의 컴퓨터에 소스 코드를 직접 입력해서 실행할 수 있었다. 스티브 하터Steve Harter가 만든 게임인 〈크로스로드Crossroads〉와 〈크로스로드 2: 판데모니엄Crossroads II: Pandemonium〉 등이 유명했는데, 크로스로드는 이 방식으로만 배포됐고, 때문에 컬트적인 고전 게임이 됐다.

〈크로스로드〉 게임은 극히 기본적인 수준의 그래픽이 사용됐다. 몇 개의 글자를 모아 화면 속 괴물을 표현했고, 작은 괴물들이 서로를 쏘면서 미로를 돌아다니는 게임이었다. 윌리엄슨은 두 명이 협력할 수도, 서로 싸울 수도 있는 2인용 모드를 좋아했다. "〈크로스로드〉의 플레이어는 각자가 미로 속 많은 괴물 중에 하나일 뿐이라는 설정이었는데, 정말 독창적이었어요."라고 윌리엄슨이 말한다. "물론 적들이 플레이어를 공격하죠. 그런데 그 뿐 아니라 몬스터끼리 서로를 공격하기도 했고, 심지어 자기들끼리 동맹을 맺기도 했어요. 마치 생태계의 축소판 같았죠. 게임을 켜서 가만히 두고 지켜보면, 플레이어에 상관없이 게임 속 세상이 돌아가고 있었어요."

어린 윌리엄슨은 스스로 소스 코드를 입력하면서 프로그래밍에 흥미가 생겼다. 물론 프로그램의 전체 프로세스가 작동하는 원리를 이해하기에는 너무 어렸지만, 게임을 만드는 과정에 흠뻑 매료됐다. "시키는 대로 이것저것 타이핑했더니, 그게 게임이 됐어요! 정말 신기했어요."라고 윌리엄슨은 말한다.

> **통계**
> - **개발 기간** : 1달
> - **보너스 생명을 받기 위해 모아야 하는 과일 수** : 100개
> - **다운로드 횟수** : 7,150번

시간이 흐르고, 이제 윌리엄슨은 가족이 함께 쓰는 PC를 가지고 게임을 만들기 시작했다. 대단치는 않았지만 그럭저럭 단순한 미로 게임 몇 개를 만들 수 있었다. 스티브 하터의 게임들과는 비교 자체가 불가능한 수준이었지만, 어쨌든 작동하는 게임이었다.

그 무렵 윌리엄슨은 〈로그Rogue〉를 모방한 〈넷핵Nethack〉이라는 게임을 알게 됐다. 〈넷핵〉은 윌리엄슨이 처음 해본 로그라이크 게임이었는데, 그 게임은 게임 진행 중에 계속해서 새로운 맵이 만들어지기 때문에 게임을 할 때마다 맵이 달라지는 특징이 있었다. 윌리엄슨은 그 점이 매우 마음에 들었고, 깊은 인상으로 남았다고 한다.

2008년 윌리엄슨은 개인적으로 닌텐도 DS용 게임을 만들기 시작했다. DS의 터치스크린 방식을 매우 좋아했던 그는 두 개의 게임을 완성했다. 당시 만든 게임은 〈마그네틱 셰이빙 더비Magnetic Shaving Derby〉와 〈스노우라이드Snowride〉였고, 〈마그네틱 셰이빙 더비〉는 후에 iOS용으로 포팅됐다.

그가 만든 DS 게임들은 인기가 좋았다. 윌리엄슨은 자신처럼 개인적으로 게임을 만드는 사람들이 모인 커뮤니티에서 틴 맨 게임즈Tin Man Games라는 개발사를 알게 됐다. 윌리엄슨은 틴 맨에서 제작하는 아이폰 게임 몇 개에 프리랜서 프로그래머로 참여했고, 이 때의 경험을 통해 스스로 아이폰 앱을 만들 수 있겠다는 자신감이 생겨났다.

흥미로운 사실

- 윌리엄슨은 단순히 "꽤 어려워요"라고 말하지만, 한 스테이지를 너무 오래 끌면 나타나는 유령을 죽일 수 있는 방법은 없기 때문에 사실 매우 어려운 게임이라고 할 수 있다.
- 〈포겟 미 낫〉에 등장하는 적들의 이름은 게임에 나오지 않지만, 윌리엄슨은 모두에게 이름을 붙였다. 가장 좋아하는 적은 "치사하게 도는 녀석"이라고 한다.
- 게임을 하는 데에 벽타기 기술이 반드시 필요하지는 않지만, 더 재미있게 하기 위해서는 꼭 알아야 하는 기술이다.
- 나이알루 랩스의 다른 앱으로 〈마그네틱 세이빙 더비〉가 있다.

윌리엄슨이 처음부터 iOS용 오리지널 게임을 만들겠고 생각한 것은 아니었다. 대신에 자신이 플레이하고 싶은 게임을 직접 만들고 싶었다. 얼마 후 윌리엄슨은 〈넷핵〉처럼 자동으로 맵을 그리는 시스템을 개발해서 이를 토대로 미로를 만들었고, 캐릭터가 화면 끝의 통로로 들어가면 맞은 편의 통로에서 튀어나오는 기능을 넣었다. "(맞은 편 통로끼리 연결됐다는 설정은) 조금 이상하고 비현실적이지만, 어쨌든 굉장히 역동적이잖아요."라고 윌리엄슨은 말한다.

다음으로 윌리엄슨은 〈크로스로드〉에서 작은 괴물들이 생태계를 이룬 것처럼 보이는 설정이 굉장히 좋았다는 사실을 기억했고, 비슷한 방식을 자신의 게임에 도입하기로 했다.

고전 아케이드 게임들이 윌리엄슨의 게임에 지대한 영향을 끼쳤다는 사실을 부정할 수 없다. 그는 자신이 어렸을 때 했던 게임의 추억을 되살리기 위해 열심히 노력했고, 딱히 인기 요소가 아니었던 부분까지 복원하려고 했다. "게임 사운드를 전부 비프음 비슷하게 만들고 싶었어요. 너무 심하게 만들어서 어쩌면 예전 아케이드 게임기처럼 신경이 거슬릴지도 모르겠어요."라고 윌리엄슨은 말한다.

윌리엄슨은 처음부터 끝까지 혼자서 작업했다. 게임 개발은 취미로는 좋지만, 종종 어려움에 부딪힌다고 한다. "가장 어려운 부분은 개발에 계속 매달릴만한 동기가 별로 없다는 점이었어요."라고 인정한다. "완전히 혼자 일했기 때문에, 주위에 게임에 대해서 같이 이야기할만한 사람이 한 명도 없었죠. 그러면 마치 진공 속에 있는 것 같아서 낙담하기가 쉬워요. 기분이 완전히 쳐지기도 했죠."

윌리엄슨이 게임을 만드는 데에 걸린 시간은 4주 정도 밖에 되지 않았지만, 혼자 일한다는 점 때문에 우울해지기 시작했다. 윌리엄슨은 친구에게 자신이 만든 게임의 평가를 부탁하며 이런 게임은 도저히 팔릴 것 같지 않다는 이야기를 한 적도 있다. "사람들이 이 게임에 실망할 것 같았고, 2달러가 아깝다는 식의 리뷰가 쏟아질 것 같아서 그만 두고 싶었어요."라고 윌리엄슨은 말한다.

다행스럽게 윌리엄슨의 친구는 정신이 들만한 응원의 이야기를 해줬다. 친구는 그 게임이 당연히 잘 만들어진 게임이라고 해줬고, 그의 충고를 받아들인 윌리엄슨은 게임을 1.99달러의 가격으로 발매했다. 이후 인디게임즈닷컴IndieGames.com이 〈포겟 미 낫〉의 트레일러를 선정해서 홍보에 도움을 줬고, 〈포겟 미 낫〉은 메타크리틱Metacritic에서 최고의 평가를 받은 iOS 게임 중 하나가 됐다. 비록 상상을 초월할 정도의 매출을 올리거나 하지는 못했지만, 윌리엄슨은 평론가들의 긍정적인 반응에 대해서 만족하고 있다. "마케팅을 하고 물건을 파는 일에 별로 흥미가 없어요. 단지 멋진 게임을 만들고 싶었을 뿐이죠. 이런 태도가 제 게임에서 드러나고, 그래서 많은 사람들이 저의 게임을 좋아한다는 생각이 들어요."

프로가토

플랫폼 : 아이패드/아이폰/아이팟 터치(유니버설 앱)
가격 : 0.99달러
개발사 : 로스트 픽셀(Lost Pixel)
발매일 : 2010년 7월 21일

게임 소개

〈프로가토Frogatto〉는 〈요시 아일랜드Yoshi's Island〉(국내 정발명은 슈퍼 마리오 월드 2다. - 옮긴이)와 비슷한 가로 스크롤 플랫폼 게임이지만, 〈슈퍼미트보이Super Meat Boy〉나 〈N+〉를 해본 사람에게 친숙한 벽을 타고 점프하는 기능이 추가됐다. 〈프로가토〉의 주인공인 개구리는 요시처럼 적을 혀로 잡아먹거나 뱉을 수 있지만, 마리오처럼 점프해서 적의 머리를 밟는 방법으로는 적을 해치울 수 없다.

세상에서 가장 복잡한 게임이라고 할 수는 없지만, 많은 적을 한 번에 처리하고

벽을 타고 점프를 하며 스테이지를 마치는 과정이 매우 까다롭고 작전을 잘 짜야 한다. 이 게임의 훌륭한 점 중 하나는 어떤 게임보다도 훌륭하고 현대적인 픽셀 아트를 볼 수 있다는 점이다. 특히 아이폰 4의 레티나 디스플레

이에서 그 화려함이 돋보인다.

〈프로가토〉에는 기본 줄거리를 따라가는 모드와 함께 몇 개의 미니 게임 모드가 포함돼 있다. '달리기'와 '등산' 모드도 재미있지만, 최고의 모드는 '코인 레이스'다. 정해진 시간 동안 여러 층에 흩어진 동전들을 모으는 모드다.

아이폰과 아이패드 버전 모두 대단히 훌륭하다. 다만, 무료로 배포된 PC용과 맥용 버전에 비해서 화면의 움직임이 약간 부자연스럽다는 단점이 있다. 이는 iOS용 버전에서 쓴 가상 방향키 때문이다. 하지만 제작사인 로스트 픽셀Lost Pixel을 후원하고 싶고 밖에 나와서도 〈프로가토〉를 즐기고 싶다면 iOS 버전을 구매하기를 강력히 권한다.

게임 소개

〈프로가토〉는 실질적으로 로스트 픽셀이 발매한 처음이자 마지막 iOS 게임이지만, 이 책에 등장하는 개발자들이 많이 포함돼 있다. 〈로스트 픽셀〉의 제작팀은 데이비드 화이트David White의 오픈소스 전략 RPG인 〈배틀 포 웨스노스Battle for Wesnoth〉를 만들다가 만난 사람들이기 때문이다.

통계
- **개발 기간** : 2년(그리고 계속해서 개발 중이다)
- **총 예산** : 0달러. 오픈소스다!
- **다운로드 횟수** : 9,000번 이상

개발팀의 일원인 벤 앤더먼Ben Anderman이 〈프로가토〉 제작팀이 구성될 당시의 이야기를 해줬다. 웨스노스의 팬인 귀도 보스Guido Bos가 그린 그림을 화이트가 봤을 때 〈프로가토〉 프로젝트가 시작됐다고 한다. "화이트가 그 그림을 마음에 들어 했는데 게임에 쓰이지 않아서 아쉽다고 생각했어요. 그래서 곧 〈프로가토〉의 프로토타입을 만들어 귀도에게 보냈죠."라고 앤더슨은 말한다.

이를 계기로 웨스노스를 함께 만들던 사람들 중 몇 명이 〈프로가토〉 프로젝트에 관심을 보이기 시작했다. 이후 앤더먼이 게임을 만들어 맥에서 돌아가도록 준비하는 동안 웨스노스 팀의 유명한 사람들이 게임 제작을 돕기 위해 몰려왔다. 웨스노스의 미술 담당인 리처드 케터링Richard Kettering이 프로그래밍을, 라이언 라일리Ryan Reily가 음악과 사운드를 도와주었고, 귀도 보스는 계속해서 그림을 그렸다.

〈로스트 픽셀〉 제작 멤버의 대부분은 온라인 외에는 실제로 만난 적이 없는 경우가 대부분이다. 리처드 케터링은 데이비트 화이트와 라이언 라일리를 개인적으로 만난 적이 있지만, 나머지 대부분의 팀 멤버는 각자의 집에서 작업하고 이메일을 통해 결과물을 공유했다.

흥미로운 사실

- 〈프로가토〉의 특징적인 미술 스타일은 구상에서 완성까지 총 세 번이 바뀌었다.
- 벤 엔더먼은 외발자전거 매니아다.
- 개발 초기의 〈프로가토〉는 주먹으로 적을 공격하는 능력이 있었다.

〈로스트 픽셀〉 팀이 〈프로가토〉를 그럭저럭 할만한 게임으로 만들기까지 2년이 걸렸다. 이는 현재 앱스토어에 올라와 있는 버전과 크게 다르지 않을 정도의 완성도를 가진 결과물이지만 팀원들은 아직 이 게임이 완성됐다고 생각하지 않는다. "2년의 제작 기간 동안 사용자 피드백을 받지 않으면서 제작의 동기를 유지하는 일이 너무 힘들었습니다. 하지만 저희는 정말 최선을 다 했고, 특별히 지적할 만한 부분이 없도록 만들었어요. 지금은 〈프로가토〉에 대한 요청을 굉장히 많이 받고 있고, 그대로만 하면 저희가 목표로 하는 완성도가 될 것입니다." 앤더먼은 멀티플레이어 모드, 새로운 스테이지, 적, 보스 몹 등의 새로운 요소를 추가할 예정이라고 말한다.

프룻 닌자

플랫폼 : 아이폰/아이팟 터치(아이패드 버전은 별도로 발매됨)
가격 : 0.99달러
개발사 : 하프브릭 스튜디오(Halfbrick Studios)
발매일 : 2010년 4월 20일

게임 소개

〈프룻 닌자Fruit Ninja〉의 게임 방식을 생각해보면 이보다 더 캐주얼한 캐주얼 게임은 없다고 할 수 있다. 과일이 날아오고, 플레이어는 손가락으로 과일을 벤다. 과일을 세 개 놓치거나 폭탄을 건드리면 원 스트라이크다. 스트라이크를 세 번 받으면 게임이 끝난다.

첫 출시 후의 〈프룻 닌자〉는 원래의 캐주얼한 면은 그대로 간직한 채 조금 덜 간단한 게임으로 변해갔다. 이제는 무기 아이템이 있고 여러 가지 모드가 추가됐으며 환상적인 아케이드 모드가 포함됐다. 기본 모드에는 시간 제한이 없지만, 아케이드 모드에는 시간 제한이 있다.

또한 제작팀은 게임 오버의 시점을 근본적으로 바꿨다. 이제 과일 세 개를 한 번에 베면 보너

스 점수를 얻는다. 즉, 위험의 감수와 보상이라는 요소를 도입했다. 이제 과일이 나타나자마자 바로 베지 않고, 잠시 기다렸다가 다른 과일이 나타나면 타이밍을 잘 맞춰서 한 칼에 베는 짜릿함을 맛볼 수 있다. 특정한 상황에서 얻을 수 있는 스킨과 기타 여러 종류의 아이템은 이 게임이 주는 "한 게임 더!"의 흥분을 훨씬 크게 만들어준다.

〈프룻 닌자〉는 아이를 가진 부모들도 좋아한다. 어린 아이들을 위해 실패가 불가능한 특수 모드를 포함하고 있기 때문이다. 또한 각 게임이 끝나면 선생님 캐릭터가 나와 과일에 대한 여러 가지 재미있는 사실들을 알려주는 요소를 도입해 아이들과 어른들이 함께 무언가를 배울 수 있도록 했다.

지극히 단순한 게임이기 때문에 〈프룻 닌자〉는 황당할 정도로 넓은 사용자층을 가지고 있다. 나는 적게는 2살부터 많게는 52살까지의 사람들이 〈프룻 닌자〉를 좋아하는 장면을 봤다. 이 정도로 다양한 연령층이 즐길 수 있는 게임은 거의 없다. 과즙이 난무하는 이 과일 베기 게임에는 뭔가 근본적으로 재미있는 구석이 있다.

게임 비화

하프브릭의 게임 디자이너인 루크 머스캣Luke Muscat은 〈프룻 닌자〉를 만들기 전에 다른 게임을 만들고 있었다. 엑스박스 라이브 인디 게임 채널Xbox Live Indie Games Channel과 PSP용으로 만들어진 〈로켓 레이싱Rocket Racing〉이라는 레이싱 게임이었다. 법적인 문제 때문에 현재는 〈에어로 레이서Aero Racer〉로 이름을 바꾼 이 게임은 원래 하프브릭의 제작팀 몇 명이 예비로 진행하던 프로젝트였지만, 곧 규모가 커지면서 회사의 기대를 한 몸에 짊어진 프로젝트가 됐다. 하지만 불행하게도 그 게임은 완전히 실패하고 말았다. 게임 자체는 좋은 평가를 받았지만 매출에 있어선 거의 재앙에 가까웠다고 한다. "회사에서 엄청난 투자를 했기 때문에 굉장히 기대가 큰 게임이었어요."라고 머스캣은 말한다. "발매 후에 기대만큼 매출이 나오지 않았을 때 정말 많이 실망했었죠. 자신 있었거든요." 머스캣은 에어로 레이서가 실패한 이유는 지나치게 기술적인 면만 신경 썼기 때문이라고 생각한다. "PSP 미니스(PSP 미니스minis: 플레이스테이션 스토어의 PSP용 저용량 게임 카테고리 - 옮긴이) 플랫폼에서 그렇게 본격적인 레이싱 게임은 성공하기 힘들다는 결론을 내렸어요. 그래서 정반대의 전략을 택했습니다"라고 머스캣은 말한다. "다음 목표로 정말로 캐주얼하고, 쉽고, 단순한 게임을 만들기로 했어요."

그 무렵 하프브릭에서는 '하프브릭 금요일'이라고 부르는 회의가 있었다. 매주 금요일마다 열리는 그 회의에서는 누구든 원하는 사람에게 다른 직원들 앞에서 게임 아이디어를 하나씩 피칭할 수 있었다. 회사가 주로 하던 일은 외주 용역 개발이었지만 금요일 회의의 피칭을 통해 회사가 제작팀에게 오리지널 게임을 제작할 수 있는 기회를 준다는 의미였다. 머스캣은 피칭에 참여하기 위해 아이폰에 적합한 게임을 구상하기 시작했다.

이 피칭 회의에는 하프브릭의 CEO인 셰니엘 디오Shainiel Deo가 세운 규칙이 있었다. 각 게임은 무조건 한 화면에서 이뤄지는 게임이어야 했다. 즉, 스크롤이나 줌 등의 조작을 완전히 배제하겠다는 의도였다. 머스캣에게 이런 제약은 문제가 되지 않았다. 머스캣은 책상에 앉아 빈 종이 한 장을 꺼내 아이폰의 화면이라고 생각하고 구상을 시작했다. 손가락으로 빈 화면을 다양한 제스쳐와 모양으로 드래그해 보고, 플레이어와 기기가 상호작용할 수 있는 다양한 방법을 떠올렸다. "저는 닌텐도 DS용 게임 개발은 꽤 많이 경험해본 편이었어요. DS용의 〈아바타Avatar: Enter the Inferno〉와 〈마블 슈퍼히어로 스쿼드Marvel Superhero Squad〉 등의 개발에 참여했기 때문에 터치스크린에서 무엇이 가능하고 불가능한지 잘 알고 있었죠." 그러다가 문득 머스캣의 머릿속에 예전에 봤던 TV 광고의 한 장면이 떠올랐다. 미라클 블레이드Miracle Blade World Class Knife라는 회사의 주방용 칼 광고였는데, 흥분을 잘 하기로 유명한 어떤 요리사가 그 칼이 얼마나 예리한지 보여주기 위해 파인애플을 공중에 던져서 자르는 장면이었다. 실제로 머스캣은 그 광고를 보고 칼 세트를 구매했다고 한다. 곧 머스캣은 과일을 자른다는 설정을 어떻게 게임으로 구현할지 고심하기 시작했다. "너무나 간단한 방식이고, 뭔가를 썰고 베는 하는 데도 온 가족이 함께 즐길 수 있는 게임이라는 점이 마음에 들었어요."라고 머스캣이 말한다. "저희가 생각한 첫 번째 컨셉은 수박이었어요. 수박은 일단 보기에 좋죠. 표면은 딱딱하지만 안에 부드러운 과즙이 들어있다는 점도 좋았고요. 저는 이 게임을 과즙 같은 게 잔뜩 튀고 흩날리면서도 아이들이 보기에 잔인하지 않게 만들고 싶었거든요. 게다가 무언가를 부술 때앤 본능적으로 굉장한 만족감이 들죠."

머스캣은 금요일 회의의 피칭에 자신이 있었다. 당시 직원들이 너무 과열된 상태로 프리젠테이션을 하느라 회의가 한없이 늘어지고 하루 종일 걸리는 일을 방지하기 위해 피칭 시간을 5분으로 제한했다고 한다.

차례가 된 머스캣은 자리에서 일어나 단 다섯 장의 파워포인트로 피칭 발표를 했다. 첫 번째 화면에는 "닌자는 과일을 싫어해, 손가락으로 모두 잘라주마"라는 문구가 있었다. 머스캣은 게임에서 스트라이크 세 번이 되면 아웃당하는 규칙을 설명하고 발표를 끝냈다. 시작부터 끝까지 40초도 걸리지 않았다.

통계

- 과일 파편이 튀는 메커니즘의 개발 기간 : 2.5주
- 아케이드 모드의 개발 기간 : 3.5주
- 모든 플랫폼에 걸친 다운로드 횟수 : 60,000,000번 이상

머스캣의 피칭에 몇 명이 관심을 가졌지만, 회의에 있던 대부분 사람들 반응은 "잠깐, 그게 다야?"하는 식이었다. 그 중 두 명이 머스캣과 같이 게임을 만들기로 했지만 얼마 후 둘 다 회사를 그만뒀기 때문에 결국 머스캣은 게임 아이디어만 가지고 있고 같이 만들 사람은 없는 상황이 됐다. 얼마 후 머스캣과 제작팀은 회사 운영을 위해 용역 일거리를 찾아야 했다. 하지만 당시의 오스트레일리아 게임 업계의 상황이 별로 좋은 편이 아니어서 적당한 조건의 일을 찾을 수가 없었다. "당시에 저희는 할 일 없이 각자 자리에 멍하게 앉아있다가... 아, 혹시 제 말이 너무 심각하게 들리나요?"라며 머스캣은 웃어 넘긴다. "〈로켓 레이싱〉에 투자를 많이 했다가 전부 날리고, 더 이상 외주 일도 없었어요. 그러다가 '차라리 아이폰 게임을 만들어보는 건 어때?'라는 말이 나왔죠."

머스캣과 그의 동료인 조 개틀링Joe Gatling은 두 개의 아이폰 게임을 각각 6주 시한을 잡고 완성한다는 계획을 세우고 머리를 맞대고 앉아 작업을 시작했다. 열 몇 개의 게임 아이디어들을 늘어 놓고 어도비 플래시를 사용해 프로토타입을 만들었다. 하나의 아이디어를 구현하는 데 하루 이상 쓰지 않았다.

충분한 수의 프로토타입을 만든 머스캣과 개틀링은 마음에 드는 게임을 대여섯 개 정도 골라서 사내 직원들에게 이메일로 돌렸고 그 중에는 〈프룻 닌자〉도 포함돼

있었다. 이메일에는 직접 게임을 해보고 순위를 매겨달라는 요청이 담겨 있었다.

그 중에서 〈프룻 닌자〉가 절대적인 지지를 받았다. 즉시 두 직원 두 명이 투입돼 머스캣과 함께 제작에 착수했고, 6주가 채 되지 않아서 〈프룻 닌자〉의 첫 번째 버전을 완성해 앱스토어에 발매했다. 공격적인 광고와 게임 사이트의 시기 적절한 리뷰에 덕분에 약 일주일 후 〈프룻 닌자〉는 오스트레일리아 앱스토어에서 상위 5위 안에 오를 수 있었다. 다른 국가에서는 상위권에 들지 못했지만 회사로선 어느 정도 숨을 돌릴 수 있었다. 어느 금요일 밤, 팀원들은 작은 성공을 기념하기 위해 늦게까지 맥주를 마시며 축하를 했다. "인기 차트를 지켜보는 게 일이었어요. 순위가 한 단계 올라가고 내려가는 것을 지켜봤죠."라고 머스캣이 말한다. "마치 제가 열심히 훈련시킨 경주마가 출전한 시합을 보는 느낌이었어요."

흥미로운 사실

- 많은 인기를 끌었던 〈프룻 닌자〉의 첫 번째 트레일러의 제작비는 20달러였다. 트레일러의 닌자 복장을 입은 남자는 게임 프로그래머인 스티븐 라스트(Stephen Last)라고 한다.
- 시작 화면의 게임 방법 설명은 머스캣이 실제로 하이쿠(옛 일본의 정형시의 한 종류 – 옮긴이)를 지어서 썼다고 한다. 머스캣에 따르면 전 세계에서 0명의 사람이 자신의 하이쿠를 알아봤다고 한다.
- 〈프룻 닌자〉의 성공은 유명 애니메이션인 심슨 가족에서 여러 번 언급됐다.
- 하프브릭의 다른 앱으로 〈에이지 오브 좀비(Age of Zombies)〉와 〈제트팩 조이라이드(Jetpack Joyride)〉 등이 있다.

그날 밤 11시 30분, 대부분의 팀원은 집으로 돌아가고 몇 명은 꽤나 취한 상태로 사무실에 남아 있었다. 머스캣이 막 나가려는 참이었는데 넋이 나간 얼굴을 하고 자기 방에서 나오는 디오가 보였다. 디오는 머스캣에게 "애플에서 이메일이 왔어요. '긴급. 앱스토어에 게재할 〈프룻 닌자〉의 이미지가 필요합니다'는 내용이에요."라고 말했다.

이메일에 〈프룻 닌자〉가 앱스토어의 추천 목록에 오를 예정이라는 구체적인 문구는 없었지만, 내용으로 보면 짐작이 됐다. 회사 입장에서는 자신들의 게임이 추천 목록에 오르길 기대하고 이미지를 준비해야 하는지, 주말이 시작된 이 시간에 애플이 그런 방식으로 게임 회사에 요구를 하는 경우가 있는지 전혀 알 길이 없었다. 술이 덜 깬 상태였지만 서둘러 〈프룻 닌자〉의 그림을 담당한 샤쓰Shath와 마케팅 팀장인 필Phil에게 연락을 했다. 한밤중에 불려 나온 두 사람은 애플이 게임을 홍보할 때 쓰는 배너 이미지를 준비했다. 작업은 새벽 1시에 겨우 끝났지만, 이어서 벌어진 일들을 보면 당연히 해야 할 일이었다.

다음 날 애플은 〈프룻 닌자〉를 추천 목록에 올렸고, 판매량이 폭주하기 시작했다. 거의 모든 국가의 앱스토어에서 판매량 10위 안에 들었고, 〈앵그리버드〉처럼 붙박이로 인기 차트 10위 안에 드는 게임이 됐다. 하프브릭에게 〈프룻 닌자〉는 단순히 높은 매출을 올리는 게임 이상의 의미를 지니고 있었다. 개발팀의 가족이 게임을 접하고 보인 반응 때문이었다. "〈로켓 레이싱〉을 만들었을 때에는 샤니엘이 게임을 집에 가져가서 아이들에게 시켜봤더니 30초 정도 하다가 도대체 어떻게 하는 게임인지 모르겠다고 했다더군요."

〈프룻 닌자〉의 경우는 전혀 달랐다. 머스캣은 자기 할머니에게 게임을 보여줬다고 한다. 아이폰을 한 번도 본 적이 없는 분이었지만 시작하자마자 바로 게임에 빠져들었고, 처음으로 해본 게임에서 클래식 모드로 45점을 기록했다고 한다. "〈프룻 닌자〉가 가장 좋은 점은 저희 주변 사람들이 저희가 만드는 게임을 좋아해주는 것입니다. 저희를 지지해주고, 저희를 멈추지 않게 만드는 원동력입니다."라고 머스캣이 말한다.

〈프룻 닌자〉로 인해 하프브릭도 대단히 긍정적인 평판을 얻게 됐다. 특히 머스캣은 회사가 더 이상 용역 개발을 하지 않아도 된다는 점이 만족스럽다. 외주 용역 개발은 매우 고된 일인데다가 딱히 성취감도 없는 작업이기 일쑤이기 때문이다. "현재 저희 회사의 직원들은 저희가 라이선스를 받아서 소프트웨어를 제작하던 시절의 직원들과 같은 사람들입니다. 이렇게 재능 있는 친구들이 프로그램을 만들면 검토 과정에서 거절당하기도 하고, 6개월 안에 몰아치듯이 게임을 만들어 납품하면 어이 없는 퍼블리셔의 요구 때문에 또 급하게 수정 사항을 반영해서 뜯어고치죠. 그렇게 6개월 반을 작업해서 게임을 만들면, 발매된 게임은 형편없는 평가를 받고 결국 별로 인기도 없는 게임이 되고 마는 일들을 겪었어요. 버티기 힘든 일입니다."라고 머스캣은 말한다.

〈프룻 닌자〉 이후로 하프브릭은 iOS 세계의 슈퍼스타가 됐다. 이제 하프브릭은 자신들이 원하는 소프트웨어를 자신들이 원할 때, 퍼블리셔의 간섭 없이 만들 수 있는 A급 개발사가 됐다. 뿌듯함을 감추지 못한 머스캣은 좋아진 상황에 대해 이야기해주었다. "〈프룻 닌자〉 전에 저희가 만들었던 게임들은 단지 '저희가 열심히 만들었다'고 말할 게임들이었지만, 지금 저희가 만드는 게임은 진짜 하프브릭의 게임이라는 생각이 듭니다."

거라지 Inc.

플랫폼 : 아이폰/아이팟 터치(아이패드 버전은 별도로 발매됨)
가격 : 0.99달러
개발사 : 트랜스게이밍(TransGaming)
퍼블리셔 : 브레이크스루 엔터테인먼트(Breakthrough Entertainment)
발매일 : 2011년 1월 6일

게임 소개

〈거라지 Inc.Garage Inc.〉는 다이너 대시Diner Dash와 유사하지만 1920년 대의 시카고를 배경으로 하는, 남자들을 대상으로 한 게임이다. 주인공은 안젤로 마리토Angelo Marito라는 사람이고, 경제적으로 어려움을 겪고 있다. 게임의 줄거리는 사촌인 샐Sal이 마리토가 자동차 정비소를 차릴 수 있도록 돈을 빌려주는 이야기로 시작한다. 마리토의 사업은 곧 번창하기 시작한다.

게임 초반에는 정비소에 한 번에 한 대씩 차가 들어온다. 규모가 커지면 고객들

의 요구에 맞춰 전기 계통이나 기계 부품 등을 전문으로 고치는 전문가를 고용해야 한다. 예를 들어 헤드라이트가 고장난 자동차가 들어오면 전기 계통을 담당하는 직원에게 일을 맡겨야 한다. 혹시 다른 차를 수리하고 있

는 중이라면 순서를 이리저리 바꿔 배치해야 한다. 일의 순서를 빠르게 결정하고 한꺼번에 많은 임무를 완수해야 하는 복잡한 상황을 잘 헤쳐나가는 것이 이 게임의 목표다.

게임 중간에 삽입된 대사 더빙이 포함된 애니메이션은 깜짝 놀랄 만큼 어두운 사연을 들려준다. 훌륭한 아트워크와 당시 시대에 맞는 멋진 스윙 음악은 게임의 분위기와 잘 어울린다. 스토리 모드에는 몇 개의 미니 게임이 포함돼 있다. 미니 게임은 터치스크린을 사용해서 전선을 잇거나 차의 문짝을 고치는 내용이다. 이 게임은 전혀 새로운 종류의 게임이라고 할 수 없지만 전개 방식이 좋은 느낌을 준다.

〈거라지 Inc.〉가 근본적으로 다이너 대시와 같은 방식의 게임이긴 하지만, 멋진 스토리만으로도 충분히 할만한 가치가 있는 게임이다. 게다가 스토리 모드를 끝내고 나면 시간 제한이 없는 무한 모드를 즐길 수 있어서 본격적으로 여러분의 시간을 잡아먹게 된다.

게임 비화

퍼블리셔인 브레이크스루 엔터테인먼트Breakthrough Entertainment는 〈거라지 Inc.〉를 트랜스게이밍TransGaming에 피칭한 적이 있었다. 당시에는 자동차를 고치는 미니 게임들을 모아 놓은 게임이었다. 브레이크스루는 인물과 줄거리를 엮어 게임을 만들 생각은 하지 못했고, 캐나다의 한 펀드 회사에 투자 제안을 했지만 거절당했다. "퍼블리셔에게 연락이 왔어요. 자기들에게 게임 아이디어가 있고 저희가 그 게임을 엄청나게 잘 만들어야 한다고 하더군요. 그래야 다른 펀드 에이전시를 설득할 수 있다면서요. 이번에는 돈 좀 벌어보자는 이야기를 했어요."라고 트랜스게이밍의 매니저인 보이텍 코진스키Wojtek Kawczynski가 말한다.

> ### 통계
> - 개발 기간 : 9개월
> - 제작팀원의 수 : 10명
> - 모든 플랫폼에 걸친 다운로드 횟수 : 500,000번

당시 트랜스게이밍은 닌텐도 Wii용 게임을 만드느라 바쁜 상황이었지만, 1920~30년대 미국의 금주법 시절을 배경으로 하는 게임을 만들면 좋겠다는 생각이 있었다. "설정이 마음에 들었어요. 일단 자동차가 나오잖아요."라고 코진스키

가 설명한다.

〈거라지 Inc.〉는 여러 가지 미니 게임과 다이너 대시 스타일을 결합한 게임으로 기획됐다. 퍼블리셔는 "남자들을 위한 다이너 대시"라는 표현을 썼다. 트랜스게이밍이 〈거라지 Inc.〉를 만들기 시작하며 금주법 시절의 자료 조사를 해줄 인턴을 채용한 일이 있었다. "그 학생이 당시의 상황에 대해 정말 많은 것을 조사해줬어요. 역사적인 사실, 날짜, 말투, 저희는 그 자료를 가지고 게임의 정확한 시간적인 배경과 실제 사건들에 기반을 둔 스토리를 만들 수 있었습니다."

흥미로운 사실

- 게임 중 등장하는 매니(Many)라는 캐릭터는 트랜스게이밍에서 아르바이트를 했던 아만다라는 학생을 참고로 해서 만들어졌다.
- 트랜스게이밍은 〈드래곤 에이지 2(Dragon Age II)〉, 〈피파 12(FIFA Soccer 12)〉, 〈심즈:미디블(Sims: Medieval)〉 등의 많은 유명 게임을 맥용으로 포팅한 업체다.

코진스키는 외부 퍼블리셔와 같이 하는 일은 까다롭다고 말한다. "퍼블리셔와 저희의 의견이 다를 때 저희는 꽤 많은 부분에서 저희 뜻대로 한 편이지만, 몇 번 정도는 저희가 도저히 동의하기 힘든 경우도 있었어요."라고 인정한다.

그런 경우의 예로 코진스키는 게임 중간에 삽입되는 애니메이션을 꼽았다. 퍼블리셔인 브레이크스루는 사람들이 게임 중간에 그런 식으로 움직이는 애니메이션과 더빙된 성우들의 목소리로 줄거리를 파악하고 싶어하지 않는다고 생각했지만, 트랜스게이밍은 이미 애니메이션을 만들어 놓은 상황이었다. 결과적으로 아이폰 버전에서 애니메이션이 빠지고, 아이패드 등의 다른 버전에는 포함됐다.

트랜스게이밍은 전통적으로 여자들이 좋아하는 장르를 남자용으로 바꾼 자신들의 게임이 얼마나 위험한 도박이 될지 걱정스러웠다. "정말 크게 망할 수도 있었어요."라고 코진스키가 말한다. 다행스럽게도 위험을 감수한 보람이 있었다. 〈거라지 Inc.〉는 모든 플랫폼을 통틀어서 약 50만 카피를 팔았고, 이후 트랜스게이밍은 조금 더 확신을 가지고 투자를 받아 다음 프로젝트로 나아갈 수 있게 됐다.

기어드

플랫폼 : 아이폰/아이팟 터치(아이패드 버전은 별도로 발매됨)
가격 : 2.99달러
개발사 : 브라이언 미첼(Bryan Mitchell)
발매일 : 2009년 8월 8일

게임 소개

화면을 보자. 정지된 톱니바퀴가 몇 개 보인다. 〈기어드Geared〉의 목표는 각 레벨에 나오는 톱니바퀴들을 모두 작동시키는 것이다. 다행히 톱니바퀴 하나는 스스로 움직이고 있다. 그 톱니바퀴의 동력을 다른 톱니바퀴에게 전달해야 한다.

공구상자에는 다양한 크기의 톱니바퀴가 들어 있고, 이 톱니바퀴들을 하나씩 꺼내 고정된 톱니바퀴들 사이의 공간에 조심스럽게 배치해야 한다. 꽤 까다로운 스테이지가 있고, 모든 톱니바퀴가 연결돼 제대로 작동하게 하려면 어떤 순서로 해야 할지 여러 번의 시행착오를 겪어야 할 수도 있다. 게임이 진행될수록 난이도가 올라간다. 예를 들어 레벨이 올라갈수록 더 정밀하게 톱니바퀴의 위치를 조정해야 하고, 새로운 퍼즐 요소들이 더 많이 등장한다. 화면의 특정 부분에 아예 톱니바

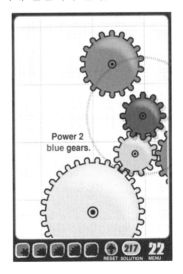

퀴를 놓을 수 없는 레벨도 있다.

〈기어드〉는 기본적으로 1인용 게임이지만 여러 명이 협력해서 하기에도 적합하다. 나는 친구들이 모인 자리에서 아이패드로 〈기어드〉를 보여준 적이 여러 번 있는데 그때마다 모두 모여 아이패드를 들여다보며 어떻게 퍼즐을 풀어야 할지 제안하면서 몇 시간이고 즐겁게 보낸 적이 있다. 이런 점은 밸브Valve의 〈포탈Portal〉 시리즈와 비슷하다. 물론 〈기어드〉가 그 무시무시한 게임보다는 훨씬 간단하지만.

게임 비화

브라이언 미첼의 아버지는 옴니빌트Omnibuilt라는 건설 회사의 소유주다. 2009년 4월경 브라이언과 그의 동생은 아버지의 회사에서 일하고 있었는데 그의 동생이 앱스토어용 게임에 대한 아이디어를 궁리하고 있었다. 브라이언은 고등학교에 다닐 때 컴퓨터 공학에 심취해 있긴 했지만, 그 후 5년 동안 프로그래밍을 해본 일이 거의 없었다. 더구나 아이폰 게임을 만들기 위해 필수적인 오브젝티브 C나 오픈지엘Open GL 등을 다뤄본 경험이 전혀 없었다.

브라이언의 동생은 브라이언에게 자신이 기획하는 게임을 만들어주면 주당 500달러를 주겠다고 제안했다. 자신이 게임 개발에 투자하겠으니 완성된 게임이 매출을 올릴 경우 수익금을 5 대 5로 나누자는 이야기였다.

브라이언은 아버지의 회사에서 동생과 함께 일하는 생활이 싫지는 않았지만, 섭씨 48도가 넘고 에어컨도 쓸 수 없는 공사 현장에서 빠져나갈 수 있다는 점이 마음에 들었다. 그의 아버지도 게임 아이디어를 크게 환영했기 때문에 브라이언이 게임 제작에 집중할 수 있도록 자신의 회사 사무실 하나를 내줘 게임 개발을 하도록 배려해줬다.

브라이언은 7주 동안 자신의 프로그래밍의 기초 실력을 다시 점검하며 첫 번째 게임을 완성했다. 〈스페이스볼Spaceballs〉이라는 게임이었는데 기본적으로 팝캡PopCap의 〈주마Zuma〉 시리즈를 차용한 게임이었다. 실제로 게임을 완성해본 적이 한 번도 없었기 때문에 대단히 힘든 과정을 겪었다고 한다. 브라이언은 "끝까지 해보기로 결심했어요."라고 말한다.

발매 직후 〈스노우볼〉의 매출이 올라가는 싶더니 이내 아래로 곤두박질을 쳤고, 곧 소비자의 시선에서 사라졌다. "발매한 첫 날 80달러 정도 벌었기 때문에 굉장히 기대가 많이 됐어요. 하지만 다음날 40달러, 그리고 20달러. 그러다가 결국 하루에 한 두 카피 정도 팔리는 게임이 됐죠."라고 미첼이 말한다.

상심한 브라이언은 다시 아버지의 회사로 돌아갔고 가끔 남는 시간을 이용해서 애플리케이션 개발을 이어나갔다. 그의 동생은 여전히 앱 개발에 기대를 거두지 않고 있었기 때문에, 브라이언이 게임 몇 개를 더 만들 때까지 자기들이 맺었던, 게임 개발에 몇 백 달러를 투자하고 수익의 50%를 얻는 계약은 유효한 것으로 동의하고 있었다.

통계

- 무료 행사를 포함한 총 다운로드 횟수 : 6,000,000번
- 〈기어드〉로 발생한 이익 : 500,000달러
- 〈기어드〉 2〉의 개발비 : 50,000달러

이후 브라이언이 두 번째로 개발한 게임도 완전히 실패하자 브라이언은 이제 게임 개발을 성공을 염두에 둔 수익 모델로서가 아니라 그저 취미로 생각하게 됐다. "성공 가능성이 없다고 봤어요. 바로 그 때 제가 상상하기 힘든 엄청난 실수를 저질렀어요."라고 브라이언이 말한다.

당시 브라이언은 집세를 낼 돈이 필요했고, 한 친구에게 투자를 하지 않겠냐고 물었다. 그때까지 자신이 게임으로 번 돈은 겨우 몇 백 달러에 지나지 않았지만, 그 친구는 기꺼이 200달러를 투자했다. 브라이언이 당시에 만들고 있던 게임으로 수익을 낼 경우 10%를 받는 조건이었다. 그 게임이 바로 〈기어드〉였다.

흥미로운 사실

- 〈기어드〉의 원래 이름은 기어즈(Gears)였다. 브라이언은 이름을 바꾸기 싫었지만 앱 제출 과정에서 〈기어즈〉라는 앱이 이미 있는 것을 알고 이름을 바꿨다.
- 〈기어드〉의 삽화는 거의 모든 업데이트 때마다 가다듬고 개선시켰다고 한다.
- 브라이언의 첫 번째 iOS 게임인 스페이스볼의 메인 메뉴 화면에서 화면 윗부분의 양쪽 모서리를 교대로 탭하면 게임 모드 락이 해제돼서, 모든 모드를 즐길 수 있다.
- 브라이언 미첼의 다른 앱으로는 〈앤쓰로놈: 탭 챌린지(Anthronome: Tap Challenge)〉와 〈기어드 2〉 등이 있다.

2009년 7월 말경, 브라이언은 앱스토어에 〈기어드〉를 제출하고 등록을 기다렸다. 등록된 첫 날 300달러를 벌었고 다음주까지 계속해서 비슷한 매출을 기록했

다. 브라이언의 몫은 그 중 겨우 40% 밖에 안 됐지만, 이미 자기가 평일에 건축 회사를 다니며 버는 돈보다 더 많이 벌고 있었다.

브라이언은 아버지에게 1,250달러를 빌려서 터치아케이드닷컴TouchArcade.com에 배너로 된 광고를 올렸다. 그 주 주말에 터치아케이드에 〈기어드〉에 대한 기사가 게재됐고, 애플은 아이튠즈에 추천 목록에 〈기어드〉를 선정했다. 그 즉시 〈기어드〉는 차트 1위로 튀어 올라갔고, 매일 12,000달러씩 벌어들이게 됐다.

모두가 행복할 수 있었지만 브라이언과 그에게 200달러를 투자했던 친구와의 관계가 흔들리기 시작했다. 그 친구가 다른 친구나 동료들에게 〈기어드〉에 대한 홍보를 한 번도 한 적이 없다는 사실이 드러나면서 둘 사이의 다툼이 시작됐다. 브라이언은 그 친구가 프로젝트에 더 많이 기여했어야 한다고 주장했고, 친구는 둘 사이에서 했던 계약은 서명이 된 문서로 남아 있으므로 자신이 더 해야 할 일은 없었다고 주장했다. "그렇게 저희는 멀어졌고, 연락도 하지 않게 됐어요."라고 브라이언이 말한다.

사건은 결국 소송으로 이어져 약속했던 지분이 친구에게 제대로 지불됐는지 법정에서 다투게 됐다. 1년 이상 복잡한 법적 절차가 이어졌다. 현재는 소송이 끝난 상태이지만 브라이언은 법적인 이유 때문에 더 이상 어떤 말도 할 수 없다고 한다. "아직도 제가 너무 이용당했다는 생각이 들어요. 하지만 이제 모두 끝난 일이죠. 그 실수로 많은 것을 배우게 됐고, 이제 앞으로의 일만 생각해야죠."라고 브라이언은 말한다.

〈기어드 2Geared 2〉를 제작한 브라이언은 1탄 때 썼던 광고비의 거의 10배를 투자했지만, 그 때 아버지에게 빌린 1,250달러로 광고를 내서 벌어들인 돈보다 적게 벌었다고 한다. "광고를 할 때엔 애플에게 광고를 해야 합니다. 마치 '이봐, 애플, 내 게임을 좋아해줘'라는 식으로요. 진짜 애플이 좋아해주면 그때야 말로 대박이죠."라고 브라이언은 말한다.

갓빌

플랫폼 : 아이패드/아이폰/아이팟 터치(유니버설 앱)
가격 : 무료
개발사 : 갓빌(Godville)
발매일 : 2010년 7월 18일

게임 소개

이 게임에서 여러분은 신이 되어 한 명의 영웅을 만들 수 있는 능력을 갖게 된다. 그는 전형적인 중세의 모험가이며 전리품과 모험에 대한 욕망을 가지고 있다. 〈갓빌Godville〉은 그가 작성하는 일기를 통해 그의 모험을 지켜보는 게임이다. 정확히 말하면 그의 일기는 트위터로 돼 있고, 영웅 자신의 모험 이야기, 장사꾼과의 흥정, 술집에서 보내는 시간 때우기와 아무 쓸모 없는 단상들로 이뤄져 있다. 기묘하고 독특한 장르의 게임이며, 개발자들은 이런 종류의 게임을 제로 플레이어 게임 ZPG, Zero-Player Game이라고 부른다.

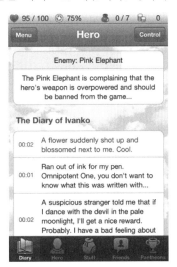

플레이어의 입장에서 게임 속 주인공을 통해 할 수 있는 일은 비교적 제한돼 있다. 여러분은 주인공이 벌이는 일에 대해서 상이나 벌을 주는 식으로 '신의 능력'을 사용할 수 있다. 물론 그런 영향력의 결과는 매우 광범위하지만. 만약 여러분의 영웅이 일기에 몬스터와 싸워서 상처를 입었다고 적으면 여러분은 그의 용기를 북돋워줌으로써 조금은 회복시킬 수 있다. 하지만 어떨 때에는 주인공을 격려해줬는데 주인공 옆에서 갑자기 꽃이 피어나는 엉뚱한 결과가 나올 수도 있다.

〈갓빌〉의 거의 모든 사건과 일기의 내용, 아이템 등은 다른 사용자들이 만들어내기 때문에 게임은 종종 대단히 유쾌하다. 내가 본 일기의 내용에는 "토끼를 구해줬다. 저녁으로 맛있게 먹었다."라는 주옥 같은 내용도 있었고, 조금 더 성의 있는 내용으로는 "화려하게 차려 입은 뱀파이어 일당이 덩치 큰 늑대 몇 마리와 미성년 여자 아이에 대해서 논쟁하는 모습을 봤다. 한심하기 짝이 없는 장면이라 그냥 지나쳤다."하는 식이다

사실 〈갓빌〉은 제대로 된 게임이라고 부를 수 없을지도 모른다. 하지만 자기의 재능을 기부한 많은 플레이어들 덕분에 〈갓빌〉은 모바일용 애플리케이션 역사상 가장 재미있는 상호작용 경험을 선사해준다.

게임 비화

드미트리 코시노프Dmitry Kosinov와 미하일 플라토프Mikhail Platov는 제로 플레이어 게임, 즉 사실상 플레이라고 할만한 부분이 없는 게임을 만들고 싶었다. 코시노프와 플라토프는 〈프로그레스 퀘스트Progress Quest〉라는 무료 온라인 게임으로 제로 플레이어 게임을 처음 접하고 자신들이 직접 ZPG를 만들 수 있으리라는 생각을 하게 됐다. 당시에는 제대로 만들어졌다고 할만한 ZPG 게임이 별로 없었기 때문에 그리 어렵지 않을 것 같았다. "오랫동안 여러 가지 아이디어를 모았어요. 2007년쯤 드디어 시작할 준비가 됐다고 판단했죠."

> **통계**
> - **개발 기간** : 4년, 그리고 계속 진행 중
> - **총 예산** : 생활비
> - **다운로드 횟수** : 100,000번 이상

두 사람은 영국 작가인 테리 프랫쳇Terry Pratchett의 『Small Gods』(CORGI BOOKS, 2005)이라는 소설을 좋아했다. 조직화된 종교와 세태를 풍자하는 이 소설에서 묘사된 세상은 인구수만큼이나 많은 신들이 있고, 그 신들은 성격이 별로 좋지 않아 화를 잘 내는 편이었다. 유일

신에 대한 신앙이 단순한 종교적 의식으로 대체된다면 어떤 일이 일어날지에 대한 것이 소설의 중심 테마였다.

코시노프와 플라토프는 그와 비슷한 세계관을 차용해서 〈갓빌〉을 만들었다. 모든 플레이어는 '작은 신'이 되고, 자신의 신도를 가지고 있다. 세상에 아주 작은 영향만 끼칠 수 있는 작은 신이 되어 플레이한다는 개념은 두 사람의 마음에 쏙 들었고, 함께 〈갓빌〉의 개발을 시작했다.

첫 번째 버전은 두 사람의 모국어인 러시아어로 제작되어 웹으로 공개됐다. 몇 년 동안 이 상태로 게임을 유지하던 중 영어를 할 수 있는 러시아인 자원봉사자들이 이 게임을 영어로 번역해주겠다는 제안을 했다.

몇 달 후, 갓빌게임닷컴GodvilleGame.com이 생겨났다. 곧 아이폰과 아이패드 버전이 나왔고, 영어권 사용자들과 자원봉사자들이 〈갓빌〉 서버로 몰려왔다.

나는 〈갓빌〉의 개발자들에게 〈갓빌〉이라는 게임 이름이 〈팜빌FarmVille〉이나 〈시티빌CityVille〉 같은 징가Zynga의 다른 '빌'이라는 이름이 들어간 게임들의 아류처럼 보이는 문제에 대해 의견을 물었다. 코시노프는 징가가 그다지 오래된 회사가 아니라는 사실을 지적했다. "저희 게임의 첫 번째 버전이 나왔던 2007년에는 〈팜빌〉 같은 '빌' 게임들이 없었어요. 저희가 게임 이름을 〈갓빌〉로 정한 이유는 두 가지입니다. 첫째로는 게임의 아이디어를 설명해주는 제목이었고, 둘째로는 러시아어로도 영어로도 소리내어 읽기에 좋은 단어였기 때문이에요."라고 코시노프는 설명한다.

2010년 7월, 게임 개발이 시작된 지 3년만에 iOS 버전을 발매할 준비가 됐다. 이전의 웹 버전과는 완전히 다른 플레이어가 모여 있는 모바일 게임 시장에 처음으로 〈갓빌〉을 공개했다.

> ### 흥미로운 사실
> - 코스노프와 플라토프는 〈갓빌〉에 남녀 데이트 연결 기능을 추가할지 고민한 적이 있다.
> - 최근 〈갓빌〉의 브라우저 버전은 대대적인 개편이 있었다. http://godvillegame.com/에서 플레이할 수 있다

〈갓빌〉의 인기가 높아지면서 코시노프와 플라토프는 어떻게 서버 비용을 감당해야 할지 걱정하기 시작했다. "이 게임은 순전히 재미로 시작한 일이었기 때문이

에요."라고 플라토프는 인정한다. "주변 사람들은 저희가 본전도 못 찾을 것이라고 이야기했죠."

친구들의 말은 일리가 있었다. 무료 게임이었고 광고라고 할 만한 부분도 없었기 때문에 어떤 식으로든 수익 모델을 개발할 필요가 있었다. 2010년에 있었던 게임프로닷컴GamePro.com과의 인터뷰에서 게임에 광고가 들어갈 수 있을지 모른다는 소식을 들었지만, 그다지 기쁘지 않았다. "〈갓빌〉에 광고가 들어간 적은 없었고, 앞으로도 그럴 생각은 없습니다."라고 플라토프가 말했다.

하지만 결국 게임 유지를 위해 서버를 늘려야 하는 상황에 이르렀다. 두 사람은 운영비에 도움을 받기 위해 기부 버튼을 도입하기로 했다. 실제로 기부에 참여하는 플레이어도 있었지만, 서버를 유지하기에 충분하지 않았다.

고민 끝에 코시노프와 플라토프는 중대한 결정을 했다. 현실의 돈으로 플레이어가 자신이 플레이하는 신의 권능을 다시 충전할 수 있는 기능을 도입했다. 결론적으로 이는 탁월한 선택이었다. 플레이어의 게임 경험을 전혀 해치지 않으면서 동시에 돈을 쓰고 싶은 플레이어가 접근하기 쉬운 방법이기 때문이다. "저희는 그 방식으로 플레이어들이 저희 프로젝트에 고마움을 표현할 수 있다고 생각합니다."라고 플라토프는 말한다.

앱 내 구매의 도입은 성공적이었다. 코시노프와 플라토프는 〈갓빌〉의 안드로이드 버전을 최신으로 유지하기 위해 다른 개발자를 고용할 수 있었다. 비록 돈다발을 뒤집어 쓸 정도는 아니지만 당장 문 닫을 걱정 없이 프로젝트를 계속 할 수 있다는 확신을 가졌다. "저희의 비장의 계획에 사람들이 어떻게 반응할지 너무 궁금해요."라고 코시노프는 말한다.

할시온

플랫폼 : 아이패드용으로만 발매
가격 : 1.99달러
개발사 : 잭 게이지(Zach Gage)
발매일 : 2010년 11월 23일

게임 소개

언뜻 보기에 〈할시온Halcyon〉은 대단치 않아 보인다. 이 페이지에 나와 있는 스크린 샷을 보아도 특징 없는 선과 단순한 삼각형으로 화면을 도배한 게임 이상으로 보이지 않는다. 하지만 실제로 〈할시온〉은 놀랄 정도로 다채롭고 대단한 순발력을 요구하는 게임이다. 실제 게임을 해보자. 삼각형들이 화면 양 옆에서 나오고, 이 삼각형들을 같은 삼각형끼리 마주보도록 손가락으로 선을 그어 연결해주면 된다. 예를 들어 보라색 삼각형이 제일 윗줄에서 날아가고 있고, 다른 보라색 삼각형이 아

랫줄에서 반대 방향으로 날아가고 있으면 위의 삼각형을 아래의 삼각형과 연결하면 된다. 올바로 연결을 해주면 윗줄의 삼각형이 화면을 가로질러 아랫줄로 날아와 다른 보라색 삼각형과 합체되어 화면에서 사라진다.

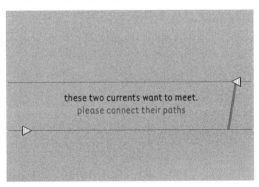

게임의 목적은 서로 다른 색상의 삼각형이 서로 부딪치지 않도록 막는 일이다. 게임이 진행되면 삼각형이 점점 많아지고 곧 화면에 수십 개의 삼각형이 떠다니는 상황이 된다. 다른 색상인데 같은 줄 위에서 서로 마주보고 있어서 부딪힐 수 있는 삼각형들은 붉은색으로 경고가 생긴다. 이는 〈플라이트 컨트롤〉에 나오는 비행기의 충돌 경고와 유사하다.

〈할시온〉을 반사신경 테스트 게임으로 생각하는 사람도 있겠지만 이 게임은 플레이어에게 대단한 집중력을 요구한다. 이 게임의 또 다른 중요한 특징으로 음악을 들 수 있다. 삼각형들이 충돌할 때 음계가 연주되는데, 삼각형을 연속적으로 빠르게 충돌시켜 즉석 연주처럼 음악을 만들 수도 있다. 또한 각 레벨의 화면은 의도적으로 하프처럼 보이도록 디자인됐다. 손가락이 화면을 가로지를 때 하프의 현을 퉁기게 되는 셈이다. 이와 같은 〈할시온〉의 다양한 요소들은 플레이어에게 차분하고 음악적인 체험을 선사한다.

나는 〈할시온〉을 아이패드에서만 가능한 게임의 훌륭한 예시로 꼽는다. 매우 신속하고 정확하게 조작해야 하기 때문에 이 게임을 마우스로 하는 것은 거의 불가능하다. 오직 터치 인터페이스로만 가능한 게임이 있다는 증거가 되는 게임이다.

게임 비화

잭 게이지Zach Gage는 인간과 기술의 관계에 관심이 많은 예술가다. 잭은 여러 가지 방법으로 이를 표현해왔으며, 그 과정에서 '캔위토크?Can We Talk?'라는 채팅 프로그램을 만든 적이 있는데 이는 채팅이라는 단어의 뜻과는 달리 심각한 대화를 하기 위한 채팅 프로그램이었다.

'캔위토크?'의 소개 영상에서 게이지는 사람들이 채팅으로 심각한 대화를 할 수 없는 이유는 상대방이 화면에 집중하고 있는지 알 수 없기 때문이라고 설명한다. '캔위토크?'는 사용자가 화면을 바라보고 있는지, 혹은 다른 프로그램 창이 채팅 프로그램을 덮고 있지 않은지 기록한다. 이 정보는 다른 사람에게 전달되어 대화를 하는 두 사람은 상대방이 자신의 메시지를 무시하고 있는지, 혹은 아직 읽지 않은 상태인지 알 수 있다. "저는 1985년생입니다. 인터넷이 완전히 대중화되기 전이었죠. 저의 성장기는 대중 문화가 크게 변모하던 인터넷의 성장기를 반영한다고 할 수 있습니다."라고 게이지는 설명한다.

게이지는 최근 몇 년 동안 우리 삶의 많은 부분이 인터넷에 연결된 상태가 됐다는 점을 지적한다. "저의 개념 미술은 그 연결이 의미하는 바에 대부분의 초점을 맞추고 있습니다."라고 한다. 다시 말해, 그의 최대 관심사는 온라인 의사소통을 지배하는 '이상한 규칙'을 탐구하는 일이다. 그는 21세기를 연구하는 사회학자라고 할 수 있다. 그러한 규칙 체계에 대한 지속적인 관심이 게임을 제작하고 싶은 욕구와 섞이게 됐다. "탐구와 실험을 동시에 할 수 있는 특이한 체계를 찾기보다는, 제가 직접 그러한 체계를 만들었습니다. 제 게임은 스토리를 통해 게임이 진행되지 않습니다. 제 게임에서는 플레이어가 일련의 규칙을 배우고 시간과 노력을 들여 익숙해집니다. 그러면서 그 규칙들을 제한 없이 응용하는 법을 발견하게 됩니다."라고 게이지는 설명한다.

게이지가 아이패드를 샀을 때 엄청난 충격을 받았다고 한다. 그는 아이패드야말로 노트북 컴퓨터가 나아가야 할 길이고, 몇 년 안에 태블릿이 일반적인 컴퓨터를 대체할 것으로 예상한다. "게임을 만들어야겠다고 생각했어요. 하지만 어떤 게임을 만들지는 모르고 있었죠."라고 게이지는 말한다.

> **통계**
> ■ 개발 기간 : 3개월
> ■ 다운로드 횟수 : 2,174번
> ■ 게임을 끝까지 깬 사람의 수 : 8명

게이지는 2인용 〈퐁Pong〉 스타일(알카노이드 방식으로 대전하는 게임 스타일 - 옮긴이)의 게임을 만들어보았지만, 별로 마음에 들지 않았다. 다음으로 상대방 기지를 미사일로 공격하는 방식의 게임을 구상했다. "그 때 에릭 스베딩Erik Sved?ng의 〈샷 샷 슛Shot Shot Shoot〉이라는 게임이 나왔어요. 제가 만들려고 했던 게임과 굉장히 비슷한 게임이었습니다. 저로서는 슬프지만, 정말 멋진 게임이었어요. 그 게임을 정말 엄청나게 열심히 했습니다."라고 게이지는 말한다.

〈샷 샷 슛〉을 처음 해본 날 잠자리에 누운 게이지는 〈샷 샷 슛〉에서 미사일을 발사하는 방법이나 적 근처로 도달하는 방식 등을 생각해봤다. "다음날 아침에 일어날 때 〈할시온〉에 대한 아이디어가 떠올랐어요. 더 구상할 필요도 없었고, 세 시간만에 온전히 작동하는 프로그램을 만들 수 있었습니다."라고 게이지는 말한다.

게이지는 〈샷 샷 슛〉을 변형해서 〈할시온〉을 만들었다고 말한다. 〈할시온〉이 〈샷 샷 슛〉과 다른 점은 미사일이 나오는 지점이 정해져 있고, 플레이어는 각각의 미사일을 다른 지점으로 유도해야 한다는 점이다.

게이지는 〈플라이트 컨트롤〉과 〈테트리스〉를 섞은 느낌도 있다고 말한다. 조금 어색한 비교인 듯 하지만 곰곰이 생각해보면 꽤 정확한 이야기임을 알 수 있다.

〈플라이트 컨트롤〉은 손가락으로 화면에 선을 그려서 작은 물체를 특정한 위치로 유도하는 게임이다. 〈할시온〉은 그 방식을 따와서 몇 개의 열로 이뤄진 공간에 적용했다. 이 공간은 〈테트리스〉의 사각형 공간과 유사한 특징을 가지고 있다. "블록이 떨어지는 〈테트리스〉의 공간에서는 매 순간 플레이어가 취할 수 있는 행동의 종류가 매우 한정돼 있습니다. 하지만 그렇기 때문에 오히려 각 상황에서 플레이어가 생각해야 하는 부분이 크게 늘어납니다. 〈할시온〉은 〈테트리스〉와 비슷한 방식으로 공간에 제약을 뒀습니다."라고 게이지는 말한다.

게이지는 세 시간 동안의 작업으로 완성된 〈할시온〉의 프로토타입을 들고 가까운 친구이자 재능 있는 사운드 엔지니어인 커트 비그Kurt Bieg를 찾아갔다. 게이지가 이미 각 현에 음계를 붙여뒀기 때문에 그날 토론은 어떤 방법으로 〈할시온〉에 재미있고 다채로운 음악 효과를 구현할지에 초점이 맞춰졌다. "저희가 그날 저녁에 만든 게임은 나중에 발매된 최종 버전과 크게 다르지 않은 정도였어요."

비그와 게이지는 〈할시온〉의 1.0 버전을 단 며칠 내로 완성할 수 있었지만, 몇 달을 더 투자해서 난이도를 조정하고 사운드를 다듬어 최고의 상태로 출시할 수 있도록 준비하는 편을 택했다. 게이지는 농담 삼아 자신의 게임이 정말 변덕이 심한 괴물 같은 프로그램이라고 이야기한다. "되돌아보면, 모든 일이 얼마나 빨리 일어났는지 믿어지지 않을 지경이에요."

핸드 오브 그리드

플랫폼 : 아이폰/아이팟 터치(아이패드 버전은 별도로 발매됨)
가격 : 0.99달러
개발사 : 브레이니엄 스튜디오(Brainium Studios)
퍼블리셔 : 애퓰러(Appular)
발매일 : 2010년 4월 23일

게임 소개

〈핸드 오브 그리드Hand of Greed〉는 플레이어의 타이밍 감각과 손가락의 날렵함을 시험하는 데에 초점을 맞춘 게임이다. 게임 속 플레이어는 소매치기의 왕이 된다. 각 레벨은 하나의 고정된 화면이고, 칼이나 톱 등의 날카로운 무기들이 회전하며 도둑의 손을 위협한다. 회전하는 무기들 바로 아래에 손만 대면 집을 수 있는 금괴와 보석 등이 놓여져 있다. 플레이어는 끊임없이 움직이는 칼에 손가락이 베이고, 찔리고, 잘려나가지 않도록 회전 패턴을 잘 파악해서 올바른 타이밍에 보석을 집어야 한다.

레벨이 올라가면 더욱 위험하고 복잡한 함정이 추가돼 게임이 극도로 어려워진다. 또한 화면에 보이는 보석을 정해진 시간 안에 집지 못하면 벌칙을 받기 때문에 최대한 빨리 움직여야 한다.

보석을 집다가 실수로 칼날을 건드리게 되면 플레이어는 실제로 움찔하게 된다. 손이 베이는 끔찍한 소리와 손가락에서 뿜어져 나오는 피가 대단히 잘 표현됐기 때문이다. 효과가 너무 좋은 나머지 게임을 하는 내내 신경이 곤두서고, 게임을 한참 하고 나면 마치 실제로 손이 베일 뻔한 일을 겪은 것처럼 긴장하게 된다.

플레이어를 움찔하게 만드는 간단한 방식의 게임이지만 〈핸드 오브 그리드〉는 아이폰 게임 중 가장 어려운 편에 속한다. 세상의 모든 도둑질이 이런 방식으로 이뤄진다면 감옥은 손가락이 잘린 도둑으로 가득할 것이다.

게임 비화

파하드 샤키바Farhad Shakiba와 제이크 브라운슨Jake Brownson은 대학 재학 중 만났다. 십대에 이란에서 미국으로 건너온 샤키바에 따르면 자신과 브라운슨은 2008년 브레이니엄 스튜디오를 차리기까지 몇 년간 사업을 하고 싶었다고 한다.

샤키바의 미술 실력과 브라운슨의 프로그램 실력이 합쳐진 브레이니엄은 일찌감치 앱스토어에서 히트를 친 〈점블린Jumbline〉이라는 게임을 제작한 바 있다. 마구 뒤섞인 글자 블록 더미에서 의미를 가진 낱말을 만들어내는 게임이었다. 히트작 하나를 갖게 된 브레이니엄은 회사를 유지할만한 수입이 생겼고 샤키바와 브라운슨은 다음 프로젝트를 시작할 수 있었다.

통계

- 개발 기간 : 7개월
- 샤키바가 난이도를 낮춰야겠다고 생각하기 전에 플레이해보고 레벨 3-1에서 실패한 횟수 : 159번
- 다운로드 횟수 : 100,000번 이상

샤키바는 아이폰의 터치스크린을 사용한 재미있고 흥미로운 방식이 무엇일지 많은 시간을 들여 고민했다. 일단 브레이이니엄은 터치스크린에 최적화된 게임을 만들기로 방침을 정했다. 즉, 화면에 가상 조이스틱이나 어설픈 화면 버튼을 배제한다는 의미였다. "시각 부문을 담당한 저로선 보통 아이디어가 떠오르면 최종적으로 구현된 이미지의 형태로 생각하게 됩니다."라고 샤키바가 설명한다. "플레이어가 움직이거나 돌아가는 칼날을 피해 화면을 건드려야 하는 게임을 생각했어요.

간단한 아이디어죠." 샤키바는 일단 아이디어를 잘 간직했지만, 그렇게 간단한 방식을 이용해서 어떻게 하나의 게임으로 구현할지에 대해서는 쉽게 답을 찾을 수 없었다.

칼날 아이디어를 떠올린 직후 샤키바와 브라운슨은 앞으로의 계획에 대해 토론을 시작하게 됐다. 두 사람은 다음 프로젝트는 비교적 짧은 개발 기간 동안 마무리하기로 정했다. 점블린을 제작할 때 제작 기간을 초과한 경험이 있었고, 이번 프로젝트는 가능한 한 달 이내에 끝내고 싶었다.

샤키바는 움직이는 칼날 아이디어를 브라운슨에게 말했고, 브라운슨도 마음에 들어했다. 하지만 그 방법을 어떻게 게임 속에 녹여낼지, 그리고 게임 전체의 컨셉에 대해 조금 더 구상해보길 권했다. 어느 날 아침 샤키바가 샤워를 하는 중에 아이디어를 얻었다. "머릿속에 갑자기 떠올랐어요. 보석이 깔려 있고, 그 위로 칼날이 움직이도록 하는 것이었죠."라고 말한다. "게임에 〈핸드 오브 그리드〉(탐욕의 손이라는 뜻이다 - 옮긴이)라는 제목을 붙였어요. 왜냐하면 게임 속 주인공은 탐욕스러운 손으로 계속해서 보석을 집어대거든요." 샤키바는 자신의 아이디어가 대단히 마음에 들었고, 브라운슨을 설득시켰다. 그렇게 〈핸드 오브 그리드〉가 탄생했다.

하지만 곧 브레이니엄 스튜디오의 개발팀은 이 프로젝트를 한 달 안에 끝내는 일은 절대 불가능하다는 사실을 깨달았다. 앱스토어의 다른 게임과 비교해서 시각 효과를 더 돋보이게 하고, 더 극적인 방식의 게임 진행을 구현하기 위해 많은 추가 작업이 필요했다. 샤키바는 두들 스타일의 그림을 붙여 넣어서 간단히 만들 수도 있었다고 말한다. 하지만 게임 보드를 터치하는 방식이며 근본적으로 머리를 쓸 필요가 없는 게임임에도 불구하고 플레이어가 게임에 충분히 몰입할 수 있도록 만들고 싶었다고 한다. 넘치는 열의 외에도 개발을 더디게 하는 요소가 있었다. "게임 메뉴를 재미있게 만들기 위해서 많은 시간을 투자했어요."라고 샤키바가 털어놓았다. "그 결정이 사업적으로 옳은 것이었는지는 잘 모르겠네요."

무려 8개월 가까운 개발 기간 끝에 〈핸드 오브 그리드〉가 앱스토어에 발매됐다. 샤키바와 브라운슨은 자신들이 원하던 게임을 만들어냈다. 하지만 그만큼 많은 시행착오를 겪었다. "개발 후반부에 감정적으로나 정신적으로 완전히 기운이 빠졌죠. 장거리 달리기에서 마지막 몇 마일을 남겨두고 가파른 오르막길을 올라야 하는 느낌이어요."라고 샤키바는 말한다.

흥미로운 사실

- 특수 단검이 나오는 보스 배틀을 포함시키려 했지만, 시간 제약 때문에 포기했다.
- 샤키바는 〈핸드 오브 그리드〉의 느낌이 1990년대 인기 PC 게임이었던 〈발더스 게이트(Baldur's Gate)〉와 〈프레인 스케이프 토멘트(Planescape Torment)〉의 영향을 매우 많이 받았다고 말한다.
- 메인 메뉴에 나오는 손 모양 그림은 샤키바의 손을 찍은 사진을 보정 과정을 거쳐 사용한 것이라고 한다.
- 브레이니엄 스튜디오의 다른 앱으로 〈점블린 2(Jumbline 2)〉와 〈워드서치 스타((Wordsearch Star)〉 등이 있다.

제작팀이 해결해야 했던 가장 큰 문제는 게임 난이도를 조절하는 부분이었다. 샤키바는 스스로 게임을 너무 잘하게 돼서, 새로 게임을 하는 사람이 어떤 난이도로 느낄지 가늠할 수 없었다. 결국 회사는 난이도 조절을 위해 사람들을 고용해서 테스트 팀을 만들었다. 샤키바는 테스트 팀의 피드백 결과를 반영해 난이도를 조정하지 않았더라면, 레벨 5를 통과하는 사람이 전체의 5%도 안 됐을지도 모른다고 말한다.

하드 라인즈

플랫폼 : 아이패드/아이폰/아이팟 터치(유니버설 앱)
가격 : 0.99달러
개발사 : 스플릿 밀크 스튜디오(Spilt Milk Studios)
발매일 : 2011년 6월 8일

게임 소개

〈하드 라인즈Hard Lines〉의 주인공은 뱀처럼 움직이며 폭은 픽셀 하나 정도인 얇은 선이다. 플레이어는 화면을 상하좌우로 스와이프해서 선이 움직이는 방향을 정한다. 적으로 등장하는 다른 선들의 움직임을 가로막아 플레이어가 조종하는 선에 들이받게 하는 것이 게임의 목표다. 과거 노키아 휴대폰에 선탑재돼 엄청난 인기를 누렸던 게임과 비슷한 방식이며, 플레이어의 선이 벽이나 자기 몸에 부딪히면 죽는다. 단, 〈하드 라인즈〉에서는 움직이는 공간이 꽤 넓기 때문에 벽보다 다른 선에 부딪혀서 죽는 경우가 더 많다.

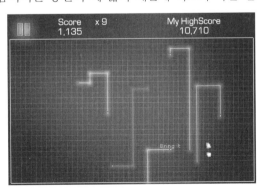

〈하드 라인즈〉는 대단히 많은 모드를 제공한다. '스네이크' 모드는 우리가 흔히 알고 있는 그 게임이다. 맵을 돌아다니면서 반짝이는 것들을 모아서 자기 몸을 연장하고, 벽이나 자기 몸을 피하지 못하면 게임이 끝난다. '데드라인'은 시간 제한이 있는 모드다. 3분 동안 다른 뱀들을 피하면서 가능한 몸을 길게 만들면 된다. '타임 어택' 모드는 시간 제한이 있다는 점에서 '데드라인' 모드와 비슷하지만, 포인트를 얻을수록 계속해서 연장 시간이 주어진다. '건틀릿' 모드에서는 사방에서 수십 개의 선이 끊임없이 쏟아져 들어온다. 이 모드의 목표는 가능한 오래 살아남는 것이다. '피냐타Pinata(국내 초등학교 운동회에서 하는 박터트리기 놀이와 유사한 중남미의 파티 용품 - 옮긴이)' 모드는 가장 흥미로운 모드라고 할 수 있는데, 다른 뱀을 죽이면 먹이가 나오고, 이 먹이를 먹으면 몸이 길어지고 점수도 따는 방식이다.

화면 위에서 움직이는 모든 것들이 얇은 선으로 되어 있기 때문에 게임 화면은 매우 단순하다. 하지만 스플릿 밀크 스튜디오는 트론TRON(초창기 컴퓨터 그래픽이 사용된 디즈니의 SF 영화. 1982년작 - 옮긴이) 스타일의 네온 형광 효과를 게임 곳곳에 사용해서 그런대로 괜찮은 화면 구성을 보여준다. 미니멀리즘적인 디자인에도 불구하고, 〈하드 라인즈〉에 등장하는 선들은 굉장히 다채로운 특징을 가지고 있다. 즉, 선들이 움직이며 서로 싸우는 동안 계속해서 농담이나 조롱 같은 재미있는 문구나 다양한 대중 문화의 인용구들의 선 주위에 나타난다. 대부분의 내용은 별 뜻 없는 잡담이지만, 종종 재치 만점의 농담을 던지기도 한다. 특히 혼자 하게 되는 '스네이크' 모드에서는 선이 계속해서 혼잣말을 하는데, 딸기 우유의 기원에 대한 설명 같은 엉뚱한 우스갯소리로 플레이어를 즐겁게 해준다.

게임 비화

〈하드 라인즈〉는 당시 개봉했던 트론의 리메이크 작인 '트론: 새로운 시작TRON: Legacy, 2010'의 수준이 어떤지 따지며 이야기하다가 떠오른 아이디어로 시작됐다. 그 영화를 좋게 봤던 앤드류 스미스Andrew Smith와 비판적이었던 니콜 헌트Nicoll Hunt가 다투고 있었는데, 영화에 대한 취향은 서로 달랐지만 아이폰용으로 나온 공식 트론 게임이 트론의 느낌을 전혀 살리지 못했다는 점에는 동의하고 있었다. "조작이 불편한데다가 게임의 목표도 애매하면서 그래픽도 엉망이었어요. 재미있게 만들 수 있는 게임이었는데요."라고 스미스는 말한다.

트론에는 독특한 빛을 내는 바이크가 등장하는데, 스미스는 그 바이크의 이미지를 가지고 트론 스타일의 게임을 만든다면 훨씬 더 재미있게 만들 수 있을 것 같다고 생각했다. 뜻이 맞은 스미스와 헌트는 개발을 시작했고 자신들의 작업에 '프로젝트 #2'라는 그럴듯한 이름을 붙였다. 두 사람은 일단 만들고자 하는 게임의 기본 방향을 설정했다. 꼬리가 달린 바이크, 충돌할 수 있는 벽, 인공지능으로 움직이는 적 등의 몇 가지 요소들을 떠올렸다. 헌트가 무료 게임 엔진인 코코스2D_{Cocos2D}를 다운로드했고, 작업을 시작한 지 불과 네 시간 만에 실제 작동하는 게임을 만들어냈다. 두 사람은 게임에서 생기는 이익을 50 대 50으로 나누기로 약속했다.

개발 초기 단계에서는 화면 위에 두 개의 버튼을 배치해서 좌우 방향을 조종하는 방법을 썼다. 두 사람은 그 방식이 꽤 마음에 들었지만, 다른 사람들은 화면 상의 상하좌우가 아닌, 선이 나아가는 방향을 기준으로 조종하는 방식에 혼란스러워했다. 두 사람은 곧 방향을 조종하는 방식을 탭으로 바꿨다. "화면의 위쪽 절반을 탭하면 위로 움직이고, 왼쪽 절반을 탭하면 왼쪽으로 움직이는 식의 방법이었습니다."라고 스미스는 설명한다.

이 방식에도 단점이 있었다. 아이폰 게임에 익숙한 사람들은 자꾸 화면을 스와이프하려 했고, 선들이 자기 생각대로 움직이지 않아 혼란스러워했다. 스미스와 헌트는 튜토리얼 레벨을 만들어야 하는지 고민하기 시작했다. 어떤 방식의 튜토리얼이 가장 좋을지 여러 가지로 궁리해봤지만, 마음에 드는 아이디어가 떠오르지 않았다. 그러던 중에 '움직이는 선이 직접 말을 하면 어떨까?'하는 생각에 이르게 됐다. "그 생각이 났을 때 둘 다 난리가 났었죠. 그동안 나왔던 아이디어 중에서 최고였어요. 바로 만들어서 게임에 넣었습니다. 그러다 보니 처음 튜토리얼로 쓰려고 했던 의도는 아예 뒷전이 됐어요."라고 스미스는 말한다. "특별히 도움이 되는 내용보다 재미있는 문장들을 마구 나오게 만들었죠."

통계

- 개발 기간 : 2달
- 총 예산 : 1,600달러
- 다운로드 횟수 : 22,000번

스미스와 헌트는 짧은 대사들을 게임에 추가하기 시작했다. 누군가를 향한 비난, 몹쓸 농담, 유명 작품에서 따온 문구들, 게임 플레이에 도움이 되는 팁 등 수십 개의 대사를 추가했고, 게임은 이제 단순한 아케이드 게임을 넘어서게 됐다. "처음엔 중독성으로 하는 단순한 점수 따기 게임이었는데, 어느 순간 여러 가지 캐릭터와 농담이 가득한 게임이 됐어요. 정말 괜찮아 보였어요. 저희는 최대한 완성도를 높이기로 했습니다."라고 스미스는 말한다.

여러 가지 대사를 넣자 게임의 진면목이 드러나기 시작했다. "정말 효과적인 방법이었습니다. 캐주얼 게임을 즐기던 사람들이 바로 반응하기 시작했어요. 관심을 가져줬고, 저희의 기대보다 오랫동안 플레이하더군요. 우스갯소리나 캐릭터들에게 흥미를 느끼면 더 높은 점수를 기록하고 싶은 마음이 생기는데, 저희가 사람들의 그런 필요를 채워줬다고 생각합니다."라고 스미스는 말한다.

흥미로운 사실

- 게임의 이름을 짓기 위해 떠올린 수십 개의 후보 중에 '앵그리 라인즈(Angry Lines)'라는 이름도 있었다고 한다.
- 게임즈브리프닷컴(GamesBrief.com)에서 앤드류 스미스가 쓴 〈하드 라인즈〉 개발 일지를 읽을 수 있다. 사실 개발 일지라고도 부르기 힘든 13,000단어로 이루어진 짧은 글이지만.
- 슬라이드투플레이닷컴(SlidetoPlay.com), 터치아케이드닷컴(TouchArcade.com), 유로게이머닷컴(Eurogamer.com) 등의 대형 웹사이트에서 〈하드 라인즈〉에 대해 긍정적인 리뷰를 해줬지만, 매출에 큰 영향은 없었다고 한다.
- 스플릿 밀크 스튜디오의 다른 앱으로 〈컨트랙터칼큘레이터(ContractorCalculator)〉와 〈크런치 더 게임(Crunch – The Game)〉 등이 있다.

두 사람은 더 많은 사람들의 피드백이 필요하다는 생각을 하게 되었고, 곧 선착순으로 베타 테스터를 모집한다는 공고를 트위터에 올렸다. 당시 그들 계정의 팔로워 수는 500명 정도였는데, 그 중 30명 정도가 신청을 했다. 스미스와 헌트는 게임 기록을 추적하는 기능이 추가된 테스트 버전을 제작해서 신청한 사람들에게 보내줬다. 사람들의 반응은 대단히 긍정적이었고, 어떤 사람들은 자신의 트위터에 게임에 대해서 열광적인 칭찬을 쏟아냈다. "정말 엄청난 의욕이 솟아났어요. 큰 힘이 되었죠. 전혀 모르는 사람들이고, 저희 게임에 어떤 투자를 한 것도 아닌데 그렇게 갑자기 저희 게임의 열성 팬이 됐거든요."라고 스미스는 말한다.

〈하드 라인즈〉의 개발이 마무리에 접어들 무렵, 스미스는 게임의 열기를 한층 더 고조시킬 방법을 생각해냈다. 즉, 게임을 공개하는 행사를 연다는 계획이었다. 계획을 세우고 베타 테스터들과 행사에 관심 있을 법한 게임 기자들에게 초대장

이메일을 보냈다.

드디어 기대했던 공개일이 됐지만, 모인 사람은 8~9명에 불과했다. 언론과 관계된 사람은 한 명도 없었다. "솔직히, 그래도 괜찮았어요. 물론 속으로는 엄청난 성공을 기대하긴 했지만요."라고 스미스는 털어놓는다.

대단한 관중을 모으지는 못했지만, 참석자들의 조언을 많이 받으면서 그날 정말 좋은 시간을 보냈다고 한다. 오후에는 〈하드 라인즈〉 토너먼트 대회가 열렸다. 비록 그 때까지 남아 있던 사람은 단 네 명뿐이었지만, 모두들 기꺼이 베스트 3의 순위를 정하는 토너먼트에 참가했다. 토너먼트의 우승자는 조 세퍼드Joe Shepard라는 사람이었고, 상으로 포옹과 샴페인 한 잔이 수여됐다. "그게 저희가 좋아하는 방식이에요."라고 스미스는 설명해주었다.

많은 언론과 접촉했지만, 〈하드 라인즈〉의 시작은 그리 성공적이지 못했다. 첫 주에 겨우 몇 백 카피를 팔았을 뿐이었다. 애플이 앱스토어 추천 목록에 포함시켜주지 않으면 판매 순위에서 높이 올라갈 수가 없었다. 현재는 아이패드 버전으로 정말 굉장한 HD익스트림HD EXTREME 모드를 인 앱 구매로 즐길 수 있다. 이 모드에서는 게임 공간이 무려 네 배로 넓어진다. 새 기능을 담아 1.99달러에 팔리는 아이패드 버전에서 두 사람은 나름의 추가 수입을 기대하고 있다.

헬싱 파이어

플랫폼 : 아이폰/아이팟 터치(아이패드 버전은 별도로 발매됨)
가격 : 0.99달러
개발사 : 래트룹(Ratloop)
퍼블리셔 : 클릭게이머(Clickgamer)
발매일 : 2010년 7월 11일

게임 소개

〈헬싱 파이어Helsing's Fire〉는 헬싱 박사가 그의 유쾌한 동료인 래프턴Rafton과 함께 빛의 힘을 사용해 몬스터를 해치우는 게임이다. 플레이어가 화면 어느 곳에 횃불을 놓으면 그 즉시 빛이 사방으로 퍼진다. 하지만 단단한 물체는 통과하지 못하므

로 주변에는 빛이 닿지 않는 어두운 공간이 생기게 된다. 이를 극복하기 위해 여러 개의 횃불을 사용해야 하고, 빛이 나쁜 놈들을 모두 비추고 있는지 확인해야 한다.

횃불에 비춰진 괴물은 정해진 숫자만큼 주어진 물약을 써서 없앨 수 있다. 예를 들어 횃불에 비친 괴물이 파란색이라면 파란 약물을 사용해서 없앨 수 있고, 괴물이 갑옷을 입고 있는 경우에는 한 번에 죽지 않는다. 거의 모든 스테이지의 목표는 화면 상의 모든 괴물을 해치우면서, 가끔 등장하는

민간인에게는 해를 끼치지 않는 것이다.

〈헬싱 파이어〉가 빛을 사용하는 방식은 매우 훌륭하다. 횃불을 옮길 때마다 시시각각 변하는 가장자리의 구석이나 구멍들을 살펴보는 것만으로도 흥미진진하다. 만화 스타일로 디자인된 게임이기 때문에 현실적이라고까지 할 수 없지만, 굉장히 훌륭한 미술 효과를 보여준다. 화면의 적당한 위치에 횃불을 놓아 스테이지에 있는 모든 괴물을 빛으로 비춰 단 하나의 물약으로 모든 몬스터를 공략할 때의 쾌감은 이루 말할 수 없다.

빛을 이용하는 방식은 정지한 적을 물리칠 때에도 쉬운 일이 아니지만, 보스 전투 스테이지에서는 또 다른 도전 거리가 된다. 보스 몬스터는 이리저리 움직이기 때문에 조금 다른 방법으로 횃불을 사용해야 한다. 나는 종종 다음엔 어떤 괴물이 나올지 궁금해서 빨리 스테이지를 깨고 싶다는 생각이 들곤 했다.

〈헬싱 파이어〉는 독특한 미술 스타일과 재미있는 캐릭터 덕분에 뚜렷한 개성을 갖춘 게임이다. 헬싱 박사와 래프턴은 일종의 셜록 홈즈 시리즈 같은 분위기를 가지고 있어서 플레이어는 각 스테이지 사이에 나오는 두 사람의 대화가 어떻게 이어질지 기대하게 된다.

결론적으로 〈헬싱 파이어〉는 퍼즐 게임이 갖출 수 있는 모든 것을 갖춘 게임이다. 미술, 대화, 퍼즐 등의 요소들이 대단히 창의적이어서 다른 퍼즐 게임들과 비교하는 일 자체가 실례일 정도다.

게임 비화

2009년 게임 제작을 하던 루카스Lucas와 케이코 포프Keiko Pope 부부가 LA에서 일본으로 이주한 지 얼마 안 됐을 때였다. 루카스는 〈언차티드 2Uncharted 2〉 개발팀의 프로그래머였고, 케이코는 소니Sony의 〈스포츠 챔피언Sports Champions〉 시리즈를 제작한 진다기 게임즈Zindagi Games의 프로그래머였다. 두 사람은 함께 게임을 만들어본 경험이 있었으며 일본으로 간 후에는 아이폰 게임에 집중해보기로 결심한 상태였다.

처음 몇 달간 루카스는 애플의 소프트웨어 개발 프로그램인 엑스코드Xcode를 다루느라 진땀을 뺐다. 교통 정체를 피하는 내용의 게임을 기획하고 프로토타입을 만들었지만 그 이상의 결과물을 낼 수 없었다. 하지만 그 기간 동안 루카스는 빛과 그림자를 이용한 간단한 방식의 게임 아이디어를 떠올릴 수 있었다.

그 때부터 루카스가 개발 1단계라고 부르는 시기가 시작됐다. 〈캐슬 인 섀도우 Castle in Shadow〉라는 이름의 로그라이크 게임 프로토타입을 만들었던 시기다. "처음에는 어떤 성 안에서 괴물들에게 둘러 쌓인 왕을 지켜야 하는 마법사가 주인공인 설정이었어요. 먼 곳에서 조금씩 성에 다가가는데, 한 번 전진할 때마다 적을 하나씩 없애는 방식이었죠. 적들을 색으로 구분했고, 물약을 마시면 빛에서 충격파가 나가서 괴물을 해치우는 식이었습니다."라고 루카스는 말한다.

그때까지만 해도 루카스는 거의 혼자의 힘으로 게임을 만들고 있었다. 케이코는 프로그래밍 직장을 구했지만 통근에 세 시간이나 걸리는 거리였고, 루카스는 매일 몇 시간씩 일본어 수업을 받고 있었다.

루카스는 개발 작업을 멈추지 않고 조금씩 다듬어서 액션이 많은 로그라이크 게임과는 조금 다른 게임을 만들었다. 보통 로그라이크 게임에서는 동시에 무작위로 생성되는 적들이 많이 나오기 마련인데, 그런 스타일은 루카스가 만들고 싶은 게임에 별로 어울리지 않았다. "제가 게임을 너무 피상적으로 만들고 있다는 생각이 들더군요. 플레이어가 얻는 금이 너무 많았고, 물약을 원하는 만큼 많이 살 수 있었어요. 물약을 하나 까먹어도, 잘못 사용해도 큰 상관이 없었죠. 아무 때나 더 사면 되니까요."라고 루카스는 말한다.

통계

- **개발 기간** : 6개월
- **총 예산** : 0달러(생활비)
- **다운로드 횟수** : 120,000번

루카스는 게임을 조금 고쳐서 플레이어가 사용할 수 있는 물약이 한정돼 있고 적의 위치를 고정시킨, 다소 느리게 진행되는 퍼즐 게임으로 바꿨다. "빙고! 승리 조건을 명확하게 설정하니까 게임이 훨씬 더 재미있어졌어요. 퍼즐을 풀려면 빛을 이리저리 움직여서 어떻게 그림자가 생기는지 봐야 하고, 그런 점이 게임에 정말 독특한 모습과 느낌을 주게 되었죠." 당시 루카스가 만든 게임은 현재의 〈헬싱 파이어〉와 게임 진행 방법의 측면에서는 비슷했지만, 비주얼 스타일은 제대로 다듬지 못하고 있었다.

샌프란시스코에서 열린 2010년에 열린 GDCGame Developer Conference(미국에서 매년 개최되는 게임 개발자 컨퍼런스 - 옮긴이)에 참가한 루카스는 전에 일하던 노티 독Naughty Dog에서 온 옛 동료 몇 사람과 만나게 됐다. 동료들은 루카스가 개발 중인 게임에 열렬한 환호를 보내줬지만, 게임의 디자인에 대해서는 그다지 좋은 평가를 받지 못했다. 그래픽을 제대로 다듬지 않으면 안 될 것이라며 충고를 해준 사람도 있었다.

루카스는 게임의 전반적인 아이디어에 대한 확신이 들었고, 케이코는 직장을 그만 두고 같이 게임 제작에 참여했다. 개발이 진행되고 디자인도 더 나아졌지만, 루카스는 어떤 방법으로 출시해야 할지 결정하지 못한 상태였다. "원래 계획은 제가 직접 퍼블리싱을 하려고 했지만, 그 때 이미 앱스토어는 상당히 발전해서 더 이상 자유롭게 경쟁할 수 있는 곳이 아니었습니다."라고 루카스는 말한다. "매일 80개 정도의 게임이 앱스토어에 출시되고 있었어요."

흥미로운 사실

- 래트룹은 〈마이티어(Mightier)〉라는 게임을 자신들의 홈페이지(Ratloop.com)에 무료로 공개했다. 주인공과 게임 스테이지를 플레이어가 직접 그려서 만들 수 있는 매력적인 게임이다.
- 〈헬싱 파이어〉의 개발 과정에서 한 때 게임의 이름이 〈뱀파이어 웨이스트(Vampire Wastes)〉였고 주인공은 호머 심슨 같이 생긴 캐릭터였던 적이 있다고 한다.
- 〈헬싱 파이어〉는 2011년 인디펜던트 게임 페스티벌(Independent Games Festival)에서 베스트 모바일 게임에 선정됐다.

시장 상황이 부담스럽게 느껴진 포프 부부는 퍼블리셔와 함께 하는 편이 낫겠다는 생각을 했다. 한 회사와 협상을 실패한 뒤에 칠링고Chillingo와 연락이 닿았다. 칠링고는 〈헬싱 파이어〉의 기본적인 개념은 무척 좋아했지만, 몇 가지 귀중한 지적을 해줬다. 루카스는 칠링고 측이 게임에서 나오는 첫 번째 적을 무척 싫어했다고 한다. 그저 가만히 앉아서 죽기만을 기다리는 놈이라고 했고, 너무 싫어해서 욕이 나오는 걸 참아야 할 정도였다고 말했다고 한다. 처음 루카스는 칠링고 측에 강하게 반발했지만, 종국에는 칠링고의 의견을 받아들였다. "지금 생각해보면 제가 애초에 그 캐릭터를 왜 그렇게 형편없게 만들었는지 모르겠어요. 고마워요, 칠링고."라고 루카스는 말한다.

발매 후 〈헬싱 파이어〉는 성공하는 듯 했다. 게임은 전략과 퍼즐 카테고리에서 확고하게 높은 순위에 올랐고, 미국 앱스토어의 전체 앱 순위에서 8위에 올랐다. "그리고 추락하고 추락하고 추락했어요. 서서히 시작해서 빠르게 떨어졌죠."라고 루카스는 말한다.

래트룹Ratloop은 몇 번의 업데이트를 통해 새로운 기능과 내용을 추가하고, 치명적인 버그들을 수정했다. 업데이트 때마다 잠깐씩 매출이 오르기도 했지만, 상위권에 올라갈 정도는 아니었다.

루카스와 케이코는 아직 〈헬싱 파이어〉를 포기하지 않았다고 한다. 아직 게임을 발전시킬 수많은 아이디어를 가지고 있고, 30초 정도 걸리는 퍼즐 풀이 형식인 지금의 게임과 근본적으로 다른 무언가를 만들고 싶다고 한다. "아마도 롤 플레잉 요소가 더 많은 게임이 될 수도 있어요."라고 설명하는 루카스는 행복해보였다. "아니면 다 접고 처음으로 돌아가서 액션이 더 많이 들어간 게임으로 만들 수도 있죠."

훅 챔프

플랫폼 : 아이폰/아이팟 터치
가격 : 2.99달러
개발사 : 로켓캣 게임즈(Rocketcat Games)
발매일 : 2009년 10월 16일

게임 소개

로켓캣 게임즈Rocketcat Games는 갈고리가 달린 밧줄을 사용하는 방식의 2차원 가로 스크롤 연작을 발매했는데, 〈훅 챔프Hook Champ〉는 그 중 첫 번째 게임이다. 이 게임에서 플레이어는 화면 윗부분을 탭하는 간단한 방법으로 쓸 수 있는 갈고리에 걸린 밧줄의 회전과 탄력을 이용해 수많은 던전을 탐험하게 된다.

〈훅 챔프〉의 가장 중요한 요소는 탄력이다. 타이밍을 잘 맞춰 점프를 하고, 줄에 매달려 앞 뒤로 흔들리다가 가장 큰 탄력을 받는 타이밍을 잡아 최대한 멀리 나가

고, 같은 감각으로 다음 갈고리를 걸 장소를 판단해야 한다. 게임이 진행되면 장비의 봉인을 해제할 수 있다. 앞뒤가 막힌 상황에서 위로 솟구칠 수 있는 로켓 부츠, 고성능 갈고리, 심지어 장애물을 부술 수 있는 총까지 쓸

수 있다. 각 스테이지의 통과 시간을 줄이는 데에는 전략이 필요하다. 빠른 시간에 스테이지를 끝낼수록 더 많은 코인을 얻을 수 있고, 더 좋은 장비를 쓸 수 있고, 다시 더 빠른 시간에 스테이지를 끝낼 수 있다.

〈훅 챔프〉에는 대단히 많은 유머 요소가 들어 있다. 이는 각 레벨이 시작할 때마다 나오는 대사에서도 드러난다. 캐릭터들이 주고받는 농담이나 해제하는 방법이 없는 우스꽝스러운 복장 등은 게임을 편한 마음으로 즐길 수 있게 해주고, 인기 영화인 '인디아나 존스'를 더 익살스럽게 만들어 놓은 느낌을 준다. 이런 점들 때문에 고전적인 픽셀 아트 스타일을 사용한 〈훅 챔프〉는 뭔가 독특한 분위기를 가진 게임이 되었다.

어떤 레벨에서는 전혀 예상할 수 없는 장애물이 나와서 죽을 수 밖에 없는 상황이 있다. 사실 그런 상황은 각 스테이지를 깨기 위해서 맵 안에 다양한 경로가 제공되는 이유이기도 하다. 다소 짧게 느껴지는 게임 플레이 시간을 감추기 위해 스테이지를 의도적으로 어렵게 해 놓았다는 생각이 들 수도 있지만 시행착오를 여러 번 반복해서 도전할 만한 가치가 있는 게임이다.

게임 비화

케파 오와이Kepa Auwae는 메인스트림 게임계에 진절머리가 났다. 점점 혁신은 사라지고, 모든 게임은 끝도 없이 이어지는 전투로, 전투력을 연마하는 데에만 초점을 맞추고 있는 데다가 제작 예산은 끝도 없이 치솟았다. "이대로 가다가는 모든 게임이 재미라고는 찾을 수 없는 아르바이트를 하는 것과 비슷하게 될 것 같다는 생각이 들었어요. 15달러 정도 되는 형편 없는 임금을 받고, 게임 내용은 다 건너뛰고, 바로 게임을 완수할 수 있게 해주는 식으로요."라고 오와이는 말한다.

오와이는 게임 개발 경력이 전혀 없었지만 IRC 채팅 채널에서 만난 두 친구와 함께 로켓캣 게임즈라는 개발사를 차렸다. 오와이 자신과 프로그래머인 제레미 올랜도Jeremy Orlando, 미술 담당인 브랜든 로즈Brandon Rhodes로 구성된 팀은 서로 각각 워싱턴, 아리조나, 일본 등 전혀 다른 곳에 사는 사람들로 이뤄진 팀이었고, 셋 모두 정상적인 직업을 가지고 있었다. 대단한 시작은 아닐지 몰라도 팀원들은 대범

하고 단호한 결심을 가지고 있었다.

일반적으로 플랫폼 게임은 극단적으로 정밀한 컨트롤을 요구하는 장르다. 플레이어는 매 순간의 움직임을 아주 세밀하게 조종할 수 있어야 하고, 그러기 위해서 물리적인 버튼이 필수적이다. 이런 부분은 아이폰에는 도저히 맞지 않는 방식이었다. 로켓캣 게임즈의 케파 오와이는 이 점을 인식하며 아이폰용 플랫폼 게임에서 점프를 다룰 수 있는 다른 방법을 궁리하기 시작했다.

오와이와 팀원들은 정말 다양한 방법들을 실험해봤다. 날아서 점프하기, 중력을 뒤집어서 점프하기, 폭발장치로 추진력을 얻기 등의 여러 가지 방법을 연구해보다가 결국 갈고리를 쓰는 방식이 가장 좋은 조작 방법이라고 결론 내렸다. "보통 쓰이는 방법은 점프한 뒤에 방향 버튼과 다른 손으로 수평방향 움직임을 조종하는 식이지만, 저희는 화면을 누르고 있으면 점프하고, 손을 떼면 착지하는 방법을 택했습니다."라고 오와이는 설명한다.

<통계>

- 개발 기간 : 8개월
- 총 예산 : 0달러
- 다운로드 횟수 : 50,000번

〈훅 챔프〉의 개발이 진행되던 중에 〈캐너벌트〉가 발매돼 자동으로 달리는 장르의 게임으로 큰 인기를 끌었다. 따라서 팀은 플레이어가 주인공의 움직임을 어느 정도 조절할 수 있도록 하기로 했다. 즉, 개발 초기에는 게임의 대부분을 갈고리에 매인 밧줄에 매달려 이동하는 방식으로 진행하려고 했지만, 땅에서 천천히 뛰어야 하는 식의 어려운 상황도 포함하기로 했다. "다른 팀원들은 게임에서 한 두 가지 조작을 제외한 나머지 대부분을 자동화시킨다면 너무 지루할 것이라고 생각했어요."라고 오와이가 말한다. "그때 저희는 정말 어리석은 이상주의자들이었죠."

2009년 9월에 발매된 〈훅 챔프〉는 스스로의 힘으로 성공을 거뒀다. 후속작인 〈슈퍼 퀵훅Super QuickHook〉은 메타크리틱닷컴Metacritic.com이 선정한 2010년 최고 별점을 받은 iOS 게임이 됐다. 시리즈의 세 번째 게임은 〈훅 월드Hook Worlds〉였고, 역시 열광적인 반응을 이끌어냈다. 로켓캣 게임즈의 세 사람은 원래의 직업을 그만두고 풀타임으로 게임 개발에 매진할 수 있게 됐고, 이후 액션 RPG인 〈메이지 건틀릿Mage Gauntlet〉이라는 게임을 발매했다. 이 게임의 뒤를 이어 계속해서 또 다른 시리즈를 만들 예정이라고 한다.

본인은 철저하게 현실적일 뿐이라고 생각하고 있지만 오와이는 인터뷰 내내 현재의 게임 업계에 대한 냉소를 숨기지 않고 표현했다. 앱스토어의 판매 환경에 대해 열변을 토하며, iOS 게임 계에서 성공하기 위한 자신의 지론을 세 가지 전략으로 제시했다.

흥미로운 사실

- 로켓캣 게임즈가 제작에 성공한 첫 번째 게임은 현재 회사의 로고로 쓰이고 있는 고양이가 주인공인 플래시 기반 게임이었다.
- 〈훅 챔프〉는 원래 레벨 에디터를 제공했었는데, 누군가 용암으로 PENIS라고 거대한 글씨를 만든 적이 있었다.
- 오와이는 20년 전에 브랜든과 제레미를 만나게 해준 IRC에 여전히 자주 접속한다.
- 로켓캣 게임즈의 다른 앱으로 〈메이지 건틀릿〉과 〈훅 월드〉 등이 있다.

첫 번째 전략은 〈컷더로프〉를 최대한 비슷하게 모방해서 저예산으로 만화 스타일의 게임을 만드는 것이다. "아주 우연히 훌륭한 퍼즐 게임을 만들어서 대단히 잘 만든 게임으로 보이고 싶어하는 게 모든 개발자들의 꿈이겠죠."라고 오와이는 말한다. "여러분의 앱을 99센트에 내놓고, 운에 맡기세요. 냉정하게 들린다면 죄송합니다. 하지만 시류를 모방해서 이윤을 남기고 비용 절감을 극대화해야 합니다. 수많은 사람들이 그렇게 하는 데에는 이유가 있습니다."

두 번째 전략은 2류 게임을 많이 만드는 전략이다. 그는 이러한 전략을 '시장 쇄도'라고 불렀다. 이러한 방법은 이제 예전처럼 효과를 발휘하지 못하지만 여전히 성공하는 경우를 가끔 볼 수 있다고 한다. "앱스토어 차트는 인기도로 정해지는 것이지, 질로 승부할 수 있는 시장이 아니라는 점을 잊지 말아야 합니다."라고 말한다.

성공에 몸이 달아 있는 개발자들에게 오와이가 제안하는 세 번째이자 마지막 선택은 앞서 언급한 전략보다 훨씬 덜 냉소적이다. "최선을 다해서 게임을 만드세요. 여러분이 제작하는 모든 게임이 시장의 어떤 틈새를 공략할 수 있도록 만드세요. 그리고 여러분이 벌어야 하는 총 매출의 최저 한도를 정하고 그 기준으로 게임의 가격을 책정하세요. 여러분의 게임이 3달러의 가치가 있다고 생각한다면, 99센트짜리 게임과 경쟁하지 마세요. 그런 게임들과 경쟁한다면 여러분은 벌 수 있는 돈의 1/3 밖에 벌지 못하게 될 것입니다."

이러한 조언들은 그 동안 많은 다른 개발자들이 나에게 해준 이야기와 정면으로 반대되는 내용이지만 오와이와 그의 팀에게는 비교적 잘 들어맞은 전략이기도 하다. 오와이의 팀은 재정적으로 꽤 안정적인 상태이고, 팀이 계속해서 만들어 낼 혁신적인 게임들을 기꺼이 구매해줄 두터운 지지 기반을 가지고 있다.

마지막으로 오와이는 조언을 덧붙였다. 그의 인터뷰를 마무리하기에 적당한 이야기라고 생각한다. "게임 개발자가 된 후에 저는 제가 그 동안 훌륭하다고 생각했던 게임들에 대해서 훨씬 더 많은 감탄을 하게 됐습니다. 훌륭한 게임이 있다는 사실은, 그 가능성을 생각해보면, 존재 자체가 정말 기적 같은 일입니다. 계속해서 인간적인 실수를 하고, 혁신적이고 깊이 있는 게임 제작을 피해야 하는 이유만 찾는 사람에게서는 절대로 훌륭한 게임이 나올 수 없습니다. 하지만 분명히 제대로 성공하는 훌륭한 게임이 있습니다. 그리고 그런 게임들이 계속해서 만들어지고 있습니다. 저로서도 그 방법을 알지 못합니다. 하지만 아마도 사업가로서는 형편없을지 몰라도 개발자로서는 극히 창의적이고 추진력을 가진 사람들이 뜻밖의 행운을 만났을 때 일어나는 일이 아닐까요?"

인시던트

플랫폼 : 아이패드/아이폰/아이팟 터치(유니버설 앱)
가격 : 1.99달러
개발사 : 빅 버킷 소프트웨어(Big Bucket Software)
발매일 : 2010년 8월 10일

게임 소개

하늘에서 갑자기 수많은 물건들이 떨어져 주변에 엉망으로 나뒹구는 위험한 상황에 빠지는 상황을 생각해보자. 상상하기 힘든 물건들이 십자포화를 이루며 떨어지며 여러분이 움직일 수 있는 공간조차 없어진다면 어떻게 할 것인가?

〈인시던트The Incident〉에서 여러분은 실제로 이런 상황을 접하게 된다. 세상이 갑자기 양복 차림의 별 특징도 없는 직장인인 여러분을 파괴시키려 하고, 여러분은 자비심 없이 마구 쏟아지는 물건들에 직면하게 된다. 집안에서 쓰는 가구부터 이집트의 식육곤충에 이르기까지 종류를 가리지 않고 쏟아지는 물건들에 깔려 쥐포가 되지 않으려면 아이폰을 기울여 좌우로 움직이고, 화면을 탭해서 점프해야 한다.

뾰족 모자를 쓴 땅속 요정. 이

발관 기둥. 어떤 물건이든 상관없다. 여러분은 죽을 수 있다. 다행히 여러분이 쓰러지려면 머리에 세 번의 공격을 받아야 하고, 때때로 나오는 동전과 하트를 모으면 추가 생명이 생기거나 체력을 회복할 수 있다. 화면 위쪽으로 투명한 선이 생기는데, 이를 보면 물건이 떨어지는 위치와 물건의 크기를 미리 알 수 있어 안전한 위치로 피할 수 있다.

쉴 새 없이 떨어지는 물건이 산더미처럼 바닥에 쌓인다. 쓰레기 더미 아래에 깔리지 않으려면 온갖 물건들을 헤집고 위로 올라가야 한다. 길거리가 쓰레기로 메워지고 결국 지붕까지 쌓이게 된다. 곧 저 멀리 산맥들이 보이고, 한참을 더 하다보면 구름을 통과해서 아예 지구를 벗어나게 된다. 출렁거리는 물건 더미 위에서 계속 움직이며 머리 위로 떨어지는 물건을 피하는 것이 이 게임의 핵심 요소다. 게임 플레이가 다소 어렵지만 우주로 나가는 데에 성공한 플레이어는 깜짝 놀랄만한 즐거움을 접하게 된다.

〈인시던트〉의 멋진 특징 중 하나는 아이패드로 플레이할 때 화면을 TV로 출력할 수 있다는 점이다. 만약 여러분이 아이패드와 아이폰, 혹은 아이팟 터치를 모두 가지고 있는 둘도 없이 특이한 사람이라면 아이패드 게임을 아이폰으로 무선 조종할 수 있다. 무선 조종은 TV 모드에도 적용된다. 아이패드를 콘솔 게임기처럼 TV에 연결하면 정말 근사하다. 심지어 픽셀이 크게 확대된 화면 조차도 훨씬 훌륭하게 보인다.

게임 비화

어느 날 갑자기 매트 코미Matt Comi의 머릿속에 〈인시던트〉의 아이디어가 떠올랐다. "뒷자리 동료에게 말을 걸었어요. 하늘에서 아무 물건이나 마구 떨어지고, 그걸 피해 다니면서 점프하는 간단한 게임을 어떻게 생각하는지 물어봤습니다. 죽을 때까지 올라간 높이가 점수가 되고요."라고 코미는 말한다. 아이디어의 기본 개념은 이미 머릿속에 들어 있었고, 자신의 아이디어에 동조해준 네븐 모건Neven Mrgan에게 동업을 제안했다. 곧 작업이 시작됐고, 두 사람은 여가 시간을 모두 투자해서 게임 개발을 시작했다.

코미와 모건은 서로 얼굴을 보며 이야기하려면 스카이프나 페이스타임을 통해서 이야기해야 했다. 그 둘은 정확히 지구 반대편에 있기 때문이다. 코미는 오스트레일리아에, 모건은 미국에 살고 있다. 코미에 따르면 그런 부분은 별로 장애가 되지 않는다고 한다. "네븐과 저는 인터넷으로 만났어요. 2007년에 제가 운영하던 TV 포어캐스트 대시보드 위젯TV Forecast Dashboard Widget을 본 네븐이 자신의 블로그에 저의 사이트를 링크했던 일이 계기가 됐죠."라고 코미는 설명한다. "시차가 크긴 하지만 하루에 몇 시간은 저희 둘 모두 깨어 있잖아요. 그 시간을 이용해서 서로 얼마나 진척됐는지 확인했죠." 그렇게 서로 의지했던 일이 개발 작업의 큰 동기가 됐다고 한다.

〈인시던트〉를 개발하던 중 코미는 자신이 만든 다른 앱에서 꾸준한 수입을 얻고 있었기 때문에 일주일에 4일만 회사에 출근하기로 결심했다. "그때 제가 다니던 회사가 재정적으로 어려움을 겪고 있었기 때문에 가능한 일이었습니다. 저에게 줄 월급이 줄기 때문에 회사로서는 오히려 저의 결정을 반기는 분위기였어요."라고 코미는 말한다.

이 책에 나와 있는 대부분의 게임들을 보면 개발 시작부터 지나치게 거창한 계획을 세웠다가 개발이 진전되면서 점차 스케일을 줄여나가는 경우가 많다. 하지만 〈인시던트〉는 조금 달랐다. 코미가 처음 가졌던 생각은 하늘에서 떨어지는 물건들 사이를 점프하며 피하는 게임에서 더 확장하지 않으려고 했다. 코미와 모건은 기본 아이디어에 기반해서 만들어본 프로토타입이 생각만큼 대단히 재미있지 않다는 것을 알게 됐다. 이후 이어진 브레인스토밍 회의를 통해 게임의 배경, 주인공이

처하는 위험, 전체적인 아이템 등을 어떻게 바꿀지 아이디어를 모았다.

　개발이 진전되면서 서서히 코미에게 게임이 성공할 수 있다는 확신이 생겼다. 두 사람은 계속해서 게임에 새로운 요소를 도입했고, 자신들 생각에 재미있는 게임이라는 생각이 들 때까지 멈추지 않을 터였다. 코미는 다니던 회사에 앞으로는 일주일에 3일만 출근해도 되는지 물었다. "회사에서는 저의 제안을 달가워하지 않았어요."라고 코미는 말한다.

　코미는 회사측과 약속을 했다. 자신이 쓸 수 있는 연차를 일주일에 하루씩 쓰기로 협상했다. 그렇게 남은 연차를 모두 쓰면 그 때 다시 이야기를 하기로 했다. 코미로서는 원원하는 결과라고 생각했다. 코미의 예상으로 〈인시던트〉는 자신의 연차를 모두 쓰기 전에 개발이 끝날 것 같았기 때문에 일단 기간 내에 완성시키고 나서 회사를 계속 다닐지 결정할 예정이었다.

　〈인시던트〉가 발매되자 대단한 반응과 함께 어마어마한 매출을 올렸다. 코타쿠 Kotaku, 기즈모도Gizmodo, 엔가젯Engadget 등 수십 개의 메이저 웹사이트에 리뷰 기사가 게재됐고, 덕분에 발매 첫 날 거의 7,000번이 다운로드돼서 차트 상위권으로 치고 올라갈 수 있었다. "첫 달 올린 매출이 제가 일하던 회사에서 받던 연봉보다 많았어요. 회사를 그만 둬야 하는지에 대한 답을 쉽게 결정할 수 있었죠."라고 코미는 말한다.

　두 번째 달부터 매출이 약간 감소했지만, 지속적인 업데이트로 수입을 유지했기 때문에 코미는 빅 버킷 소프트웨어Big Bucket Software를 풀타임 독립 개발사로 전환할 수 있었다.

인피니티 블레이드

플랫폼 : 아이패드/아이폰/아이팟 터치(유니버설 앱)
가격 : 5.99달러
개발사 : 체어 엔터테인먼트 그룹(ChAIR Entertainment Group)
발매일 : 2010년 12월 8일

게임 소개

아이폰이 게임 플랫폼으로 그다지 적당하지 않다고 생각하는 친구들에게 보여주는 게임이 바로 〈인피니티 블레이드Infinity Blade〉다. 이 어처구니 없을 정도로 뛰어난 그래픽을 만들어낸 게임 개발자들이 한시라도 빨리 세상에 공개하고 싶어서 얼마나 애를 태웠을지 알만하다. 결국 참지 못하고 게임 발매 몇 달 전에 언리얼 엔진Unreal Engine의 엄청난 성능을 보여주는 라이팅과 텍스처 효과가 사용된 무료 데모 버전을 공개했다. 아이튠즈 스토어에서 '에픽 시타델Epic Citadel'로 검색해 찾을 수 있다.

발매 당시 게임 관련 미디어에서는 현대적인 이 게임을 닌텐도의 고전 게임인 〈펀치 아웃Punch Out!!〉과 자주 비교했다. 하지만 이 게임은 고전 게임 형식을 언리얼 엔진 3에서 작동하도

록 만들어졌을 뿐이라고 단순하게 결론지을 수 있을까? 물론 그렇지 않다.

기본적으로 〈인피니티 블레이드〉는 다양한 크기의 적과 순서대로 맞붙어 싸우는 방식의 게임이다. 화면을 스와이프하면 주인공이 들고 있는 칼로 적을 공격하고, 적의 공격은 화면 상의 가상 버튼을 탭해서 피하거나 막을 수 있다. 적들은 정해진 패턴으로 공격하고, 여러분은 적의 공격을 피하면서 적이 빈틈을 보인 순간 약점을 노리는 역공을 취해야 한다. 연이어 벌어지는 대결에서 승리할수록 다양한 방법으로 주인공을 업그레이드하거나 여러 아이템으로 복장을 갖출 수 있고, 줄거리를 따라가다 보면 흥미 진진한 반전이 기다리고 있다. 따라서 여러 번 반복해서 플레이할 가치가 있는 게임이다.

기술적으로는 정해진 길로 가야하고 정해진 일을 해야 하는 게임이지만, 플레이어는 화면을 탭해서 숨겨진 보물을 찾을 수 있다. 이는 게임 안에서 도움을 받을 수 있다..

게임 비화

도널드 머스타드Donald Mustard가 게임계에 첫 번째로 내놓은 게임은 〈애드벤트 라이징Advent Rising〉이었다. PC와 엑스박스Xbox용으로 발매된 SF 서사물이었다. 〈애드벤트 라이징〉은 원래 세 편의 연작 기획 중 첫 번째 게임이었지만, 낮은 판매율과 엇갈리는 평을 받으며 후속작은 만들어지지 않았다.

2008년으로 시간을 돌려보자. 도널드와 그의 형제인 제레미는 체어 엔터테인먼트라는 게임 회사를 시작했다. 2007년 엑스박스 라이브 아케이드Xbox Live Arcade용으로 발매된 〈언더토우Undertow〉라는 물 속에서 진행되는 슈팅 게임으로 좋은 평을 받은 후, 체어는 〈기어즈 오브 워Gears of War〉 시리즈와 언리얼 엔진을 만든 〈에픽 게임즈Epic Games〉에 인수됐다. 다음 해에 엑스박스 라이브 아케이드 전용으로 개발된 〈새도우 콤플렉스Shadow Complex〉를 발매해 2주만에 거의 25만 카피를 팔아 치우며 엑스박스 라이브 아케이드용으로 나온 게임의 최고 매출 기록을 깼다.

도널드 머스타드는 아이폰이 가진 게임 플랫폼으로서의 잠재력을 깨달은 순간을 설명해줬다. 2010년 1월, 도널드가 즐겨 하던 게임은 엑스박스용 〈매스 이펙트

2_Mass Effect 2_〉였고, 같은 시기에 가이아_GAIA Co._에서 제작한 〈소드 앤드 포커_Sword and Poker_〉라는 아이폰용 게임을 하고 있었다. 도널드는 "소파에 앉아 있었어요. 겨우 시간이 나서 게임을 하고 싶었죠. 처음에는 〈매스 이펙트〉를 하려고 했는데, 갑자기 〈소드 앤드 포커〉가 더 하고 싶어지는 거에요. 저에게는 정말 중요한 순간이었습니다. 그때 저의 모든 생각이 한꺼번에 바뀌었습니다."라고 회상한다.

도널드는 체어가 개발할 아이폰용 게임은 어떤 게임이 될지 생각하기 시작했다. 당시에는 몰랐지만 에픽은 이미 언리얼 엔진을 iOS용 기기에서 작동할 수 있게 만들 소규모의 개발팀을 조직한 상태였다. 얼마 후 에픽에서 체어에게 연락을 했다. 도널드와 제레미가 iOS에서 언리얼 엔진의 성능을 제대로 보여줄 수 있는 게임을 제작할 수 있냐는 제안이었다. 도널드는 그 즉시 진행하던 프로젝트를 중단하고 〈인피니티 플레이드〉 제작에 착수했다.

체어의 제작팀은 브레인스토밍 회의를 통해 아이디어를 모았다. 일대일 칼싸움을 기본으로 한 게임으로 의견을 모았지만, 처음에는 키넥트_Kinect_나 Wii용으로 개발하는 방향으로 생각하고 있었다. 당시 토론의 결과로 나온 게임은 일정 부분 당시에 유행하던 〈갓오브워_God of War_〉나 〈헤븐리 소드_Heavenly Sword_〉 등의 칼싸움 게임의 영향도 있었다. 여러 개의 버튼이 달린 전통적인 컨트롤러로 하는 게임이었다. "버튼으로는 실제 칼 싸움을 표현할 수 없었어요. 그래서 저희는 버튼보다 터치스크린을 사용하는 편이 더 좋겠다고 생각했죠."라고 도널드는 말한다.

게임 개발 과정은 꽤 순탄한 편이었지만, 곳곳에서 암초를 만났다고 한다. 가장 눈에 띄는 문제는 개발 기간 동안 몇 명이나 아이가 태어난 일이었다. 도널드의 아내마저 임신 중이었다. 〈인피니티 블레이드〉 제작 중에 회사가 이사를 하는 일도 있었다고 한다. 많은 일이 겹쳤지만 체어는 결국 정해진 기간 내에 멋지게 작동하는 게임을 완성할 수 있었고 2010년 9월 1일 애플이 주최한 특별 이벤트에서 게임을 공개할 수 있었다(아이팟 터치 4세대와 애플TV 2세대 등을 발표한 행사였다 - 옮긴이).

도널드와 에픽의 사장인 마이크 캡스Mike Capps는 스티브 잡스와 함께 무대에 올라 당시까지 〈프로젝트 소드Project Sword〉라는 이름으로 불렸던 〈인피니티 블레이드〉를 시연했다. "제 생각에 당시에는 아무도 아이폰이나 아이패드가 얼마나 대단한 성능을 가지고 있는지 모르고 있었습니다."라고 도널드가 말한다. "애플의 중역들에게 게임을 보여줬더니 '세상에, 앞으로 모든 것이 바뀌겠군요'라고 하더군요."

〈인피니티 블레이드〉의 첫 번째 버전을 제작하는 데에는 4개월 반 밖에 걸리지 않았지만, 이 게임은 체어에게 엄청난 성공이었다. 이 게임으로 인해 체어의 소규모 팀은 수백만 달러의 가치를 가지게 됐고, 판매 순위에 큰 반향을 일으켰던 이전 작품인 〈새도우 콤플렉스〉보다 훨씬 더 많은 돈을 벌어다 주었다.

당연하게도 체어는 〈인피니티 블레이드〉를 시리즈로 만들 예정이다. 도널드는 첫 번째 작품에는 그 이후의 이야기로 이어나갈 수 있는 요소들이 많이 포함돼 있다고 말한다. "게임 속 단 몇 줄의 대사를 만드는 데에도 굉장히 많은 시간이 걸렸습니다. 여러분이 보는 게임 속 성곽에도 아주 탄탄한 배경 이야기가 있어요. 저희가 아직 들려주지 않은 이야기이죠."

제트 카 스턴트

플랫폼 : 아이폰/아이팟 터치
가격 : 1.99달러
개발사 : 트루 액시스(True Axis)
발매일 : 2009년 11월 13일

게임 소개

〈제트 카 스턴트Jet Car Stunts〉에서 여러분은 바퀴가 달린 로켓의 조종석에 앉아 하늘 높이 설치된 장애물 코스를 완주하는 임무를 부여받는다. 기본적으로 정해진 거리를 달려 완주에 걸리는 시간을 측정하는 타임 트라이얼 방식의 게임이지만, 자동차 뒤에 달린 제트 엔진을 사용해 끝내주는 고공 점프를 즐길 수 있다. 아이폰을 좌우로 기울여 자동차의 방향을 정하고, 가속과 브레이크 페달은 화면의 가상 버튼으로 조작한다. 그 외에 로켓을 점화하는 버튼과 고공 점프 시에 착지점을 지

나치는 상황에서 쓸 수 있는 에어브레이크 버튼이 있다.

〈제트 카 스턴트〉의 대부분의 스테이지는 다양한 경로로 달릴 수 있도록 디자인됐다. 대부분의 상황에서 체크 포인트만 건너뛰지 않으면 게임에서 정해준 경로

가 아닌 길이나 일반적인 방법으로 닿을 수 없는 곳으로 점프해서 달려도 무방하다. 플레이어는 창의적인 방법으로 길을 찾고, 기묘한 각도로 점프해서 아예 다른 레벨로 날아갈 수 있으며 이는 정말 큰 재미를 준다. 마치 〈슈퍼 마리오〉에서 1-2 레벨을 건너뛸 수 있는 것과 비슷하다. 하지만 제트 연료는 쓸 수 있는 양에 제한이 있고, 체크 포인트를 지날 때에만 재충전이 된다. 따라서 로켓을 아끼면서 플레이할 상황이 생기게 된다.

〈제트 카 스턴트〉의 트랙은 환상적으로 설계됐다. 전체적으로 쉬운 게임은 아니고, 레벨이 높아짐에 따라 점점 극한의 도전을 요구한다. 또한 게임에서 사용된 음영 표현 기법이 매우 뛰어나기 때문에 오래된 iOS 기기에서도 환상적인 트랙을 즐길 수 있다.

게임 비화

〈제트 카 스턴트〉의 시작은 1999년으로 거슬러 올라간다. 루크 라이언Luke Ryan이 토러스 게임즈Torus Games에 입사해서 〈카마겟돈 3Carmageddon 3〉를 만들고 있을 때였다. 현재 인터넷에 남아 있는 리뷰를 찾아보면 당시의 〈카마겟돈 3〉는 딱히 잘 만들어진 게임은 아니었지만 비교적 신참 개발자였던 라이언에게 대단히 소중한 경험을 쌓을 수 있는 계기가 됐다.

```
통계
■ 개발 기간 : 6개월
■ 총 예산 : "땀을 흘려가며 만들었죠."라고 대답했다.
```

〈카마겟돈 3〉에서 라이언이 맡은 일은 자동차가 쓰는 애프터버너 기능을 구현하는 일이었다. 애프터버너는 엄청나게 강력한 가속장치였다. 게임 속의 차가 앞으로 달려나가면서 앞 바퀴가 땅에서 떠오를 정도였다. "정말 빨리 달릴 수 있지만 아무것도 통제할 수 없는 상태가 됩니다. 애프터버너 기능을 끄면 곧바로 다시 방향을 조종할 수 있고, 연료를 아낄 수 있죠."라고 라이언은 말한다.

애프터버너 기능은 〈카마겟돈 2〉에도 있던 기능이었고, 라이언이 맡은 일은 그 기능을 개선시키는 일이었다. 이리저리 연구해본 결과, 라이언은 파워업 기능을 로켓처럼 작동하는 기능으로 만들기로 했다. "점프대만 제대로 찾으면 맵 전체를 날아서 가로지를 수도 있었어요. 사실 너무 과장된 기능이었죠."라고 라이언은 말한다.

라이언이 만든 기능이 빛을 발하게 된 계기는 당시 팀에서 레벨 설계 담당자가 인류 멸망 후의 뉴욕을 배경으로 하는 거대한 스테이지를 만든 일이었다. "부서진 고속도로와 넓은 바다, 물이 차오르는 마천루들 위를 엄청나게 큰 점프로 날아다닐 수 있었습니다."라고 라이언은 회상한다. "착지가 가능한 땅을 찾을 때까지 높은 속도를 유지하면서 고층 빌딩 옥상 사이를 크게 점프하면서 다녀야 했어요."

이후 복잡한 이유로 최종 버전에서 뉴욕 스테이지가 제외됐지만, 라이언은 그 부분을 반복해서 플레이하며 애프터버너 기능을 계속 개선했다. "몇 년 지나면 이런 어이없게 큰 점프와 로켓으로 게임을 만들 수 있지 않을까 하는 생각을 했어요."

몇 년 동안 라이언은 게임 관련 일을 계속했다. 〈플라이트 컨트롤Flight Control〉을 만들기 전인 파이어민트Firemint에서 일하기도 했고, 트루 액시스 피직스 SDKTrue Axis Physics SDK라는 물리 게임 엔진을 직접 개발하기도 했다. 그 무렵 라이언은 아이폰 개발에 대단한 확신을 가지고 있던 앤디 코츠Andy Coates를 알게 됐다. 그를 만나기 전까지 라이온은 iOS 플랫폼으로 개발할 생각이 없었으나 코츠의 설득으로 마음을 바꿨다고 한다.

코츠가 보기에 당시 아이폰 게임 중에는 스턴트를 기반으로 한 레이싱 게임이 없었고, 시장에 큰 구멍이 있는 셈이었기 때문에 라이언의 오래된 아이어가 다시 빛을 보게 됐다. 〈트랙 매니아Track Mania〉나 〈스턴트 카 레이서Stunt Car Racer〉 등의 고전 게임에서 영감을 얻은 라이언과 코츠는 핵심적인 아이디어 하나를 도출해낸다. "저희가 최고의 드라이빙 엔진을 사용해서 이 게임을 정말 훌륭한 아이폰 게임으로 만들 수 있다는 확신이 들었습니다."

흥미로운 사실

- 라이언은 2011년 말 현재 〈제트 카 스턴트〉 2탄의 개발이 진행 중이라고 확인해줬다.
- 〈제트 카 스턴트〉의 미니멀리즘적인 미술 스타일은 굉장한 인기를 끌었는데, 팀에 미술을 할 줄 아는 사람이 없기 때문에 그런 방식으로 만들 수 밖에 없었다고 한다.

라이언은 〈제트 카 스턴트〉의 모든 레벨을 직접 설계했다. 그 전까지는 누군가

에게 고용된 프로그래머였지만, 이번 일은 해방감이 느껴지는 작업이었다. 그는 의도적으로 이 게임을 잔인할 정도로 어렵게, 하지만 모든 맵에서 지름길을 찾을 수 있도록 설계했다.

6개월의 개발 끝에 트루 액시스는 〈제트 카 스턴트〉를 대중에 공개했고, 결과는 성공적이었다. 대중에게 좋은 평가를 받았고 2009년의 최고 게임에도 몇 차례 선정됐다. 라이언은 판매량에 대해 정확한 수치를 말해주지 않았지만, 자신과 코츠는 게임이 오랫동안 꾸준히 이어지는 판매량에 계속 놀라고 있다고 한다. "저희 게임이 계속해서 팔리고 있고, 인기도 있어요. 저희의 다음 프로젝트로 다시 한 번 사람들을 즐겁게 해주고 싶습니다."

카로시

플랫폼 : 아이패드/아이폰/아이팟 터치(유니버설 앱)
가격 : 0.99달러
개발사 : 제스 벤브룩스(Jesse Venbrux)
퍼블리셔 : 요요 게임즈(YoYo Games)
발매일 : 2011년 2월 7일

게임 소개

비디오 게임을 하는 모든 플레이어의 목표는 단 한 가지다. 그렇다. 죽지 않는 것이다. 너무 당연한 부분이라서 설명서에 제대로 적혀 있지도 않다. 날아오는 총알은 피해야 하고, 바닥이 없는 구멍으로 떨어지면 안 된다. 죽는 것은 나쁘다. 죽음은 패배와 동의어다.

〈카로시Karoshi〉는 그런 생각을 근본적으로 뒤집은 비뚤어진 게임이다. 게임 속 주인공은 '카로시'라는 이름을 가진, 과로에 지친 일본의 직장인이다. 그의 유일한

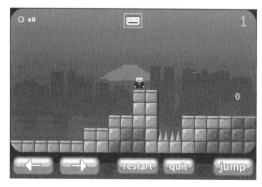

소원은 스스로 목숨을 끊는 일이다. 플레이어의 목표는 각 레벨에서 카로시의 자살을 도와 쉽고 빠르게 죽을 수 있는 방법을 찾는 것이다. 자살은 매우 다양한 방법으로 이뤄진다. 초기에는 뾰족한 철심 위로 점프하는 간단한

방법으로 끝낼 수 있지만, 레벨이 높아지면서 카로시가 낙하하는 물체에 깔리게 만들기 위해서 복잡한 연쇄반응을 이끌어 내는 스위치를 누르거나 하는 식의 방법을 찾아내야 한다.

〈카로시〉는 소름 끼치는 블랙 유머를 보여주는 게임이지만, 다른 플랫폼 게임의 퍼즐 풀이와는 정반대의 목적을 달성해야 하기 때문에 퍼즐 풀이는 종종 흥미진진하다. 일반적인 게임에서는 주인공이 죽는 원인이 여러 가지가 될 수 있지만, 〈카로시〉에서는 주인공을 죽일 수 있는 단 한 가지 방법을 찾아야 한다. 이는 보통 여러 번의 시행착오를 겪어야 찾을 수 있다.

게임이 진행되어 카로시의 직장 상사와 아내가 등장하면 퍼즐이 더욱 흥미진진해진다. 카로시가 직장 상사를 건드릴 때마다 카로시는 슬퍼진다. 그 결과 세상은 더욱 우울해지고, 카로시의 점프력이 약해진다. 게다가 무엇이든 즐거웠던 것들이 모두 죽어가게 된다. 예를 들어, 꽃밭은 날카로운 철심 밭으로 바뀌고 카로시의 빠른 죽음을 위해 사용될 수 있다. 반대로, 직장 상사가 죽을 때마다 카로시는 행복해지고 점프력이 향상된다.

오히려 이런 점은 약과다. 가장 비정상인 부분은 카로시의 부인을 건드리면 카로시는 행복해지고, 부인이 죽으면 카로시가 슬퍼지는데, 그 점을 이용해야 하는 경우가 있다. 어떤 레벨에서는 카로시가 부인을 죽이고, 그 결과로 세상을 슬프고 위험하게 만들어야 비로소 카로시가 자살할 수 있다. 다시 말하지만 카로시는 말도 안 될 정도로 어두운 게임이기 때문에 집에 어린 아이가 있다면 게임을 하지 못하게 하길 권한다. 하지만 게임의 주제에 특별히 상처받지 않는 성인들에게 카로시는 플레이어의 기대를 쥐락펴락 하는 기막힌 게임이라고 할 수 있다.

게임 비화

일본에서 '카로시'라는 말은 젊은 직장인들이 과로로 인해 급사하는 일본의 독특한 사회 문제를 뜻한다(한국어의 과로사와 같은 말이다 - 옮긴이). 이는 매우 심각한 문제이고 일본 노동청은 1980년대 후반부터 '카로시'에 대한 죽음의 통계를 펴내고 있다. 일본의 유명한 사업가들이 업무와 관련된 스트레스로 죽는 사건이 연이어 일어난 후였다. "첫 번째 〈카로시〉 게임은 원래 단순한 농담 정도밖에 안 되는 게임이었습니다."라고 〈카로시〉 시리즈의 제작자인 제스 벤브룩스는 말한다. 벤브룩스는 어덜트 스윔Adult Swim의 유명한 플래시 게임인 〈5 미니츠 투 킬5 Minutes to Kill Yourself〉이라는 게임에 대해서 읽고 나서 마이클 케인 오라일Michael "Kayin" O'Reilly가 제작한 극악 난이도의 플랫폼 게임인 〈아이워너비더가이I Wanna Be The Guy〉를 플레이해봤다. "〈아이워너비더가이〉를 하다 보면 캐릭터들이 죽을 때 어떤 소리나 비디오가 나오는데 저는 그 느낌이 좋았어요. 그래서 그런 서로 다른 아이디어가 모여서 〈카로시〉가 탄생하게 됐죠."라고 벤브룩스는 말한다.

벤브룩스는 첫 번째 〈카로시〉를 윈도우용 무료 게임으로 제작했다. 그 외에도 〈아마 여러분은 할 수 없을 걸You Probably Won't Make It〉이나 〈먹이를 줘야 해They Need To Be Fed〉 등의 프로그램을 무료로 공개한 바 있다. 놀랍게도 〈카로시〉는 벤브룩스의 게임 중에서 가장 큰 인기를 끌었다. 벤브룩스는 자연스럽게 후속편을 만들었다. 그 후에도 몇 편의 후속편을 더 만들어, 총 5개의 〈카로시〉 게임이 PC와 플래시용으로 나오게 됐고, 그가 만든 소프트웨어 중에서 가장 인기가 많았다.

> **통계**
> ■ **개발 기간** : 3개월

후에 〈카로시〉를 PSP용 버전으로 만들지 않겠냐는 제안을 들고 요요 게임즈YoYo Games가 벤브룩스를 찾아왔다. 벤브룩스는 기존 버전을 가지고 새 플랫폼으로 간단히 포팅할 수 있었지만, 새로운 아이디어를 찾아 완전히 새로운 여섯 번째 〈카로시〉 게임을 만들기로 결정했다. 이를 위해 카로시의 부인과 직장 상사 캐릭터를 등장시켜 각각의 역할과 기능을 설정했다. "등장한 사람들의 사연이 퍼즐 풀이에 역할을 할 수 있도록 만들었습니다."라고 그는 설명한다. "일본 TV 드라마를 보다가 그 아이디어를 떠올렸습니다. 요즘은 등장 인물 사이의 관계도를 인터넷에서 찾아볼 수 있거든요."

벤브룩스가 〈카로시〉를 독특하게 만들어줄 특징들을 거의 완성했을 무렵, 퍼블리셔 쪽에서 막판 변경을 요구해왔다. "게임이 거의 다 완성됐는데, 요요 게임즈 측은 모바일 게임으로 집중하는 편이 좋겠다는 말을 하더군요."라고 벤브룩스는 말한다. 그리고 결국 아이폰용 발매로 결정됐다. 이는 벤브룩스에게 별로 좋지 않은 상황이었는데, 아이폰의 터치스크린이나 중력 센서 등을 전혀 고려하지 않은 채로 게임과 퍼즐을 만들었기 때문이었다. 그는 만약에 카로시 게임을 하나 더 만들 기회가 생긴다면, 사용되는 기기의 특성을 최대한 살리는 설계를 하고 싶다고 말한다.

> **흥미로운 사실**
>
> ■ http://www.venbrux.com/karoshi.php에서 〈카로시〉 시리즈의 1탄부터 5탄까지의 게임들을 무료로 즐길 수 있다.
> ■ 〈카로시〉는 안드로이드, PSP, PS3용으로도 출시됐다.
> ■ 폴아웃 3(Fallout 3)의 프로듀서인 개빈 가터(Gavin Carter)는 자신의 글에서 〈카로시〉 시리즈에 대한 애정과 창의적인 퍼즐에 대해 칭찬한 적이 있다.

요요 게임즈는 〈카로시〉의 다운로드 횟수에 대해 언급을 꺼리고 있지만, 벤브룩스의 말로는 게임 매출로 매달 괜찮은 액수의 돈을 벌고 있다고 한다. 이는 오랫동안 무료 게임을 제작해온 개발자에게 생긴 큰 변화다. 벤브룩스는 자신의 게임을 즐기는 사람을 볼 때 가장 큰 기쁨을 느낀다고 한다. "게임을 하는 사람들이 제가 원하는 부분에서 실수를 하는 걸 볼 때가 너무 좋아요."라고 그는 말한다. "사람들이 제가 원하는 방향으로 플레이하기를 바라면서 레벨 설계를 합니다. 저의 예측이 맞아 떨어지는 순간이 정말 만족스럽죠."

다소 역설적이고 재미있는 사실 하나, 벤브룩스는 현재 일본 기업인 큐게임즈 Q-Games에서 일하고 있다.

라비린스 2

플랫폼 : 아이폰/아이팟 터치(아이패드 버전은 별도로 발매됨)
가격 : 4.99달러
개발사 : 일루전 랩스(Illusion Labs)
발매일 : 2009년 12월 1일

게임 소개

여기 믿을 수 없을 정도로 간단한 아이디어로 시작한 게임이 있다. 아이폰을 기울여 작은 공을 굴려 구멍 안에 넣는다. 하지만 그것이 전부는 아니다. 부실한 게임 개발자라면 미로 몇 개와 간단한 장애물로 만든 열댓 개의 레벨을 제공하면 충분하지 않겠냐고 하겠지만, 일루전 랩스는 〈라비린스 2Labyrinth 2〉를 위해 모든 것을 쏟

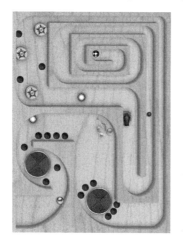

아 부었다. 매력적인 3차원 그래픽, 멀티플레이어 모드, 모든 기능을 사용할 수 있는 레벨 에디터와 공유 기능, 둘 이상의 공과 자석을 이용하는 게임 요소, 아이패드 전용 레벨 등을 제공하는 〈라비린스 2〉는 최고의 공 굴리기 게임이라고 할 수 있다.

당연하게도 〈라비린스〉 3탄이 만들어질 가능성은 거의 없다. 수많은 사용자들이 만들어 놓은 수백 수천 개의 레벨들 덕분에 이미 무제한의 콘텐츠를 즐길 수 있기 때문이다. 현재의 버전에서 더

개선할 사항이라고는 퍼즐 요소를 더 많이 추가하고, 플레이 모드를 몇 가지 추가하는 정도이다. 더 바란다면, 함정으로 가득한 긴 트랙이 나오는 경주 모드나 온라인 멀티플레이어 등이 추가되면 좋겠다는 생각이 든다.

할 수 있는 일이 많다는 점이 〈라비린스 2〉의 전부는 아니다. 그 모든 요소가 정말 기가 막히게 만들어졌다는 점이 중요하다. 공의 움직임은 극도로 정확하고, 특히 아이패드 2에서는 환상적인 그래픽을 감상할 수 있다. 게다가 같은 판을 반복해서 플레이하는 일이 무안할 정도로 수많은 퍼즐이 제공된다. 〈라비린스 2〉는 제대로 만들어진 iOS 게임이란 무엇인지 보여주는 완벽한 본보기다.

게임 비화

역사상 첫 번째로 만들어진 아이폰 게임이 바로 〈라비린스〉 1탄이었다. 앱스토어가 처음 시작할 때 500여 개의 애플리케이션이 함께 공개됐지만, 〈라비린스〉는 앱스토어가 존재하기 전부터 판매되고 있었기 때문이다. 칼 루드버그Carl Loodberg와 안드레아스 앨프턴Andreas Alptun은 아이폰의 개발자 도구가 공개되기 전에 이미 〈라비린스〉를 만들었고, 페이팔PayPal을 이용해 게임을 팔고 있었다. 앱스토어가 문을 열었을 때 스토어에 게임을 올리는 일은 그다지 어려운 일이 아니었고, 그 과정에서 제작사인 일루전 랩스가 공식적으로 결성됐다. 그때쯤 루드버그와 앨프턴은 두 명의 인물을 영입했고, 그 중 한 사람이 〈라비린스 2〉의 제작 과정에 대한 인터뷰에 응해준 마커스 앤더슨Marcus Andersson이다.

> **통계**
> - **개발 기간** : 9개월
> - **총 예산** : 300,000달러
> - **다운로드 횟수** : 500,000번

〈라비린스〉 1탄에 이어 〈터치그라인드Touchgrind〉를 출시한 일루전 랩스의 제작팀은 다음 프로젝트를 준비하기 시작했다. "아이디어는 넘칠 정도로 많았지만, 다음 게임은 극히 직관적이고 획기적인 게임으로 만들고 싶었습니다."라고 앤더슨은 말한다. "새 게임에 대한 기준을 아주 높게 세웠기 때문에 저희 아이디어 중에 100% 마음에 드는 것이 하나도 없었어요. 결국 완전히 새로운 아이디어를 찾기보다는 〈라비린스〉의 속편을 만들기로 했습니다."

일루전 랩의 생각으로 〈라비린스 2〉는 1탄을 훨씬 뛰어넘는 게임이 되어야 했다. 온라인 레벨 에디터를 확장하고, 장애물의 종류를 늘리고, 멀티플레이어 모드를 추가하고, 3차원 요소의 시각 효과를 개선하는 등의 계획을 세웠다. 프로그램이 가능한 매끄럽게 작동할 수 있도록 1탄에서 사용된 소스 코드는 모두 버리고 처음부터 새로 시작했다.

흥미로운 사실

- 〈라비린스〉의 가격은 시종일관 5달러였다. "저희는 가격을 바꾸는 식의 판촉 행사는 별로 의미가 없다고 생각합니다."라고 앤더슨은 말한다.
- 일루전 랩은 맥 OS X용으로 터치그라인드를 제작했고, 맥 앱스토어에만 발매했다. 이는 맥북의 멀티터치 트랙패드를 흥미롭게 사용할 수 있는 게임이다.
- 일루전 랩스의 다른 앱으로 〈스웨이(Sway)〉와 〈푸스볼 HD(Foosball HD)〉 등이 있다.

개발팀의 규모를 확장하려는 의지가 있었기 때문에 〈라비린스 2〉 개발 과정에서 별다른 문제는 없었다고 한다. 최종적인 팀 구성은 소프트웨어 개발자 다섯 명, 미술 감독 한 명, 3차원 그래픽 디자인을 담당하는 파트 타임 직원 한 명으로 이뤄졌다. 개발 과정에서 가장 어려웠던 부분은 레벨 생성 시스템을 만드는 일이었고, 깔끔한 인터페이스를 유지하면서 재미있는 레벨을 만들기 위해 모든 요소 사이의 균형을 유지하는 일이 쉽지 않았다고 한다. "레벨 제작 과정을 조금 더 단순화하기 위해 원래 게임이 가진 논리 시스템의 복잡성을 조금 낮춰야 했습니다."라고 앤더슨은 설명한다. "그 결과로 꽤 직관적인 유저 인터페이스로 만들어낼 수 있었지만, 이해하기 쉬우면서 많은 기능을 가진 유저 인터페이스를 결정하기 위해서 정말 많은 토론과 디자인 작업이 필요했습니다."

〈라비린스 2〉, 특히 아이패드용의 HD 버전은 큰 인기를 누렸다. 일루전 랩스는 〈라비린스 2〉로 수백만 달러의 수익을 올렸고, 회사의 규모를 키워 아이패드용 최고의 푸즈볼 게임을 포함한 다수의 iOS용 게임을 제작하고 있다.

란다 판다

플랫폼 : 아이폰/아이팟 터치(아이패드 버전은 별도로 발매됨)
가격 : 0.99달러
개발사 : 빅 픽셀 스튜디오(Big Pixel Studios)
발매일 : 2011년 3월 9일

게임 소개

〈란다 판다Land-a Panda〉를 보면 닌텐도의 〈동키 콩 컨트리Donkey Kong Country〉 시리즈의 나무통 대포가 나오는 레벨이 떠오른다. 〈란다 판다〉는 기본적으로 동키 콩의 나무통 레벨의 기본 개념을 따와 확장시킨 게임이다. 이 게임에서 여러분은 양광Yang Guang이라는 판다 곰이 되어 티엔티엔Tien Tien이라는 작고 귀여운 여자친구 판다에게 도착해야 한다. 게임 속에서 판다 곰을 직접 조종하는 방법은 없다. 나무통에 들어 있는 판다를 대포처럼 발사해 다른 나무통으로 넣기 위해서 화면을 간단히

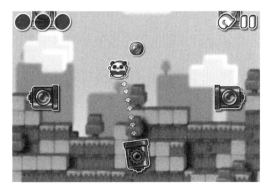

탭하면 된다. 각 나무통은 움직이거나, 회전하거나 자동으로 발사되기 때문에 게임의 많은 부분은 주로 타이밍 맞추기에 집중돼 있다. 예를 들어, 나무통 두 개가 올바른 위치에 오는 타이밍에 맞춰 양광을 발사해서 다른 나무통

에 넣어야 하는 식이다.

게임은 굳이 현실적인 면을 강조하지 않기 때문에, 판다는 게임 내내 하늘을 붕붕 날아다닌다. 즉, 나무통 대포를 제대로 조준해서 발사하지 않는다면, 양광이 추락한다는 의미다. 게임이 진행되면 날아다니는 적이나 함정이 판다에게 큰 위협이 되기 때문에, 조심스럽게 장애물을 피해 동전을 모으고 여자친구 티엔티엔에게 도착하기 위한 창의적인 방법을 찾아야 한다.

결론적으로 〈란다 판다〉는 한입거리 정도 되는, 마음 편한 퍼즐 게임이다. 머리에 쥐가 나도록 골몰해야 하는 게임은 분명히 아니고, 아마도 간식처럼 생각할 수 있는 게임이다. 더 제대로 된 게임을 원한다면 〈인피니티 블레이드Infinity Blade〉나 〈오스모스Osmos〉 같은 든든한 고기 요리 같은 게임을 찾아보는 편이 낫다. 〈란다 판다〉는 손에 잡히는 대로, 자신의 기량만큼 즐길 수 있는 게임이다. 그런 게임을 원한다면 반드시 이 판다 쏘기 게임을 시작해보자.

게임 비화

빅 픽셀 스튜디오Big Pixel Studios는 이 책의 주 독자가 되는 일반적인 인디 게임 개발자들보다는 조금 더 경험이 많은 편이다. 또한 자신들의 오리지널 게임 개발을 위해 자주 용역 개발을 맡아 하고 있다. 회사의 CEO인 폴 비라펜Paul Virapen은 이를 안전한 전략이라고 표현했다. "최악의 상황이 생겨 저희 게임이 앱스토어 시장에서 완전히 실패하더라도 회사가 망하지 않고 입에 풀칠이나마 할 수 있는 방법입니다."라고 비라펜은 말한다.

> **통계**
> - **개발 기간** : 3개월
> - **총 예산** : 56,000달러
> - **다운로드 횟수** : 150,000번

오리지널 게임을 새로 기획하던 빅 픽셀은 간단하고 효율적인 방법을 택했다. "팀원 중 누군가가 초기 아이디어를 제안하면, 저희는 모두 함께 그 가능성에 대해서 토론을 합니다. 토론 결과를 간단하게 종이 한 장 분량으로 요약하고, 그 내용을 기반으로 개발자가 데모 버전을 빠른 시간 안에 만들어봅니다."라고 비라펜은 말한다.

〈란다 판다〉의 데모 버전은 며칠 안에 완성됐다. 그 때는 아직 캐릭터의 종류를 정하지 않았기 때문에 동그라미를 대포로 발사하는 게임에 불과했다. 비라펜에 따르면, 당시 만들어지던 데모들은 그다지 재미있지 않았고 진행하던 데모 개발을 중단하는 일이 종종 있었다고 한다.

〈란다 판다〉의 초기 포로토타입은 빅 픽셀 팀의 관심을 끌었고, 곧 게임에 살을 붙여나가기 시작했다. 최대 3개월의 시한을 정해놓고 엄격하게 지키기로 했다. 오리지널 게임을 여러 번 제작하면서 얻은 경험으로 새 프로젝트는 가능한 짧게 가져가고, 위험도를 낮추는 전략이었다. 그리고 게임의 주인공을 정해야 할 때가 됐다. "처음에 고양이나 강아지 같은 동물을 주인공으로 해봤더니 뭔가 허전하게 느껴졌어요."라고 비라펜은 말한다.

그러던 중 판다를 주인공으로 한다는 아이디어가 나오자 모든 문제가 해결됐다. 판다는 귀여운 동물이기도 했고, 화면 반대편에 있는 여자친구를 찾아간다는 설정에도 나름의 그럴듯한 이유를 만들어주기도 했다. 판다는 거의 멸종위기이므로 아기 판다가 생겨야 하기 때문이다. "자이언트 판다가 번식에 문제가 있고, 멸종 위기라는 사실을 모르는 사람은 거의 없다고 생각합니다. 이 두 판다를 연결시켜줘서 판다를 위기에서 구하는 설정이 좋아 보였습니다."라고 비라펜은 말한다. 암컷 판다가 금을 많이 가진 수컷 판다를 밝힌다는 설정은 나중에 추가됐다. "판다 캐릭터에 약간 인간적인 요소를 넣어도 좋을 듯 했죠."라고 비라펜은 설명한다.

흥미로운 사실

- 빅 픽셀은 마블(Marvel)의 〈토르 플래시(Thor Flash)〉 게임을 대단한 완성도로 제작했다. 토르:브링 더 선더!(Thor: Bring the Thunder!)로 검색하면 찾을 수 있다.
- 빅 픽셀의 홈페이지(http://bigpixelstudios.co.uk/) 대문에는 정말로 희한한 플래시 게임이 있다. 동전을 모두 모으면 깜짝 놀랄만한 일이 생긴다!
- 〈란다 판다〉에서 매 스테이지를 동전을 절반 이상 모으고 게임을 마치면, 예상치 못하게 전개되는 스토리를 볼 수 있다.
- 빅 픽셀 스튜디오의 다른 앱으로 〈피요 블록스 2(Piyo Blocks 2)〉와 〈미유미유 해피 파이트(Meow Meow Happy Fight)〉 등이 있다.

〈란다 판다〉는 큰 성공을 거뒀다. 비라펜은 애플이 〈란다 판다〉를 대부분의 유럽 앱스토어에 금주의 아이폰 앱으로 선정해준 덕이 크다고 평가한다. "대부분의

iOS 개발자가 알고 있겠지만, 앱스토어에 추천 목록에 오르는 일은 다른 어떤 홍보보다 훨씬 효과적입니다."라고 말한다. 〈란다 판다〉 발매 후 빅 픽셀은 처음 80 단계였던 게임 레벨을 50% 더 늘렸다. 업데이트는 언제나 환영할만한 일이지만 이제는 필수 사항이 되었다.

미니고어

플랫폼 : 아이폰/아이팟 터치(아이패드 버전은 별도로 발매됨)
가격 : 0.99달러
개발사 : 마운틴 쉽(Mountain Sheep)

게임 소개

거의 없는 것과 다름 없는 스토리와 비교적 빈약한 콘텐츠를 가지고 있음에도 불구하고, 〈미니고어Minigore〉는 처음으로 만들어진 훌륭한 듀얼 스틱 iOS 게임 중 하나다. 게임의 설정은 간단하다. 숲 속을 무대로 사방팔방 쏟아져 나오는 검은색의 작은 털북숭이 괴물들을 해치우는 게임이다. 커다란 괴물들을 기관총으로 쏘면 작은 괴물들로 분리된다. 게임을 진행할수록 더 빠른 괴물이 더 많이 나오게 되고 여러분이 무릎을 꿇을 때까지 쏟아져 나온다.

〈미니고어〉는 업데이트될 때마다 크게 달라졌다. 처음의 〈미니고어〉는 기관총을 들고 여러분을 죽이고 싶어하는 괴상한 작은 생물체와 싸우는 게임이었다. 지금은 여러 가지 무기 아이템을 얻을 수 있고, 선택할 수 있는 캐

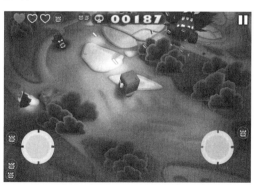

릭터가 굉장히 많아졌으며, 숲 속 이외에도 다양한 장소에서 싸울 수 있다.

비록 가상 조이스틱 방식을 사용하지만, 그다지 거슬리지 않고 효과적으로 사용할 수 있다. 사실 내가 가상 조이스틱을 사용한 게임도 꽤 할만하다는 사실을 발견한 게임이기도 하다. 발매한 지 2년된 게임이지만 여전히 앱스토어의 게임 중 가상 컨트롤을 가장 훌륭하게 구현한 게임 중 하나이다.

〈미니고어〉는 그리 심오한 게임이라고 할 수 없다. 레벨이 올라가는 게임도 아니고 캠페인 모드도 없다. 하지만 훌륭한 아케이드 슈팅 게임이며, 고득점을 위해 반복해서 플레이할만한 게임이다. 또한 고득점이 되면 새로운 캐릭터의 봉인이 풀리는 점도 재미있는 부분이다.

게임 뒷이야기

2008년 여름, 마운틴 쉽은 막 첫 번째 게임을 제작 완료한 상태였다. 〈슈퍼 하인드 Super Hind〉라는 이름의 PSP 게임이었는데, 사실 그다지 잘 팔리지 않았다. 제작 예산은 예정된 금액에서 수십만 달러를 초과했고, 손해가 매우 컸다. 열 명의 인력이 제작에 매달렸지만 〈슈퍼 하인드〉의 발매 후 대부분 회사를 떠날 수 밖에 없었다.

```
┌─────────────────────────┐
│          통계           │
│ ■ 개발 기간 : 6개월       │
│ ■ 총 예산 : 55,000달러    │
│ ■ 총 다운로드 횟수 : 3,000,000번 │
└─────────────────────────┘
```

〈미니고어〉 제작 당시의 마운틴 쉽은 정말 허리띠를 단단히 졸라매야 했다. 제작팀에는 단 두 명만 남아 있었다. 티모 비홀라Timo Vihola와 키모 비홀라Kimmo Vihola 형제였다. "사느냐 죽느냐의 상황이었습니다."라고 티모는 말한다.

두 형제는 포기하지 않고 새로운 액션 게임을 만들기로 했다. 플레이스테이션 네트워크용 게임을 염두에 두고 있었다. 당시 비홀라 형제는 15개 정도의 게임 아이디어를 프로토타입으로 만들어 작업 중이었는데, 그 때 비홀라가 아이폰을 샀고, 앱스토어에서 게임을 다운로드했다. "바로 알아차렸어요. 이건 단순히 전화기나 MP3 플레이어가 아니구나. 아이폰은 진짜 끝내주는 게임 플랫폼이잖아!"라고 비홀라는 회상한다. 곧 〈미니고어〉의 아이디어를 떠올리고, 그 동안 작업하던 게임들은 모두 제쳐 놓고 즉시 〈미니고어〉 제작에 착수했다.

몇 달 후, 칠링고가 〈아이드라큘라iDracula〉라는 듀얼 스틱 슈팅 게임을 발매했다. "〈아이드라큘라〉는 듀얼 스틱 슈팅 게임으로 나온 iOS 게임 중에서 처음으로 괜찮게 나온 게임이었습니다."라고 비홀라는 말한다. 꽤 잘 만들어진 이 게임으로 인해서 마운틴 쉽은 그와 비슷한 조종 방식을 사용한 완성도 있는 게임을 만들 수 있겠다는 확신을 갖게 됐다.

〈미니고어〉 제작 중에 여러 가지 기술적인 문제들과 맞닥뜨려야 했다. 그 전까지 작업하던 PSP용 게임 엔진을 기반으로 제작 중이었는데 이를 아이폰용으로 변환하는 작업이 매우 까다로웠다. "PSP는 폴리곤에서는 뛰어나지만, 텍스처에서는 좋지 못했습니다. 그리고 아이폰 3G는 정반대라는 사실을 알게 됐죠."라고 비홀라는 설명한다.

〈아이드라큘라〉가 뛰어났던 이유는 2차원 게임이었기 때문이었다. 〈미니고어〉는 거의 모든 부분에서 3차원 시스템이었다. 이는 매우 큰 문제였고, 마운틴 쉽으로서는 거의 극복할 수 없을 것 같았다. "발매 한 달 전까지 게임을 실행시키면 화면에 적 몇 마리만 나와도 초당 5프레임밖에 나오지 않았습니다. 정말 끔찍한 상황이었어요."라고 비홀라는 말한다. 비홀라 형제는 모든 캐릭터를 대상으로 폴리곤 숫자를 과감하게 줄이고, 광원 효과도 변경하는 식으로 게임을 다듬어서 겨우 발매 스케줄에 맞출 수 있었다. 그리고 그들의 노력은 보상을 받았다. 발매 후 2년 동안 〈미니고어〉는 상위 100 액션 게임 차트에 올라있었다.

업데이트 때마다 계속해서 다른 게임에 나오는 캐릭터를 〈미니고어〉에 도입해서 게임을 질리지 않게 만든다는 점은 주목할 만하다. 〈미니고어〉에서 적들을 많이 죽이면 〈엔바이로 베어 2010〉의 엔바이로 베어, 〈훅 챔프〉의 제이크Jake, 일루전 랩스의 〈스웨이Sway〉에 나오는 리지Lizzie 등의 캐릭터로 플레이할 수 있다. 이런 업데이트로 인해서 〈미니고어〉는 최대한 오랫동안 상위 차트에 머무를 수 있었고, 비홀라는 계속해서 괜찮은 매출을 올리고 있다고 한다. "이제 저희는 진짜 사무실에서 여섯 명의 풀타임 직원들과 함께 〈미니고어〉 작업을 하고 있습니다."

무너져가던 마운틴 쉽이 돌아왔다!

원숭이 섬의 비밀 스페셜 에디션 1, 2

플랫폼 : 아이폰/아이팟 터치(아이패드 버전은 별도로 발매됨)
가격 : 2.99달러
개발사 : 루카스아츠(LucasArts)
발매일 : 2010년 7월 6일

게임 소개

〈원숭이 섬의 비밀The Secret of Monkey Island〉 시리즈는 포인트 앤드 클릭point-and-click 방식의 어드벤처 장르 초창기에 나온 위대한 게임 중 하나다. 해적이 되고 싶어 안 달하는 가이브러시 쓰립우드Guybrush Threepwood가 익살스럽고 해학이 넘치는 줄거리를 만들어나간다. 2탄에서 가이브러시의 캐릭터는 급격하게 변하지만 게임플레이 방식은 그대로 유지됐다. 여러 사건을 겪으며 많은 장소를 옮겨 다니고, 다른 인물들과 수다를 떨고, 인벤토리에 차곡차곡 챙겨놓은 아이템으로 퍼즐을 푼다.

iOS용으로 리메이크된 〈원숭이 섬의 비밀〉과 〈원숭이 섬의 비밀 2: 리척의 복수Monkey Island 2: LeChuck's Revenge〉는 제작사가 팬들에게 선물하는 대단한 팬 서비스라고 할 수 있다. 그리고 아이패드로 즐기기에 매우 적합한

게임이다. 성우들의 대사 연기가 새로 추가됐고, 사운드트랙은 완전히 새로 만들어졌으며, 고해상도 그래픽과 오리지널 도트 그래픽 사이를 게임 중 어느 상황에서도 쉽게 오갈 수 있다. 심지어 2탄에는 오리지널 게임의 공동 작가인 론 길버트Ron Gilbert, 데이브 그로스먼Dave Grossman, 팀 섀퍼Tim Schafer가 참여한 오디오 코멘터리가 포함돼 있다. 이는 특정 지역에 들어가거나 나갈 때 나온다. iOS 리메이크의 가장 중요한 특징은 향상된 그래픽과 성우들의 목소리 연기로 인해 전체적으로 완전히 새로운 게임으로 느껴지는 경험을 제공하면서도 원작의 묘미를 그대로 유지하고 있다는 점일 것이다.

포인트 앤 클릭 방식의 어드벤처 게임에 조금이라도 흥미가 있는 사람이라면 iOS판 〈원숭이섬의 비밀〉 시리즈에 관심이 생길 수밖에 없다. 어드벤처 장르의 역사에서 가장 초기에 나온 작품들이면서도 지금까지 그 수준에 도달한 작품이 별로 없을 정도로 매우 완성도가 높은 게임이기 때문이다. 아쉽게도 이제 이런 종류의 게임은 쉽게 찾아볼 수 없게 됐다. 물론 〈머시나리움Machinarium〉의 아이패드 버전도 대단히 훌륭한 게임이지만 이는 극히 드문 예외다. 〈원숭이섬의 비밀〉 시리즈는 게임의 역사에서 매우 중요한 위치를 차지하고 있는 작품이고, 모습을 바꿔 새로 나온 이번 버전도 충분히 해볼만한 가치가 있다.

게임 비화

크레이크 데릭Craig Derrick은 자신이 루카스아츠LucasArts에 처음 출근한 날부터 이야기를 시작한다. 입사 전부터 원숭이섬의 비밀을 만들고 싶어했던 그는 큰 기대를 가지고 입사했지만, 곧바로 희망이 꺾이게 됐다. "고전 어드벤처 게임의 황금기는 이미 지나가버렸고, 새로운 방향으로 나가야 한다는 분위기가 확고했어요."라고 데릭은 말한다. 처음엔 실망했지만, 기회가 있을 때마다 회사 상관들에게 자신이 정말로 사랑했고, 이제 점점 나이가 들어가는 게임 시리즈를 재조명해야 한다고 끊임없이 설득했다고 한다

데릭은 루카스아츠에서 캐릭터에 대한 새로운 아이디어와 새로운 게임에서 쓸 수 있는 게임 세계관을 개발하는 팀을 이끌었다. 2007년 중반, 데릭이 이끌던 팀

통계

■ 〈원숭이 섬의 비밀〉 1탄의 처음 나왔을 때 담긴 플로피 디스크의 숫자 : 8
■ 〈원숭이 섬의 비밀〉 2탄의 플로피 디스크 숫자 : 11
■ 2011년 현재 플로피 디스크를 생산하는 회사의 숫자 : 0

은 내부적으로는 제 3팀으로 불렸는데, 그 동안 작업한 아이디어를 검토해서 가장 좋은 아이디어들을 조지 루카스George Lucas 앞에서 발표할 기회가 있었다. 루카스는 그 중 한 아이디어를 매우 마음에 들어 했고, 제 3팀은 초반 작업을 시작할 준비를 했다. 하지만 다음 해에 루카스아츠가 크게 개편되는 일이 있었고 제 3팀은 갑자기 맡은 일이 아무것도 없는 상황이 됐다. 루카스아츠의 신임 사장인 하워드 로프먼Howard Roffman은 데릭과의 면담에서 팀이 다음에 할 수 있는 일이 뭐가 있을지 물어보았다. 데릭은 기회다 싶었다. 〈원숭이섬의 비밀〉을 새로 만들면 어떨지 이야기했고, 로프먼도 그 아이디어가 마음에 들었다. 게임에 대한 종합적인 사업 계획이 마련되고, 데릭은 드디어 자신의 오랜 꿈을 이룰 수 있는 기회를 얻었다. 그렇게 〈원숭이섬의 비밀〉의 리메이크가 시작됐다.

〈원숭이섬의 비밀〉 스페셜 에디션을 만들면서 데릭과 팀이 직면했던 가장 큰 문제는 다른 사람에게 리메이크의 필요성을 설득해야 한다는 점이었다. "루카스아츠의 경영진은 이미 몇 년 전에 어드벤처 게임 쪽에서 철수했고, 〈원숭이섬의 비밀〉이나 〈매니악 맨션Maniac Mansion〉 같은 고전 시리즈를 다시 만들 계획이 전혀 없었어요."라고 데릭은 말한다. "그런 상황에서 저는 1990년대에 만들어져서 이제 거의 20년이나 된 고전 PC 어드벤처 게임을, 아직 성공 여부가 불투명하던 플랫폼용으로 다시 만들자는 이야기를 하는 셈이었죠. 많은 사람들이 이상한 눈빛으로 저를 쳐다봤고, 과연 가능한 계획인지 의심했어요. 하지만 당시 사장님은 그 아이디어를 마음에 들어 했고, 저희 팀에 기회를 줬습니다."

〈원숭이섬의 비밀〉 1탄의 스페셜 에디션 버전은 큰 성공을 거뒀고, 무난히 2탄의 리메이크도 제작할 수 있는 분위기가 있었다. 하지만 불행하게도 1탄에서 함께 작업했던 사람들은 대부분 이미 다른 프로젝트 때문에 팀을 빠져나간 상황이어서, 싱가포르에 기반을 둔 인력으로 새 팀원을 충원해야 했다.

〈원숭이 섬의 비밀 스페셜 에디션〉의 1탄과 2탄은 다양한 플랫폼으로 제작됐다. 엑스박스 라이브 아케이드, 플레이스테이션 네트워크, PC, iOS 등이다. 하지만 현재까지 iOS 버전에서 가장 큰 성공을 거뒀다고 한다. 이에 대해 데릭은 몇 가지 이유로 설명한다. "수준 높은 게임 그래픽이 화면에 생생하게 표현되고, 캐주얼 게임이면서도 퍼즐 풀이의 성격을 지닌 특성 때문에 포터블 기기에 잘 맞는다고 생각합니다. 짧은 시간에 몰아서 할 수 있으면서도 게임이 진전되고 있다는 느낌을 주기 때문이죠."

> ### 흥미로운 사실
>
> ■ 새로 나온 〈원숭이섬의 비밀〉에는 루카스아츠의 다른 게임인 〈그림 판당고(Grim Fandango)〉 등과 관련된 내용이 살짝 보여진다.
>
> ■ 개발 초기에 데릭은 책을 펴면 그림이 올라오는 방식을 사용한 3차원 기법을 사용해서 향수를 불러일으키는 스타일의 게임을 고려한 적이 있다고 한다.
>
> ■ 데릭은 〈원숭이 섬의 비밀〉 1탄의 스페셜 에디션 버전에도 원작자들이 참여한 오디오 코멘터리를 삽입하려고 했지만, 일정이 맞지 않아 포기했다고 한다.

데릭은 게임의 흥행에 앱스토어가 큰 역할을 했다고 말한다. 다른 플랫폼에서는 불가능하지만 앱스토어는 개발자와 소비자가 직접 대화할 수 있게 만들어준다고 보고 있다. "게임이 마음에 들거나, 혹은 싫어하는 사람들에게 바로 접근할 수 있는 링크가 있어서, 저희 개발자들이 즉석에서 사용자의 요구에 응답하는 데 쓸 수 있습니다."

루카스아츠는 판매량 수치를 공개하지 않는다고 한다. 하지만 데릭은 두 게임 모두 평가와 매출 양면으로 기대치를 훨씬 넘어섰다고 말한다.

모스 스피드런

플랫폼 : 아이패드/아이폰/아이팟 터치(유니버설 앱)
가격 : 1.99달러
개발사 : 피즈모(Physmo)
발매일 : 2011년 4월 6일

게임 소개

스피드런을 즐기는 게이머가 많이 있다. 맵을 외우고 전략을 익혀 최대한 짧은 시간 안에 게임을 클리어하는 게임 방법이다. 최근 몇 해 동안 인기를 끌었고, 유튜브에 자신의 최고 기록 영상을 포스팅하는 일이 유행이 되었다.

게임 이름에서 알 수 있는 것처럼 〈모스 스피드런Mos Speedrun〉은 스피드런을 주제로 한 게임이다. 물론 스피드런이 게임의 전부는 아니고 레벨마다 정해진 목표가 있다. 레벨을 끝내기 위해 달성해야 하는 목표가 하나 이상 있고, 레벨이 끝날 때마다 메달 하나를 얻는다. 레벨의 난이도는 높지 않다. 이 게임의 또 다른 목표는 각 레벨의 기준 시간을 통과하는 일이고, 이를 달성하면 메달을 하나 더 받는다. 기준시간 안에 통과하기 위해서는 멈추지 않고 최고 속도

로 달려야 하며, 각 레벨의 맵을 잘 알고 있어야 한다. 신중하게 맵을 돌아다니면 세 번째 메달을 얻을 수 있다.

이러한 설정의 장점은 모든 메달을 한 번에 얻을 수 없다는 점이다. 맵을 익히기 위해서 달리거나, 숨겨진 보물을 찾기 위해서는 한 번 정도만 달려도 되지만, 스피드런 메달을 받기 위해서는 여러 번 달려야 한다.

〈모스 스피드런〉의 가장 멋진 부분 중 하나는 캐릭터가 죽으면 이전 판에서 달린 내용이 기록되어, 다음에 다시 도전할 때 자기의 옛 모습이 유령으로 등장해서 같이 달린다는 점이다. 즉, 게임을 하다가 여섯 번 죽으면 다음 게임을 할 때 여섯 명의 유령 캐릭터가 나와서 함께 달린다. 자신이 했던 플레이를 문자 그대로 눈앞에서 확인하면서 플레이할 수 있기 때문에 자신의 실력이 나아지고 있음을 확실히 알 수 있는 가장 좋은 방법이다.

게임 비화

〈모스 스피드런〉의 주인공은 피즈모의 디자이너 책임자인 닉 도넬리Nick Donnelly가 쉬는 시간에 끄적대던 낙서에서 태어났다. 도넬리는 자기 그림을 영국인들이 주로 사용하던 게시판인 B3ta.com에 종종 올리곤 했다. 처음으로 캐릭터 그림을 그리고 난 뒤 몇 년 후에 도넬리와 대학 친구이자 프로그래머인 토니 맥브라이드Tony McBride와 아이폰 게임을 함께 만들 수 있을지 이야기했다. "항상 그 캐릭터를 쓸 수 있지 않을까 생각했기 때문에 8비트 그래픽을 써서 간단한 플랫폼 게임의 프로토타입을 만들기로 했습니다. 그 때부터 게임이 점점 형태가 갖춰졌습니다."라고 도넬리는 말한다.

> **통계**
> ■ 개발 기간 : 3개월. 저녁 시간과 주말

〈모스 스피드런〉 제작 초기부터 도넬리와 맥브라이드는 게임의 핵심 요소를 스피드런으로 잡았다. 플레이어가 각 레벨을 최단시간에 주파하는 재미가 게임 설계의 기본적인 전제였고, 스피드런을 충분히 고려해서 각 레벨을 디자인했다.

도넬리와 맥브라이드는 각 레벨을 수십 번씩 플레이하며 모든 요소를 더 유연하고 부드럽게 연결시키려면 어떻게 해야 할지 분석했다. 그들이 특별히 흥미를 가졌던 부분은 갑자기 죽을 수 있는, 즉 플레이어가 피할 수 없는 장애물을 없애는 과정이었다. "〈소닉Sonic〉처럼 빠르게 진행되는 플랫폼 게임을 만들 때 생기는 가장 큰 문제였습니다."라고 도넬리는 말한다. "피할 수 없는 장애물 때문에 죽게 되는 경우가 너무 많았어요."

개발을 시작한 지 한 달 정도 됐을 무렵, 두 명으로 이뤄진 피즈모Physmo 팀은 벌써 게임이 거의 완성됐다는 사실을 깨달았다. 게임은 전체적으로 각 레벨을 빨리 달려가는 점에 중점을 둬서 만들어졌지만, 일반적인 플레이어는 몇 분 정도 걸리는 시간에서 단 몇 초를 단축하는 데에 별로 흥미가 없기 때문이었다. 그리고 피즈모는 고품질의 레벨을 수백 개씩 만들어낼 여유가 없었기 때문에, 더 풍부한 즐길 거리를 만들어내는 방향으로 게임의 디자인을 변경할 필요가 있었다. "저희는 이미 각 레벨에서 어떤 목표를 달성하면 메달을 준다는 아이디어를 가지고 있었어요. 그래서 그 아이디어를 조금 바꿔서 메달을 돈처럼 바꿔 게임을 할 수 있도록 했습니다."라고 도넬리는 말한다. "이런 방식을 쓰면 게임이 얼마나 진행됐는지 알 수 있기 때문에, 플레이어가 각 레벨을 다른 방식으로 여러 번 즐길 수 있습니다."

도넬리와 맥브라이드는 세 달 동안 각자 집에서 작업했고, 드롭박스와 구글 닥스 등의 서비스로 결과를 공유하며 〈모스 스피드런〉을 완성했다. 도넬리는 구글의 서비스가 게임을 개발하기에 최적의 도구였다고 말한다. 도넬리가 그래픽과 레벨을 고쳐서 올리면, 맥브라이드는 어느 부분이 변경됐는지 바로 알 수 있었다. "90년대에 셰어웨어 PC 게임을 만들 때에는 3.5인치 플로피 디스크를 들고 다니며 작업했잖아요. 그보다는 훨씬 나은 방법이죠."라고 도넬리는 말한다.

흥미로운 사실

- 〈모스 스피드런〉은 여러분이 최고 기록을 세울 때의 영상을 자동으로 만들어주고, 유튜브에 올릴 수 있도록 해준다.
- 〈모스 스피드런〉은 아이패드와 블루투스로 연결해서 조이스틱과 버튼을 쓸 수 있게 해주는 아이케이드(iCade)를 사용하면 훨씬 더 잘 조종할 수 있다.
- 피즈모의 다른 앱으로 〈시글래스(Seaglass)〉와 〈페이스펏지(FaceFudge)〉 등이 있다.

피즈모가 완성된 〈모스 스피드런〉을 앱스토어에 등록했지만, 도넬리는 애간장

을 태우며 2주나 기다려야 했다. 어떤 개발자가 앱스토어에서 등록이 거절당했다는 사실을 알 때까지 몇 주나 기다려야 했다는 이야기를 들었기 때문에, 도넬리는 〈모스 스피드런〉이 애플의 기준에 맞도록 신경을 엄청나게 신경을 썼다. 하지만 그렇게 어렵게 출시한 〈모스 스피드런〉은 별로 관심을 끌지 못했다. "매출이 엄청나게 좋지는 않았어요."라고 도넬리는 털어놓는다. "우연히 게임을 본 사람들은 저희의 8비트 그래픽이 그다지 매력 없다고 생각한 것 같아요. 제 생각에 그런 식으로 스쳐 지나가며 게임을 접하는 사람들이 대부분이라고 생각하거든요. 쉬운 게임은 그저 잠깐의 여흥으로 즐기고 싶어하죠. 〈모스 스피드런〉은 그런 기준을 잘 맞추지 못한 것 같아요."

님블 스트롱: 바텐더 인 트레이닝

플랫폼 : 아이폰/아이팟 터치
가격 : 4.99달러
개발사 : 님블 스트롱 LLC(Nimble Strong LLC)
발매일 : 2010년 7월 10일

게임 소개

이 이야기는 인생을 완전히 망친 여러분의 이야기로 시작한다. 여러분은 부인을 잃고, 가장 친한 친구도 잃었으며, 직업도 없다. 결국 여러분은 동네 술집의 바텐더로 일하며 불행한 인생을 이어나가게 된다. 유일한 문제는 여러분이 칵테일을 만드는 방법을 전혀 모른다는 점이다. 다행히 여러분의 고객들이 기꺼이 칵테일 다루는 법을 알려주기 때문에 여러분은 칵테일 섞는 병을 흔드는 법 이외에는 달리 알아야 할 게 없다.

게임 중에는 손님들이 한가하게 찾아와서 자기들의 이야기를 털어놓는다. 의외로 상당히 흥미진진한 사연들이다. 그리고 칵테일을 주문한다. 게임에는 70가지 이상의 음료가 나오고, 재료는 원하는 만큼 쓸 수 있다. 주문 받은 음료를 만들기 위해 여러분은 실제 음료의 레시피를 알아야 하고, 레시피는 손님들이 알려준다. 또한 술잔에 여러 재료를 정확히 필요한 만큼 부어야 한다. 화면 아무 곳이나 손가락을 대면 따르는 재료의 양을 조절할 수 있다. 한 번에 정확한 양을 따라야 하는데 때로 꽤 까다로운 일이다. 〈님블 스트롱: 바텐더 인 트레이닝〉은 흥미진진하게 칵테일에 대해 배울 수 있는 게임이다. 기본적으로 게임 속의 바텐더 수업이 재미있고, 피닉스 라이트Phoenix Wright 스타일의 퍼즐 게임으로 마무리되는 게임이기 때문이다.

게임 비화

더오타쿠닷컴theOtaku.com이라는 대규모의 새 웹사이트 런칭 작업을 완료한 아담 가라마니Adam Ghahramani는 완전히 지쳐 있었기 때문에 한 달 동안 밴쿠버로 휴가를 가서 관광을 하거나 다음 사업을 구상하며 시간을 보냈다.

어느 날 가라마니는 근처 대학교에서 심즈, 심시티, 스포어 등을 만든 게임계의 살아있는 전설인 윌 라이트Will Wright가 강연을 한다는 소식을 들었고 용케 기자 출입증을 얻었다. 달변가로 알려진 라이트의 강연은 매우 강렬했고, 가라마니는 큰 영감을 받았다고 한다. "강연을 듣고 저의 웹사이트 운영 경험과 게임 산업에 관한 전문 지식으로 직접 게임을 만드는 일을 할 수 있으리라는 확신을 얻고 강연장을 나왔습니다."라고 가라마니는 말한다.

돌아오는 길에 가라마니는 어떤 게임을 만들어야 할지 생각해봤다. 개발비를 낮추고 유통을 직접 책임질 수 있어야 했다. 마침 당시에 앱스토어가 출범한 지 얼마 되지 않았을 때였기 때문에 자연스럽게 아이폰용으로 게임을 만들기로 결심했다. 그리고 일본 애니메이션 스타일의 게임으로 만들고 싶은 생각이 들었다. 이는 전혀 놀랄 일이 아니었는데, 가라마니가 당시 만든 더오타쿠닷컴이 후에 가장 인기 있는 일본 애니메이션 관련 사이트로 성장했기 때문이다.

가라마니는 〈쿠킹 마마Cooking Mama〉나 〈Wii 피트〉처럼 교육적인 요소를 가진 게임에 대해서 생각해봤다. 그 게임들이 무언가를 가르쳐주면서도 오락적인 재미를 놓치지 않는 점이 인상적이었지만, 한편으로는 정말 제대로 된 교육 수단이라고 하기에는 지나치게 단순하다는 생각이 들었다고 한다. "이런 생각들이 계속 머릿속에 맴돌다가 어느 날 어떤 건물 앞에 붙어 있는 광고를 봤는데, 수강료가 몇 백 달러 정도 하는 바텐더 강습 광고였어요. 아이디어가 마구 샘솟았고 가능성이 보였습니다."라고 가라마니는 말한다.

통계

- **개발 기간** : 1.5년
- **총 예산** : 30,000달러
- **매출액** : 15,000달러

가라마니에게 계속해서 다른 게임 아이디어가 떠올랐지만, 바텐더를 교육시키는 게임으로 자꾸 되돌아오곤 했다고 한다. 깊이 생각할수록 점점 더 마음에 들었다. 그리고 더 재미있고 교육적인 게임으로 만들기 위해서 줄거리가 있는 구조로 만들어야 한다는 생각이 들었다. "게임의 분위기를 다소 어둡게 만들고 싶었습니다. 일본 풍의 기묘한 특징들을 가지고 있으면서 서양 게임의 어두운 네오-느와르 스타일의 느낌을 주는 게임이 돼야 한다고 생각했어요."라고 가라마니는 말한다.

휴가를 끝내고 뉴욕의 집으로 돌아온 가라마니는 새 직장을 잡는 일은 뒤로 미루고 게임 아이디어에 집중하기로 했다. 사업의 첫 번째 단계는 바텐더라는 직업에 대한 자료조사였다. 사실상 바텐더가 하는 일에 대해서 거의 아는 바가 없었기 때문이었다. "친구들 중에 제가 가장 술을 안 마시는 편이었거든요."라고 가라마니는 털어놓는다. "그래서 제가 칵테일 문화에 대한 게임을 만든다는 사실이 다소 엉뚱하다는 느낌이 들긴 했어요."

가라마니는 자신이 바텐터 업계를 빠르게 파악하기 위해서 사용했던 네 단계의 조사 방법을 공개했다.

1. 300달러짜리 바텐더 교육 과정에 등록했다.
2. 아마존Amazon.com에서 다양한 책을 샀다. 게리 레이건Gary Regan 등의 칵테일 기술자가 쓴 책부터 칵테일 문화를 느껴보기 위한 자서전이나 역사에 관련된 책 등이 있었다.
3. 지역 기반의 증류주 전문가들이 강의하는 상급반 수업을 두세 개 등록했다.
4. 강박적으로 뉴욕의 최고 술집들을 모두 돌아다녔다.

바텐더 수업 첫 시간에 가라마니는 칵테일을 만드는 일이 근본적으로 비디오 게임에 적합하다는 사실을 깨달았다. 올바른 양의 술을 따르는 일이 바텐더의 타이밍 감각에 달려 있기 때문이었다. "보통 한 잔이라고 부르는 양은 기본 따르기로 3초간 따라야 합니다."라며 가라마니는 설명한다. "하지만 바텐더는 게임처럼 상태 게이지를 보고 따르지 않아요. 3초라는 느낌을 직관적으로 아는 법을 배워야 합니다. 게임으로 생각하면 굉장히 재미있는데, 정확하게 3초를 맞춘다면 완벽한 따르기, 조금 벗어나면 좋은 따르기, 많이 벗어나면 나쁜 따르기로 점수를 매길 수 있기 때문입니다. 타이밍의 묘미와 레시피를 기억하는 일을 조합해서 만든 게임이 대단히 즐겁고 역동적일 수 있다는 사실을 깨달았습니다." 이 부분이 중요한 이유는 이 게임이 교육적일 뿐 아니라 무척 재미있어질 수 있기 때문이다. "대단한 기대감에 부풀어 오르기 시작했습니다."라고 그는 말한다.

흥미로운 사실

- 〈젤다(Zelda)〉나 〈크로노 트리거(Chrono Trigger)〉 등의 고전적인 무음 비디오 게임에 대한 오마주로 〈님블 스트롱〉도 별다른 사운드가 사용되지 않았다.
- 게임에 등장하는 게이 커플은 애플이 2000년대 후반에 만든 "아임 어 맥" TV 광고 시리즈에서 캐릭터를 따왔고, 스티브 잡스와 빌 게이츠라고 각각 이름을 붙였다.
- 〈님블 스트롱〉에 등장하는 캐릭터 중 많은 수가 가라마니의 실제 주변 사람들에 기반해서 만들어졌다.

술에 대해서 연구를 계속하던 가라마니는 많은 종류의 술들이 서로 연관돼 있기도 하고, 서로 다른 부류로 나눌 수 있다는 사실을 알게 됐다. "재료 하나만 바꿔도 완전히 다른 술이 되는 경우가 많습니다."라고 그는 말한다. 그런 점이 게임에서 이뤄지는 바텐더 교육의 진도를 이루게 됐다고 한다. 플레이어는 처음에 하나의 칵테일을 배우지만, 재료를 조금씩 바꿔가며 비슷한 부류의 칵테일을 만드는 법을 차근차근 배우게 된다.

줄거리가 있는 바텐더 게임을 만들기 위해 가라마니는 스토리 작법에 대한 책을 많이 읽었다. 가라마니가 여러 면으로 의지하던 친구인 돈 개터담Don Gatterdam은 가라마니가 쓴 게임 시나리오 초고를 읽고 솔직한 비평을 쏟아냈다. "칵테일 제조법이 정확하지 않고, 대사는 형편없고, 실제 술집과 전혀 상관없는 이야기라고 하더군요." 참담해진 가라마니는 초고를 그냥 쓰레기통에 던져버렸다.

그 무렵 가라마니는 한 친구의 소개로 제프리 린든무스Jefferey Lindenmuth를 만나게 된다. 린든무스는 경력이 오래된 언론인이며 「와인 & 스프리츠Wine & Spirits」나 「멘즈 헬스Men's Health」 등에 주류 관련 글을 쓰는 사람이었다. 린든무스는 가라마니의 프로젝트를 도와주기로 했고, 두 번째 원고를 편집할 때 중요한 역할을 해줬다. "린든무스 덕분에 저의 별난 JRPG/만화/비디오 게임에 대한 센스와 그가 가지고 있는 칵테일 문화에 대한 깊은 이해가 잘 조화된 대본을 만들 수 있었습니다." 라고 가라마니는 말한다.

상당한 진전이었지만 가라마니는 아직 프로그램 개발자를 구하지 못한 상태였다. 광고를 내서 지원자와 면접을 하거나, 여러 지인들에게 연락을 돌려봤지만 가라마니의 아이디어를 제대로 구현해줄 실력 있는 개발자를 구하기가 힘들었다.

가라마니가 광고로 모집하길 포기하고 몇 주가 지났을 때 조슈아 드보니스Joshua DeBonis라는 사람의 연락을 받았다. 그는 뉴욕시에 위치한 파슨스Parsons 학교에서 게임 디자인을 강의하는 교수였다. 교육적인 게임에 관심이 많던 드보니스와 가르마니는 바로 죽이 맞았다고 한다. 게임 개발이 시작되고 가라마니는 개인 예금을 털어서 자금을 마련했다. 적게나마 친구들로부터 투자를 받기는 했지만, 게임이 완성될 때쯤엔 거의 파산할 지경이었다.

〈님블 스트롱〉 발매를 한 달 정도 앞뒀을 때 한국의 어떤 게임 개발자가 바텐더를 주인공으로 하는 아이폰 게임을 발매했다. 그 게임도 일본 아니메 스타일의 디자인이었고, 별난 캐릭터가 등장하는 데다가, 가격은 고작 99센트였다. 가라마니는 자신의 게임을 4.99달러에 출시할 계획이었다. 이 앱은 가라마니에게 재앙과도 같았다. 그는 개발 중인 〈님블 스트롱〉이 오래된 아이팟 터치에서 잘 돌아가지 않는 데에 이미 굉장한 스트레스를 받고 있던 차에, 이런 우연이 생겼다는 사실이 믿어지지가 않았다. "완성도로 따지면 그 게임은 〈님블 스트롱〉 근처에도 미치지 못했습니다. 교육적인 부분도 부족했고, 게임 자체도 별로 재미있지 않았어요. 애초에 그다지 진지한 게임이 아니었죠. 하지만 먼저 시장에 나왔고 그래픽이 굉장히 좋았습니다." 라고 그는 말한다.

가라마니가 말하는 그 게임은 코너즈 스튜디오Corners Studio가 제작한 〈바 오아시스Bar Oasis〉라는 게임이다. 나도 평가해보기 위해 직접 그 게임을 잠시 플레이해봤지만, 가라마니의 평가가 정확하다고 생각한다. 엉성한 인터페이스에, 내용은 참을 수 없을 지경이고, 튜터리얼은 영원히 끝나지 않을 정도로 길지만, 그림은 정말 괜찮았다. 아이폰 게임을 다루는 대형 웹사이트의 리뷰에서도 〈바 오아시스〉의 단점을 지적하기보다는 게임의 독창성에 대한 칭찬이 많았다. 148앱스닷컴148Apps.com에서는 〈바 오아시스〉가 새롭고 신선한 게임이라는 찬사를 보냈고, 심지어 터치아케이드닷컴TouchArcade.com에서는 유일무이하다는 평가를 했다. 가라마니는 그 웹사이트들이 〈바 오아시스〉에 대한 기사를 게재한 지 얼마 되지도 않은 상태에서 같은 장르인 자신의 게임을 다시 리뷰해달라고 설득하는 일이 얼마나 어려운지 잘 알고 있었기 때문에 자신의 프로젝트가 최악의 상황으로 끝날 수 있다는 예상에 매우 우울했다고 한다. 게다가 가라마니는 차마 자신의 게임을 99센트에 발매할 수 없었다.

가라마니는 〈님블 스트롱〉을 발매할 때의 일을 짧게 요약해줬다. "〈님블 스트롱〉을 발매한 날은 제 인생 최악의 하루였습니다. 게임 발매 소식을 게시판에 올렸지만, 엄청난 비난을 뒤집어 썼습니다. 사람들은 게임 가격을 비웃었고 그렇게 비싼 게임은 절대로 다운로드하지 않을 거라는 이야기를 했죠. 한국 게임을 따라 만든 싸구려 모조품이라는 이야기도 있었고요. 저희가 리뷰를 의뢰했던 몇몇 사이트에서는 이미 그 한국산 게임을 리뷰했다는 이유로 리뷰를 거절했습니다. 첫날 매출도 형편없었죠."

조이스틱닷컴Joystiq.com의 저스틴 맥엘로이Justin McElroy가 〈님블 스트롱〉에 5점 만점에 무려 4.5점을 준 이후 상황이 정반대로 바뀌었다. 가라마니는 그 기사를 읽으며 감정이 끓어올랐다고 한다. 그는 그때를 인생의 가장 행복한 순간으로 꼽는다. 맥엘로이는 게임 리뷰에서 〈님블 스트롱〉을 '드디어 등장한, 제대로 된 목적을 가진 게임'으로 표현했고 실생활에서 쓸 수 있는 지식을 가르쳐준 인생 최초의 게임이라는 찬사를 보냈다.

맥엘로이의 리뷰는 〈님블 스트롱〉에 스포트라이트를 비춰준 셈이었고, 곧 디 언오피셜 애플 웹로그The Unofficial Apple Weblog(TUAW.com)에서도 굉장한 수작이라며 치켜세우는 리뷰를 했다. 〈님블 스트롱〉의 매출 곡선이 반전을 시작했고, 「뉴욕타임즈New York Times」와 「게임프로GamePro」, 「레딧Reddit」 등의 매체에도 〈님블 스트롱〉에 대한 기사가 실렸다. 그 중 「게임프로」의 리뷰는 내가 직접 쓴 기사였다.

가라마니는 〈님블 스트롱〉으로 전혀 이익을 보지 못했고 투자금의 50% 정도를 회수한 것으로 추정한다. 하지만 그는 음료 업계에서 대단히 멋진 직장을 찾게 됐다. 그는 현재 「와인 스펙테이터Wine Spectator」라는 잡지의 모바일 담당으로서 회사의 모바일/태블릿 제품 전략 업무 추진을 담당하고 있다. 와인 스펙테이터의 빈티지차트+VintageChart+ 애플리케이션 개발에 필수적인 역할을 맡았고, 매우 좋은 평가를 받은 것에 만족스러워했다. 현재 그 게임은 내가 앱스토어에서 본 어떤 애플리케이션보다 많은 별 넷 리뷰를 받고 있다. 와인 마니아들이 앱스토어 리뷰 점수를 줄 때에도 그렇게 잘난 척을 할지 누가 알았겠는가?

가라마니는 〈님블 스트롱〉을 안드로이드용으로 포팅하고 싶지만, 여전히 예산이 문제라고 한다. "〈님블 스트롱〉을 키넥트Kinect용으로 포팅하는 것이 저의 꿈입니다."라고 가라마니는 말한다.

노 휴먼

플랫폼 : 아이패드/아이폰/아이팟 터치(유니버설 앱)
가격 : 2.99달러
개발사 : vol-2
발매일 : 2010년 8월 24일

게임 소개

〈노 휴먼No, Human〉의 소개는 정말 쉽지 않다. 이런 이야기로 시작해볼까 한다. 이 게임에서 여러분은 우주가 될 수 있다. 그렇다. 우주 자체가 될 수 있다. 무례한 인간들이 우주를 개척하려 하고 있다. 모두 알다시피 우리의 우주는 그런 일을 용납할 수 없다. 다행히 인간들이 만들어낸 우주선과 빌딩들은 너무 우스꽝스럽고 조그맣고 약해빠졌기 때문에 하나씩 유성으로 부수는 기쁨을 만끽할 수 있다. 여러분은 우주이기 때문에 쓸 수 있는 유성이 꽤 많다.

〈노 휴먼〉은 인간이 행성 주위에 만들어 놓은 구조물에 유성을 던지는 퍼즐 게임이다. 고중력 소행성이나 유리 같은 얼음 소행성 등의 기묘한 장애물들을 극복해야 하는 경우가 있지만, 게임의 대부분은 유성을 인간이

만든 구조물에 세심하게 던져 가능한 많이 부수는 내용이다.

〈노 휴먼〉의 줄거리나 퍼즐이 훌륭하지만, 이 게임이 돋보이는 면은 그 내용이 드러나는 방법이다. 기묘하고, 폴리곤 수도 많지 않은 미술 스타일은 정말 훌륭하고, 화면을 줌인하거나 레벨을 끝내는 마지막 샷에서 슬로우모션으로 변환될 때 보이는 블록으로 이뤄진 텍스처는 아주 독특한 방식으로 대단히 멋지다. 피아노가 사용된 게임 음악은 아름답고, 게임이 보여주는 블랙 유머와 대조를 이뤄 흥미를 자아낸다.

게임 비화

롤프 플레쉬만Rolf Fleischmann은 어린 시절부터 직접 게임을 만들겠다는 꿈을 가지고 있었다. 특별히 구체적인 아이디어는 없었지만 무엇이 됐든 꼭 만들기로 결심했고, 2010년 초 잠시 일을 쉬는 동안 드디어 자신의 꿈을 이룰 수 있었다.

통계

- 개발 기간 : 4개월
- 총 예산 : 3,000달러
- 다운로드 횟수 : 17,000번

어느 날 플레쉬만은 작은 미술관이 있는 동네 공원에 앉아 있었다. 빼어난 유머 감각을 가지고 있으면서도 현대 미술에 냉소적인 혐오감을 가지고 있던 그는 현대 미술에 대해 '저렇게 뻔뻔스럽게 슬쩍 넘어가다니!'하는 생각을 하고 있었다. "바로 그때, 우주가 주인공이 되는 게임을 만들어야겠다고 생각했어요. 가만히 있는 우주를 귀찮게 하는 존재는 한심하기 짝이 없는 우리 인간들 뿐이잖아요."라고 플레쉬만은 말한다. "현대 미술이라는 것들이 하는 짓을 보세요!"

시작할 때부터 게임의 배경은 당연히 우주여야 한다고 생각했기 때문에 무한히 비어 있는 공간, 유성, 우주 쓰레기 등을 소재로 해서 게임을 설계하기로 했다. 돌멩이를 던지는 방법으로 진행되는 게임을 만들게 된 과정은 꽤 재미있었다고 한다. "우주에게 '여러분은 싫어하는 것들을 어떻게 처리하나요?'하고 직접 물어볼 수 없잖아요. 아마도 돌멩이를 던지지 않을까 하는 게 제일 그럴듯한 추측이었어요."라고 플레쉬만은 말한다. "돌멩이 던지기에 실패하는 사람은 없죠. 누구라도 할 수 있어요."

플레쉬만은 프로그래밍 경험이 전혀 없었기 때문에 〈노 휴먼〉을 개발하는 동안 계속 공부하며 작업해야 했다. 프로그램이 실제로 어떻게 작동하는지도 전혀 모르면서 하던 일을 그만 두고 게임을 만든다는 소리가 어처구니없게 들리겠지만, 플레쉬만은 실제로 그렇게 했다. "저는 직접 하면서 배워나가는 일을 좋아합니다. 전혀 문제없었어요."라고 플레쉬만은 태연하게 말한다.

게임 개발을 시작할 때의 플레쉬만은 이미 10년 동안 일을 하며 모아둔 돈이 있었기 때문에 게임을 만들면서 그 돈으로 생활을 이어나갈 수 있었다. 다른 사람에게 프로그래밍을 의뢰할 돈도 없었기 때문에 유니티 3DUnity 3D 엔진을 사용하는 법을 혼자 익혀야 했고, 그 과정에서 비교적 쉽게 프로그래밍을 익혔다고 한다.

어쩌다 보니 플레쉬만은 〈노 휴먼〉의 첫 번째 버전을 사운드트랙 없이 발매했다. "확실히 초보자가 할만한 실수였어요."라고 그는 말한다. "하지만 당시에는 저도 제가 원하는 음악을 찾을 수 없어서 실망했었어요. 느리고 감상적인 첼로 곡 같은 음악을 원했거든요."

음악이 없다며 불평하는 이메일을 수십 통 받고서야 플레시만은 마음을 고쳐먹고 피아노를 칠 줄 아는 친구인 세바스찬 엘제Sebastian Elser에게 연락했다. 친구는 플레쉬만이 애초에 원했던 스타일과 비슷하게 몇 곡 녹음해주었고, 그 곡들이 늦게나마 첫 번째 업데이트를 통해 새 레벨들과 함께 게임에 삽입됐다.

플레쉬만이 가장 후회하는 부분은 혼자서 프로젝트를 감당했다는 점이다. "3개월 정도 프로젝트에 매달렸습니다. 그리고 게임을 처음부터 끝까지 혼자 만드는 일이 그다지 재미있는 일이 아니라는 점을 확실히 알게 됐어요. 게임 아이디어나 레벨 디자인에 대해서 이야기를 나눌 사람이 있었으면 좋았을 거라는 아쉬움이 남아요." 플레쉬만은 스위스처럼 작은 나라에서 마음에 맞는 사람을 찾지 못한 것은 전적으로 자신의 무능이라는 농담 섞인 자책을 한다.

〈노 휴먼〉의 판매는 20,000카피에 도달하지 못했다. 하지만 플레쉬만은 성공적이었다고 평가한다. 자신의 게임이 전문가들의 리뷰에서 좋은 평가를 받았다는 점에 매우 만족했고, 다음 게임을 만들기에 충분한 자금이 될만한 매출이라고 말한다. "개인 개발자의 첫 번째 게임으로는 괜찮은 편이라고 생각합니다."라고 그는 말한다. 나는 그와 직접 대면하지 못했지만, 그가 어깨를 으쓱하며 대수롭지 않게 털어버리는 모습을 그려볼 수 있다.

오스모스

플랫폼 : 아이폰/아이팟 터치(아이패드 버전은 별도로 발매됨)
가격 : 2.99달러
개발사 : 헤미스피어 게임즈(Hemisphere Games)
발매일 : 2010년 8월 4일

게임 소개

〈오스모스Osmos〉에서 여러분이 조종하는 것은 작은 덩어리 하나다. 작고 둥그런 파란색의 물질은 라바 램프에 들어 있는 물컹한 덩어리처럼 보인다. 각 레벨에서 여러분이 조종하는 덩어리는 2차원의 우주공간 같은 곳에 둥둥 떠 있고 주변에 여러 가지 색깔의 덩어리들이 부유하고 있다. 여러분의 덩어리는 항상 푸른색이지만, 여러분 주변의 덩어리들은 여러분의 크기에 따라서 색깔이 변한다. 여러분보다 큰 덩어리는 붉은색이고, 여러분보다 작은 덩어리는 파란색이다. 파란색 덩어리는 흡수할 수 있지만, 붉은색 덩어리에 부딪히면 여러분이 흡수되고 만다. 게임의 목적은 가장 큰 덩어리가 되는 것이고, 이를 위해 신중하게 흡수할 덩어리의 순서를 정해야 한다.

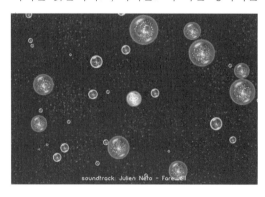

soundtrack: Julien Neto - Farewell

〈오스모스〉의 움직임은 간단

하다. 화면의 아무 곳이나 탭하면 여러분의 덩어리가 여러분이 탭한 방향으로 자기 내부의 물질을 조금 뿜어내고, 그 반대 방향으로 밀려나간다. 작은 덩어리를 잡아 먹기 위해서 가속도를 내려면 그만큼 내부 물질을 뿜어내야 하고, 속도를 위해 너무 무리해서 물질을 내뿜으면 그만큼 크기가 작아져서 작은 덩어리를 잡아먹지 못할 수도 있다. 훌륭하면서도 복잡한 방식을 가진 이 게임은 전반적으로 대단히 만족스럽다. 명상적인 분위기의 신비한 음악은 게임을 한층 더 심도 있는 경험으로 만들어준다.

〈오스모스〉는 전통적인 게임 장르에 부합하지 않는다. 일단 아케이드성의 중독성 강한 게임이라고 표현할 수 있지만, 직접 비교할만한 게임은 없다고 볼 수 있다. 완전히 새로우며 해볼만한 가치가 있는 게임이다. 또한 제작사인 헤미스피어 게임즈가 얼마나 능력 있는 회사인지 보여주는 게임이고, 다음에는 어떤 게임을 내놓을지 무척 기대된다.

게임 비화

에디 박서맨Eddy Boxerman이 대학에서 우주 공간에 적용되는 역학 수업을 들었을 때 〈오스모스〉가 시작됐다고 할 수 있다. 당시 기계공학을 전공하던 박서맨은 그 수업에서 큰 영향을 받았다.

졸업 후 몇 년 동안 박서맨은 평범한 생활인으로 살아가고 있었다. 엑스트라 노멀Xtra Normal이라는 회사에서 물리학과 애니메이션을 다루는 전문 프로그래머로 일하고 있었고, 잠시 유비소프트Ubisoft(프랑스에 기반을 둔 대형 게임 제작사 - 옮긴이)의 일을 맡아서 한 적도 있었다. 하루는 설거지를 하던 중에 게임 아이디어가 퍼뜩 떠올랐다고 한다. "저는 천이나 액체 같은 물질의 시뮬레이션을 좋아했어요."라고 박서맨은 말한다. "풍선 같이 둥둥 떠다니며 다른 물질을 흡수하는 게임을 만들면 좋겠다는 생각을 늘 하고 있었죠. 라바 램프 안의 움직임처럼 말이에요."

대학에서 우주선에 적용되는 역학을 배웠던 박서맨은 자신의 라바 램프 같은 물질에 대한 아이디어를 조금 더 과학적으로 생각해보기 시작했다. 그리고 망설이지 않고 바로 게임으로 구현해보았다. "곧바로 자리에 앉아서 프로토타입을 만들기 시작했어요."

박서맨은 며칠만에 기본적인 메커니즘을 모두 가진 프로토타입을 완성했다. 〈오스모스〉의 최종 버전과 마찬가지로 화면을 줌인하거나 줌아웃할 수 있고, 작은 덩어리들을 흡수할 수 있고, 시간 왜곡 요소도 포함돼 있었다. 그 후 몇 주간은 게임 사운드 작업에 매달렸다. "저를 딱히 음악가라고는 할 수 없지만 기타를 칠 수 있어요. 정말 게임의 분위기에 푹 빠졌었죠. 그 때 앰비언트 일렉트로니카 종류의 음악을 많이 들었는데 게임 음악을 만들 때 도움이 많이 됐어요. 그 쪽으로 정말 신경을 많이 썼죠." 박서맨은 매우 집중해서 〈오스모스〉의 사운드에 집착하게 됐고, 어떤 레벨에 어떤 음악이 어울릴지 결정하기 위해서 무려 수백 곡의 음악을 들은 적도 했다고 한다.

〈오스모스〉개발에서 중요하게 생각했던 점은 평균적인 사람들도 쉽게 즐길 수 있도록 난이도를 조정하는 일이었다. 박서맨은 개발자로서 몇 달이나 게임을 했기 때문에 너무 익숙하게 게임을 할 수 있었지만 다른 사람들이 처음 이 게임을 접했을 때 얼마나 잘 할 수 있을지 전혀 감을 잡을 수 없었다. 박서맨이 인터넷에서 무작위로 베타 테스터를 선정해서 게임을 시켰을 때, 여지없이 지나치게 어렵다는 반응이 돌아왔다.

박서맨은 곧 베타 테스터들이 옳다고 생각하게 됐고, 게임의 난이도를 조금 낮추는 작업을 했다. "교수님들이 한 과목을 너무 오래 가르치면 그 과목의 내용을 모르는 사람을 이해할 수 없는 경우가 생기죠. 결국 교수님은 아무것도 설명할 수 없는 상황이 돼요"라고 박서맨은 말한다.

베타 테스터들이 가장 어려워했던 레벨은 '오비탈' 레벨이었다. 수백 개의 덩어리들이 하나의 별을 중심으로 빠르게 회전하는 스테이지였다. 우주선 역학에 대해서 잘 알고 있던 박서맨으로선 별로 어렵지 않게 해결할 수 있는 레벨이었지만 초기 테스터들의 95%는 도무지 공략법을 알아낼 수 없었다. 박서맨은 베타 테스트를 하는 기간 동안 상당히 많은 자료를 모았다. 당시 자료 중 하나를 보면 어떤 사람은 어떤 레벨에서 130번이나 실패한 뒤 포기해버렸다고 한다.

이후의 분석 작업을 통해서 박서맨은 〈오스모스〉의 플레이어들이 어떻게 게임을 하는지 매우 구체적으로 파악할 수 있었다. 내가 박서맨에게 어떻게 하면 〈오스모스〉를 잘 할 수 있는지 물었을 때, 그는 모든 레벨은 각기 다른 방법으로 해결해야 하고 플레이어마다 서로 다른 방법으로 풀지만 정해진 방법은 없다고 대답했다. "어떤 사람들은 심해로 들어가는 잠수부처럼 정말 천천히 플레이하는 사람도 있어요."라고 말한다. "클릭하고, 덩어리가 흘러가도록 놔두고, 다른 덩어리를 흡수하고, 다시 클릭해서 흘러가도록 놔두고 하는 식이죠. 물론 어떤 사람들은 엄청나게 공격적이어서 부피를 엄청나게 소모하면서 전진하기도 하죠."

흥미로운 사실

- 박서맨은 극악의 난이도인 오비탈 레벨을 어떻게 깨는지 직접 동영상을 찍어 유튜브에 공개했다.
- iOS 버전은 PC 버전에 비해서 훨씬 낮은 가격이지만 iOS 버전의 매출이 전체 매출의 80%를 차지한다.
- 박서맨의 전 직장인 엑스트라 노멀은 사람들이 입력한 문구를 매니메이션으로 만들어주는 서비스를 제공한다. 공식 홈페이지인 xtranormal.com에서 체험해볼 수 있다.

박서맨은 피드백 데이터를 모으는 동안 사용자들의 반응을 놓치지 않으려 애썼다. 가장 선호하는 방법은 트위터를 통한 관찰이었다. 게임 이름으로 검색해서 사람들이 자신의 게임에 대해 어떤 평가를 하는지 지켜봤다. "사람들의 가장 솔직한 반응을 볼 수 있는 방법이라고 생각합니다. 트위터 사용자들은 우리의 친구가 아니잖아요."라고 박서맨은 말한다. "'20번이나 도전한 레벨이 있는데, 결국 못 깼어. 정말 화가 나서 때려치웠지. 형편없는 게임이야!'라는 글을 볼 수도 있죠. 어찌 보면 앱스토어의 리뷰보다 더 솔직하기도 해요."

박서맨은 계속해서 반응을 살피고 게임의 난이도를 낮췄지만 여전히 불평하는 사람이 있었다. "개발 기간 동안 아마 게임이 10배는 쉬워졌을 거에요."라며 박서맨이 웃는다. "결국 제가 느끼는 게임의 난이도의 문제는 아니었죠. 사람들이 최고의 경험을 할 수 있는지에 대한 문제입니다."

그 후 박서맨은 거의 1년 가까이 불규칙적으로 개발 작업을 이어나가다가,

2008년에 열린 인디펜던트 게임 페스티벌(IGF)에 출품하기로 마음을 먹고 본격적인 제작에 돌입했다. 오랜 친구 몇 명을 고용해서 비주얼 스타일을 개선시키는 일을 맡겼다. 하지만 운이 나빴는지 아무 상도 타지 못했다. 박서맨은 꽤나 실망했고 게임 개발 속도는 다시 늦어지게 됐다.

꼬박 1년이 지나 다음 IGF 행사가 다가오자, 박서맨은 이번엔 조금 더 제대로 해보기로 했다. 〈기어즈 오브 워Gears of War〉와 〈언리얼 토너먼트Unreal Tournament〉 시리즈 제작에 참여한 경험이 있는 친구인 데이브 버크Dave Burke를 포함해서 몇 명의 친구를 고용해서 게임을 가다듬었다. 특히 버크의 도움으로 2009 IGF에 걸맞는 모양새로 만들어 게임을 제출하고 결과를 기다렸다. 이번에는 효과가 있었다. 〈오스모스〉는 판정단의 전폭적인 지지를 받았다. 4개 분야에 후보로 올랐고, 그 중 다이렉트 2 드라이브 비전 어워드Direct2Drive Visions Award를 수상했다.

〈오스모스〉로 IGF에서 놀라운 찬사를 받은 박서맨은 게임을 조금 다르게 보기 시작했다. 그 때까지는 소박하게 취미로 하는 프로젝트였지만 이제 더 많은 시간과 에너지를 쏟을만한 게임이 됐다고 생각했다. 박서맨은 직장을 그만두고, 장모님의 바느질 방을 빌려 사무실을 차렸다. 그리고 2009년 8월, PC 버전을 발매했다. 그 다음 해에 iOS 버전을 발매했고, PC 버전의 10배 이상의 매출을 올렸다. 애플이 〈오스모스〉를 이 주의 아이패드 게임으로 선정했을 때 판매가 대폭 늘어났고, 올해의 아이패드 게임으로 선정했을 때에는 그 이상의 매출을 올리게 됐다. 그 해 말 〈오스모스〉는 권위 있는 애플 디자인 어워드를 수상하기도 했다. 박서맨은 이제 자신의 조그마한 회사가 스스로 원하는 게임을 만들 수 있는 작은 사치를 누리게 됐다고 이야기한다. "이미 다른 게임을 제작 중입니다."라는 약속을 덧붙이며.

피자 보이

플랫폼 : 아이폰/아이팟 터치
가격 : 1.99달러
개발사 : 애크니 플레이(ACNE Play)
발매일 : 2010년 9월 7일

게임 소개

피자 배달부의 인생은 고달픈 법이다. 교통 체증에 발이 묶이기도 하고, 손님이 깜빡 잊고 팁을 주지 않는가 하면, 거대한 새가 배달 중인 피자를 훔쳐가는 일도 있다. 즉, 여러분에겐 페퍼로니 피자와 정의 두 가지 모두를 지켜내야 하는 임무가 있다. 〈피자 보이Pizza Boy〉는 횡방향 스크롤 플랫폼 게임이며, 초기의 마리오 게임 시리즈와 매우 유사하다. 점프해서 적의 머리 위로 착지하면 적을 없앨 수 있고, 대부분의 플랫폼 게임과 마찬가지로 맵 곳곳에 놓인 아이템을 모으며 전진한다.

〈피자 보이〉가 다른 평범한 iOS용 플랫폼 게임과 다른 점은 대단히 완성도가 높고 세련됐다는 점이다. 부드러운 게임 진행과 큼지막한 픽셀을 사용한 미술도 훌륭하지만, 더 멋진 부분은 흥겨운 멜로디와 풍성한 효과음

이 나오는 고전적인 사운드트랙이다.

게임 플레이를 살펴보면 더 이상 마리오 게임의 복제품이라고 보기 힘들다. 각 레벨에는 피자의 스펠링인 P, I, Z, A가 숨겨져 있고 숨겨진 문자들을 모두 찾는 일은 꽤 흥미진진한 도전이다. 특히 시간 제한이 있는 레벨에서는 굉장히 촉박한 상황에서 숨겨진 문자를 찾아야 한다. 아이를 가진 부모 입장에서, 특히 자녀들이 건강한 식습관과 예의 바른 태도를 갖기를 원하는 경우에는 아이들에게 이 게임을 시키기 싫을 수 있다. 〈피자 보이〉의 주인공은 체력을 회복하기 위해 쫄깃한 치즈가 듬뿍 담긴 피자를 엄청나게 먹어대며, 콜라 병을 집어 던져 불쌍한 야생 동물들을 살상하기 때문이다.

예전 슈퍼 닌텐도의 게임들을 좋아했고 좋은 추억들을 간직하고 있는 사람들에게 이 게임을 적극 추천한다.

게임 비화

애크니 프로덕션ACNE Productions은 작은 회사가 아니다. 디자인과 커뮤니케이션을 전문으로 하는 회사로 시작했지만, 현재의 애크니 그룹은 패션, 웹 디자인, 광고, 영화 등에 관련된 사업을 하는 여러 기업의 연합체다. 이렇게 다양한 사업 영역을 보면, ACNE라는 사명은 아마도 연합 컴퓨터 괴짜 기업Associated Computer Nerds Enterprise의 머리글자인 듯 하다.

어느 여름, 루카스 두로이Lucas Duroj는 애크니에 합류해 몇 달 동안 플래시 기반의 웹사이트를 만드는 일을 하게 됐다. 하지만 그곳에서 계속 일할 생각은 없었고 스웨덴에서 가장 선망받는 게임 디자인 학교인 플레이그라운드 스쿼드Playground Squad에 들어가고 싶었다. 두로이는 애크니의 몇몇 직원들에게 그 학교에 가려고 한다는 자신의 계획을 이야기하곤 했다. 그의 원래 꿈은 자신이 정말 하고 싶은 게임을 직접 만들 수 있는 작은 게임 개발사를 만드는 것이었다고 한다. 그러던 어느날 애크니 프로덕션의 CEO가 두로이에 대한 이야기를 들었는지 두로이에게 와서 "그 일을 우리 회사에서 하면 어떨까"라고 제안했다.

그렇게 해서 애크니 그룹 내에 애크니 플레이ACNE Play라는 회사가 생겨났다.

프로그래머 업무를 맡게 될 두로이는 친구인 카이 이나자와Kaj Inazawa에게 함께 하자고 제안했고, 이나자와도 기꺼이 합류하기로 했다.

나는 애크니 플레이의 프로덕션 매니저인 아니카 스트란드Annica Strand와 이야기를 나눴다. 스트란드는 애크니 플레이의 역사는 다른 대부분의 게임 개발사와는 조금 다르게 시작했다고 인정한다. "독립 개발자들이 재정적으로 어려움을 겪고, 라면만 먹으면서 개발하고, 개발 시한을 넘기고, 지하실에 사무실을 차리는 등의 이야기가 많죠."라고 스트란드는 말한다. "저희는 달랐어요."

두로이와 이나자와는 애크니 프로덕션이 가진 자본을 이용해 프로젝트를 진행했기 때문에 돈 때문에 곤란했던 적은 한 번도 없었다. 애크니에서 받은 도움은 돈뿐만이 아니었다. 애크니 프로덕션에서 미술을 담당했던 마이클 알리 라르손Mikael Ali Larsson이 〈피자 보이〉 제작에 참여했고, 애크니의 창업자 중 한 명인 토마스 스코깅Tomas Skoging까지 직접 개발 과정에 참여해서 손을 보탰다.

사실 〈피자 보이〉는 새로 만들어진 애크니의 게임 부서에서 처음으로 만든 게임은 아니다. 첫 게임은 〈커멧Comet〉이라는 화사하고 간단한 아케이드 게임이었다. "여러 부분을 고려해서 데모처럼 만든 게임이었습니다. 우리의 능력을 시험해보는 의미였죠."라고 스트란드는 말한다. "딱히 많은 매출을 올리지는 못했어요. 하지만 그 과정에서 핵심이 되는 게임 엔진을 만들었죠."

흥미로운 사실

- 애크니의 디자이너 책임자인 요니 요한손(Jonny Johansson)은 한 인터뷰에서 ACNE는 독창적인 표현을 만드는 열정(Ambition to Create Novel Expressions)의 영문 머리글자라고 이야기한 적이 있다
- 사실 acne라는 영어 단어는 여드름이라는 뜻이고, 스웨덴어로도 같은 뜻이다.
- 애크니 플레이의 다른 애플리케이션으로는 〈커멧〉이 있다.

〈피자 보이〉의 개발은 매우 순조롭게 풀려나갔다. 개발 초기에는 게임 진행 방식 자체에 초점을 맞췄고, 차후에 살을 붙이면서 피자를 배달하는 소년에 대한 내용을 넣게 됐다. 이런 점은 게임 속에서 피자를 배달하는 사람이 왜 우유 병을 던

지는지에 대한 설명이 된다.

개발이 거의 완료될 때쯤, 애크니 플레이는 마케팅 방법에 대해 생각하기 시작했다. 회사의 다른 부서가 거의 패션 잡지에 관련돼 있었기 때문에, 되든 안 되든 그런 점을 활용해보기로 했다. 스웨덴 내의 대형 패션 관련 출판사들에 이메일을 보내 애크니가 피자 사업에 진출한다는 식으로 게임을 홍보했다. "꽤 많은 곳에서 저희 아이디어를 재미있어 하고, 게임에 대해서 기사를 내줬습니다."라고 스트란드는 말한다. "단 한 번 사용할 수 있는 방법이에요. 아마 두 번 다시 그런 방법은 안 통하겠죠?"

스트란드에 따르면 지금까지 〈피자 보이〉는 거의 80,000카피가 팔렸고, 개발비의 두 배를 번 셈이라고 한다. 애크니 플레이는 애크니 그룹 내에서 고수익을 올리는 부서가 됐으며, 다음 게임인 〈마이 리틀 히어로My Little Hero〉는 훨씬 더 많은 예산이 투입될 예정이라고 한다(〈마이 리틀 히어로〉는 한국의 엔씨소프트NCsoft와 공동으로 제작됐고, 2012년 5월 초에 앱스토어에 발매되어 대한민국 앱스토어 유료 게임 1위에 오르는 등 좋은 반응을 얻었다 - 옮긴이).

플랜츠 vs. 좀비

플랫폼 : 아이폰/아이팟 터치(아이패드 버전은 별도로 발매됨)
가격 : 2.99달러
개발사 : 팝캡(PopCap)
발매일 : 2010년 2월 14일

게임 소개

좀비의 공격을 막기 위해 콩을 발사하는 관목 식물을 심는다는 이야기부터 이미 어이없었지만, 그런 점을 제외하고도 〈플랜츠 vs. 좀비Plants vs. Zombies〉는 대단히 독특한 게임이다. 특히 초기 타워 디펜스 류의 게임이 나온 이후 비슷한 게임들이 별다른 특징도 없이 끊임없이 쏟아져 나오는 바람에 다소 진부해진 장르에 신선한 바람을 일으키며 등장한 게임이었고, 곧바로 사람들의 시선을 사로잡았다.

〈플랜츠 vs. 좀비〉는 단일 화면으로 구성된 타워 디펜스 게임이다. 볼링 레인처럼 생긴 다섯 줄의 길을 따라 좀비들이 휘청거리며 다가온다. 플레이어는 주기적으로 하늘에서 떨어지기도 하고, 해바라기를 심어서 만들어낼 수 있는 햇빛 파워를 모아 다양한 식물들을 심을 수 있다. 〈플랜츠 vs. 좀비〉는 괴

상하고 기상천외한 아이디가 나오는 게임이다. 특히 좀비들은 무섭다기보다는 무척 유쾌하다. 도로에서 차량을 유도할 때 쓰는 콘을 헬멧처럼 머리에 쓰고는 아무렇지도 않게 걸어오는 식으로 어이없는 복장을 하고 나오기 때문이다. 많은 사람들이 좋아하는 캐릭터는 크레이지 데이브Crazy Dave다. 한 레벨이 끝나면 등장하는 제정신이 아닌 이 농장 일꾼은 차에서 여러 가지 아이템이나 식물들을 꺼내서 플레이어에게 판다.

〈플랜츠 vs. 좀비〉의 PC 버전도 환상적이지만, iOS 버전은 훨씬 더 훌륭하다. 모바일 게임에 매우 적합한 게임이며, 터치 인터페이스와 찰떡 궁합을 보여준다.

게임 비화

개발자인 조지 팬George Fan은 〈플랜츠 vs. 좀비〉를 만들기 전에 혼자의 힘으로 〈인새너쿼리움Insaniquarium〉을 만든 경험이 있어서 개발사인 팝캡도 그가 어떤 사람인지 잘 알고 있었다. 〈인새너쿼리움〉은 어항 속의 물고기들을 보살피면서 물고기를 잡아먹는 외계인이 나타나면 해치워야 하는 게임이었다. 이 시기에 팬은 블리자드에서 하청 작업을 받기도 했지만, 좋은 경험으로 남지는 않았다. 〈인새너쿼리움〉을 완료할 때쯤 팬은 팝캡에 정식으로 취직했고, 새로운 게임을 만들 수 있는 기회를 갖게 됐다.

> **통계**
>
> - **개발 기간** : 3년 이상
> - **모든 플랫폼을 통틀어서 다운로드 횟수** : 9,000,000번

당시 팬은 〈워크래프트 3Warcraft III〉의 타워 디펜스 유즈맵을 엄청나게 많이 하고 있었다. 타워 디펜스는 워크래프트 유즈맵을 만들던 사람들이 처음 만든 방식이었다. "저 스스로 제가 왜 이 게임을 이렇게 좋아하는지 곰곰이 생각해봤습니다."라고 그는 말한다. "제가 내린 결론은 그런 방식의 게임은 우리가 아이였을 때 베개로 만들었던 성을 지키는 느낌이 들기 때문이었어요. 게임 디자이너로서 저는 어린 시절의 경험을 게임에 도입하는 일을 좋아합니다. 우리가 생애 처음으로 가졌던 순수한 재미를 느끼게 해주기 때문입니다."

팬은 다워 디펜스의 개념을 좋아했지만, 워크래프트의 유즈맵에 캐릭터가 부족

한 점은 다소 실망스러웠다. 어쨌든 타워 디펜스 류의 게임에 캐릭터 요소를 넣기는 매우 힘든 일이다. 팬은 인간적인 요소를 게임에 넣을 방법이 없을지 고민했고, 타워를 식물로 대체한다는 아이디어가 떠올랐다. "식물은 자기 자리에서 움직이지 않는다는 점이 가장 큰 특징이지만, 다양한 특징을 줄 수 있다는 생각이 들었어요."라고 그는 설명한다.

팬은 식물과 외계인이 싸우는 타워 디펜스 게임의 프로토타입 제작을 시작했다. 시간을 절약하기 위해 인새너쿼리움에서 물고기들을 잡아먹던 외계인들을 그대로 가져와서 붙였다. 팬은 "외계 괴물들이 해산물만 먹다가 질려서 채소를 먹고 싶어할지도 모르지 않겠어요?"라며 농담을 한다. 외계인들에게 잡초라는 이름을 임시로 붙여서 작업하던 중에, 팬은 외계인을 좀비로 바꿔야겠다는 아이디어를 떠올렸고 너무나 마음에 들었다. 좀비는 여러 가지 이유로 게임에 적합했다. 느리고, 보통무리 지어 돌아다니기 때문에 타워 디펜스 류에 매우 적합한 소재였다. 팬은 게임에 좀비 요소를 도입하며 좀비들이 다섯 줄로 공격해오는 기본적인 구성을 짰다. 그렇게 〈플랜츠 vs. 좀비〉가 탄생했다.

팝캡에서 팬의 개발팀은 겨우 네 명의 풀타임 직원으로 이뤄진 소규모 팀이었다. 팀원 중 한 명인 로라 시기하라Laura Shigihara는 음악과 사운드 담당이었고, 현재는 팬과 약혼한 사이가 됐다. 개발 당시에 시기하라와 관련된 재미있는 일이 있었다고 한다. "게임에 필요한 효과음들의 목록이 있었는데, 그 중 하나는 좀비의 머리에 버터가 떨어질 때의 소리였어요. 로라가 냉장고에 가서 버터 한 덩이를 찾은 다음에 오트밀을 한 그릇 만들었어요. 그리고 오트밀에 버터 덩어리를 떨어뜨리면서 소리를 녹음했죠."라고 팬이 설명해줬다.

하지만 시기하라는 오트밀로 만든 효과음이 별로 마음에 들지 않았다고 한다. 그래서 그녀는 팬을 향해서 "머리 좀 빌려줄 수 있겠어요?"라고 물었다고 한다. 팬은 그 때 시기하라의 표정을 잊을 수 없다고 한다. "그래서 저는 그녀 앞에서 5분 정도 무릎을 꿇고 앉았어요. 그녀는 버터로 내 머리를 치면서 그 소리를 녹음했죠."라고 팬이 회상한다. "정말이지 버터로 머리를 맞는 일은 다시 없는 기괴한 느낌이었어요. 우리는 웃음을 참을 수 없었고, 웃음소리가 녹음되지 않도록 입을 틀

어막아야 했죠."

팬과의 인터뷰를 진행하는 동안 〈플랜츠 vs. 좀비〉는 즐거운 경험으로 가득 찬 개발 과정의 결과물이라는 점을 알게 됐다. "〈플랜츠 vs. 좀비〉를 개발하면서 가장 독특했던 점은 힘든 일은 전혀 없었다는 사실입니다. 저희가 원하는 게임을 만드는 동안 정말 자유롭고 시간도 많이 쓸 수 있었습니다."라고 팬은 말한다.

흥미로운 사실

- 모든 종류의 좀비를 보려면 게임을 두 번 끝내야 한다.
- 팬은 디즈니가 제작한 '로빈슨 가족(Swiss Family Robinson)(무인도에 표류하게 된 가족을 다룬 고전 영화. 1960년 개봉 – 옮긴이)이라는 영화에서 많은 영감을 받았다고 한다.
- 팬은 매직 더 개더링(Magic: The Gathering)을 굉장히 좋아해서, 게임에 카드 요소를 넣을 생각을 했다고 한다.
- 팝캡의 다른 애플리케이션으로는 〈비주얼드 블리츠 2(Bejeweled Blitz 2)〉와 〈북웜(Bookworm)〉 등이 있다.

팬은 팀원들의 공로에 많은 칭찬을 했다. 프로그래머인 토드 셈플Tod Semple과 미술을 담당한 리치 워너Rich Werner는 물론이고, 버터를 휘두르다가 약혼녀가 된 로라 시기하라와의 협업으로 게임이 완성됐다. "이들 말고 달리 같이 일하고 싶은 사람이 없습니다. 프로그램, 미술, 음악 등은 모두 이 사람들과 일하고 싶어요. 지금 하고 있는 프로젝트도 이들과 함께하는 이유죠."라고 그는 말한다.

〈플랜츠 vs. 좀비〉는 여러 플랫폼으로 발매됐고, 매번 큰 성공을 거뒀지만, 특히 PC 버전보다 훨씬 저렴한 아이폰과 아이패드 버전은 거의 신드롬에 가까운 성공을 거뒀다. "여러 가지 플랫폼으로 만들어졌지만, 현재까지 iOS용 버전이 가장 높은 매출을 올렸습니다."라고 팬은 말한다.

포켓 갓

플랫폼 : 아이폰/아이팟 터치(아이패드 버전은 별도로 발매됨)
가격 : 0.99달러
개발사 : 볼트 크리에이티브(Bolt Creative)
발매일 : 2009년 1월 9일

게임 소개

〈포켓 갓Pocket God〉은 모르는 사람이 별로 없을 정도로 매우 유명했던 초창기 아이폰 게임이다. 초기 버전의 〈포켓 갓〉은 게임이라기보다는 장난감 애플리케이션에 가까웠다. 플레이어는 작은 섬에 올려진 만화 스타일의 피그미족의 신이 된다. 하지만 신이 하는 일이라고는 여러 가지 방법으로 피그미들을 괴롭히는 일뿐이다. 피그미를 물 속에 던져서 빠져 죽는 모습을 구경하거나, 번개를 써서 전기로 처형하고, 상어에게 먹이로 주는 식으로 꽤나 빈약한 내용의 앱이었다. 그 후 업데이트가

이뤄졌다. 제작사인 볼트 크리에이티브Bolt Creative가 수십 번의 업데이트를 내놓으면서 〈포켓 갓〉은 점차 단순한 장난감에서 디지털 놀이 공원 같은 게임으로 변해갔다. 숨겨진 미니 게임을 찾거나, 피그미들과 노는 일이 몇

시간이나 걸리게 됐고, 여전히 99센트의 가격을 받고 있던 제작사도 〈포켓 갓〉이 대단한 가치를 가진 게임이라는 사실을 인식하게 됐다.

움직임에 반응하는 장난감을 몇 시간씩이나 가지고 놀 수 있는 아이들이나 그런 장난감들을 가지고 놀았던 추억을 가지고 있는 어른들이라면 〈포켓 갓〉은 여러 가지 기능이 주렁주렁 달려서 사람들을 즐겁게 해주는 스위스 만능 칼 같은 게임이다.

게임 비화

데이비드 카스텔누오보David Castelnuovo가 게임 업계에서 일을 시작하게 된 시기는 1992년으로 거슬러 올라간다. 당시 그는 비주얼 컨셉Visual Concepts 수석 프로그래머 자리에 있었지만 사실상 혼자 일하는 상황이었다. 당시 수퍼 닌텐도와 세가 제네시스용으로 〈클레이파이터Clayfighter〉라는 게임을 만들었다. 카스텔누오보는 많은 것을 스스로 알아내야 했던 개발 과정에서 많은 성취감을 느꼈다고 한다.

2001년 카스텔누오보는 직접 개발사인 볼트 크리에이티브를 차리고 플래시 기반의 게임과 기타 소프트웨어의 개발을 시작했다. 하지만 대부분 외주 용역을 받아 일을 했던 상황이 별로 만족스럽지 않았다. 그는 "브라우저에 기반한 프로그램보다는 진짜 기계를 다루는 일로 돌아가고 싶었습니다."라고 당시 상황을 말한다. 아이폰과 앱스토어가 등장했을 때 카스텔누오보는 자신이 즐겁게 〈클레이파이터〉를 만들었던 1990년대처럼 소규모 개발팀에게 적합한 시대가 왔다는 사실을 알게 됐다.

> **통계**
> - **개발 기간** : 1주일(그리고 그 이후의 꾸준한 개발)
> - **다운로드 횟수** : 4,5000,000번

하지만 카스텔누오보는 주당 80시간씩 일하며 시간당 계산된 수당을 받는 일을 당장 그만 둘 수 없었다. 무언가 다른 방법을 찾아야 했다. "아이폰 개발을 위해서 짬을 내야 한다고 생각했죠."라고 그는 말한다.

카스테누오보가 당시에 전력질주 프로젝트라고 이름 붙였던 방식을 설명해줬다. 하루도 좋고 단 몇 시간이라도 좋았다. 남는 시간을 투자해서 완성된 아이폰 애플리케이션을 만드는 일이었다. 아이폰 하드웨어에 빨리 익숙해지기 위한 연습이었다. 전력질주 방법으로 처음 만든 앱은 〈FWARP〉라는 단순한 이미지 변형 앱이었는데 그다지 좋은 반응을 얻지 못했다. "iOS를 익히고 앱을 만드는 데에 10시간을 투자했습니다. 그리고 완성된 앱을 앱스토어에 올렸죠."라고 카스텔누오보는 말한다. 99센트의 가격으로 앱스토어에 올렸고, 발매 후 꽤 오랫동안 하루에 100에서 300개 카피 정도가 팔렸다고 한다.

카스텔누오보는 시험 삼아 두 번째 애플리케이션을 만들었다. 매출은 더 나빴지만 이제 뭔가 더 재미있는 앱을 만들 준비가 됐다는 생각이 들었다. 그는 오랜 친구인 앨런 다이Allan Dye와 점심을 먹으며 아이폰의 잠재력에 대한 이야기를 나눴다. "일을 하다가 흐지부지 되는 일을 피하기 위해 다음 프로젝트는 일주일 안에 끝내야 한다는 점을 확실히 했습니다."라고 그는 말한다. 마침 2008년 크리스마스부터 연말까지 회사가 쉴 예정이었다. 카스텔누오브는 짧은 시간이지만 휴가를 이용해 뭔가 제대로 된 애플리케이션을 만들기로 결심했다.

당시 코이 폰드Koi Pond라는 아이폰 앱이 굉장한 인기를 끌고 있었다. 화면에 작은 연못이 있고 손가락으로 그 안에 있는 잉어를 괴롭히는 정도의 기능만 가진 별로 복잡하지 않은 앱이었다. 물고기에게 먹이를 줄 수 있지만 그 정도가 전부였다.

카스텔누오보는 그와 비슷하지만 크기가 작은 사람들이 나오는 게임이 어떨까 생각했다. 자연스럽게 배경을 섬으로 정했고, 다이는 냅킨들 집어 그 위에 만화풍으로 피그미들의 그림을 그렸다. 이후에 제작된 발매용 버전 〈포켓 갓〉의 그림과 꽤 비슷한 디자인이었다. "피그미들을 집어 던져서 물에 빠뜨려 죽는 모습을 보면 꽤 재미있을 것 같았어요."라고 카스텔누오보는 말한다. 꽤 잔인한 농담이었지만 그런 분위기를 가진 앱을 일주일 동안 힘을 합쳐 완성해보기로 했다.

흥미로운 사실

- 제일 처음 나왔던 〈포켓 갓〉 만화책은 150,000권이 팔렸다.
- 2003년 볼트 크리에이티브와 소니는 〈휠 오브 포천(Wheel of Fortune)〉의 플래시 버전을 합작 개발한 바 있다.
- 볼트 크리에이티브의 다른 앱으로는 〈포켓 갓: 저니 투 유러너스(Pocket God: Journey to Uranus)〉가 있다.
- 〈포켓 갓〉: 저니 투 유러너스에는 고전 게임인 〈자우스트(Joust)〉와 비슷한 방식의 미니 게임이 숨겨져 있다.

일주일 동안 몰아친 개발은 성공적으로 끝났고 2009년 1월 9일 앱스토어가

〈포켓 갓〉을 승인했다. 하루에 500카피 정도로 매우 빠르게 팔려나갔다. 많은 사람들에게서 피드백을 받았지만 모두 긍정적이지는 않았다. 게임 안에서 할 일이 별로 없다며 불평하는 사람도 있었고, 아이폰 앱을 다루는 유명 커뮤니티의 게시판에는 〈포켓 갓〉처럼 작은 게임은 업데이트될 것 같지 않다는 의견이 올라오기도 했다.

그리고 그들의 예상과 전혀 다른 일이 일어났다. 발매 후 14주 동안 카스텔누오보와 다이는 14번의 무료 업데이트를 제공했고 매 업데이트 때마다 버그 수정과 함께 대단한 양의 내용 추가가 이뤄졌다. "반응이 정말 대단했어요. 많은 사람들이 저희의 성공을 응원하기 시작했습니다."라며 카스텔누오보는 자랑스러워한다. 거의 세 달 동안 꾸준한 지원과 업데이트를 제공한 결과, 〈포켓 갓〉은 미국 앱스토어 판매 순위 1위에 오를 수 있었다. 애플은 어떤 지원도 해주지 않았고, 뉴스 사이트에서 이 게임을 다룬 적도 없었다. 순전히 사람들의 입소문을 통해 이뤄낸 성공이었다.

〈포켓 갓〉은 거의 한 달 가량 판매 순위 1위를 지켰고, 이후 몇 년 동안 상위 50위에 머물렀다. 볼트 크리에이티브가 결코 업데이트에 소홀하지 않은 점이 그 이유 중 하나였다. 이 글을 쓰고 있는 현재, 거의 50번의 업데이트가 있었고 업데이트의 빠르기는 줄어들 줄 모르고 있다. "저희가 100번째 업데이트를 하더라도 놀라운 일은 아닙니다."라고 카스텔누오보는 말한다.

〈포켓 갓〉이 오랫동안 꾸준하게 팔리는 동안 볼트 크리에이티브는 자신들의 지적 재산에 근거해서 〈저니 투 유라너스Journey to Uranus〉라는 새로운 〈포켓 갓〉 게임을 만들었고, 완전히 독립적인 만화책 시리즈를 만들었다. 카스텔누오보는 〈포켓 갓〉 만화책이 마블Marvel과 DC코믹스의 만화책 앱보다 더 많이 팔렸다고 말한다.

볼트 크리에이티브가 생긴 이후로 거의 규모가 변하지 않았고 여전히 작은 회사라는 점을 생각해보면 이런 확장은 매우 인상적이다. "모든 프로그래밍은 제가 맡아서 하고, 모든 미술 작업은 앨런 다이가 하고 있습니다."라고 카스텔누오보는 말한다. "자잘한 일들은 외부 용역에 맡기기도 하지만 저희가 진행하는 모든 프로젝트에 저와 앨런이 깊이 참여하고 있습니다. 저희의 대표작인 〈포켓 갓〉의 업데이트는 전적으로 저희 둘이 맡고 있죠."

카스텔누오보에게 〈포켓 갓〉은 혼자서 클레이파이터를 개발하던 시절을 생각나게 해주는 첫 번째 프로젝트였다고 말한다. 그의 생각이 바뀌게 될지는 앞으로 〈포켓 갓〉의 세계가 커지면서 알게 될 일이다.

포켓 레전드

플랫폼 : 아이패드/아이폰/아이팟 터치(유니버설 앱)
가격 : 무료
개발사 : 스페이스타임 스튜디오(Spacetime Studios)
발매일 : 2010년 4월 8일

게임 소개

사람들은 종종 〈포켓 레전드Pocket Legends〉를 〈월드 오브 워크래프트World of Warcraft〉
와 비교하지만 이는 꽤 부당한 평가다. 실제로 WoW와 여러모로 유사한 게임을 꼽
자면 게임로프트Gameloft의 〈오더앤카오스 온라인Order & Chaos Online〉이 있다. 〈포켓
레전드〉의 실제 구성은 WoW와 전혀 다르다. 제작사인 스페이스타임이 게임의 기
획 단계부터 모바일 기기에 맞춰 디자인했기 때문에 〈포켓 레전드〉는 이전에 나왔
던 다른 모바일 MMO 게임(Massive Multi-Player Online Game의 약어. 최소 수백명 이상의 플

레이어가 네트워크로 즐길 수 있는 게
임을 말한다 - 옮긴이)들과는 상당
한 차별성을 가지고 있다고 할
수 있다

〈포켓 레전드〉에서 플레이어
는 곰, 독수리, 엘프의 세 가지
클래스 중 하나를 고를 수 있다.

곰 클래스는 접근전과 난투에 유리하고, 독수리 클래스는 이름에서 유추할 수 있 듯이 궁수 클래스이며, 엘프는 마법사 클래스. 만화풍으로 디자인됐기 때문에 아이들도 쉽게 할 수 있는 게임이며, 모든 캐릭터가 커다란 머리를 하고 있어서 근래의 다른 MMO 게임처럼 정신 없는 화려한 전투가 아니라 톰과 제리 만화영화를 보는 듯한 정도의 격렬함을 느끼게 해준다. 〈포켓 레전드〉의 대부분의 요소는 MMO 용어로 말하자면 인스턴스화되어 있다. 즉, 플레이어가 임무 중에 마주치는 등장 인물의 숫자에 제한이 있다는 뜻이다. 이는 아마도 숲 속 동물들이 한 번에 수백 마리나 등장했을 때 큰 부하가 걸리는 등의 문제 등을 피하기 위한 예방책으로 보인다.

〈포켓 레전드〉는 무료 게임이지만 제작사인 스페이스타임 스튜디오는 이 게임으로 수익을 올리는 일을 마다하지 않는다. 플레이어가 돈을 써서 여러 가지로 게임 속에서 활용할 수 있고 돈을 전혀 쓰고 싶지 않은 사람도 충분히 이 게임을 즐길 수 있도록 설계돼 있다. 게다가 돈을 쓰는 여부와 상관없이 제작사의 비교적 꾸준한 사후 지원을 받을 수 있다. 이로 인해 게임 속 세계는 계속해서 번창하고 있으며 〈포켓 레전드〉 관련 커뮤니티도 잘 유지되고 있다.

순수하게 객관적인 평가를 한다면 나는 〈포켓 레전드〉야말로 다른 게임이 범접할 수 없는 최고의 iOS용 MMO 게임이라고 단언한다. 아이패드 1의 출시와 함께 공개된 이 게임은 너무도 훌륭해서, 경쟁작을 꼽는다면 같은 제작사가 내놓은 〈스타 레전드Star Legends〉라는 게임 밖에 없다는 생각이 든다.

게임 비화

스페이스타임 스튜디오는 원래부터 MMO 게임을 개발하던 회사였다. 2005년 게임계의 베테랑 네 명이 모여 회사를 차리면서 역사가 시작됐다. 이들은 〈울티마 온라인Ultima Online〉, 〈윙 커맨더Wing Commander〉, 〈스타워즈 갤럭시Star Wars Galaxies〉 등을 제작한, 대단한 경력을 가진 인물들이었다. 2006년 중반, 스페이스타임은 엔씨소프트와 계약을 하고, 자신들의 첫 번째 MMO 게임을 엔씨소프트를 통해 퍼블리싱하기로 했다. 우주에서 벌어지는 SF 서사시인 〈블랙스타Blackstar〉라는 게임이었다. 불행히도 채 2년이 안 돼 엔씨소프트가 계약을 파기했다. 당시 엔씨소프트가 야심차게 준비했던 MMO 게임인 〈타뷸라 라사Tabula Rasa〉와 〈오토 어썰트Auto Assault〉의 흥행 참패로 인한 재정 악화가 그 이유였다(특히 〈타뷸라 라사〉는 울티마 시리즈를 창조한 전설적인 인물인 리처드 개리엇Richard Allen Garriott을 영입해 제작한 야심작으로, 제작 과정부터 게임 팬들의 큰 기대를 모았으나 게임의 흥행 실패 이후 개리엇은 엔씨소프트와 결별했고, 이후 지루한 소송전이 벌어졌다 – 옮긴이).

통계

- **개발 기간** : 6개월
- **플레이어가 게임을 한 번 할 때마다의 평균 플레이 시간** : 25분
- **다운로드 횟수** : 3,000,000번

퍼블리싱 회사가 없는 상황에서 게임 개발이 중단된 채 방치되면서 스페이스타임의 사정은 점점 나빠졌다. 한 때 40명이 넘는 팀원을 고용했지만, 시간이 흐르며 회사에는 단 여섯 명만 남게 됐다. 창업자인 네 명을 빼면 직원은 단 두 명뿐이었다. 다행히 엔씨소프트가 계약 파기에 대해 그럭저럭 괜찮은 정도의 보상금을 지불했고 회사의 향방을 결정하기 위해 잠시 숨을 고를 수 있는 시간을 벌 수 있었다.

한 가지 다행스러운 사실은 MMO 게임을 개발하기 위해 만들었던 소프트웨어와 제작 도구들의 소유권을 보유하게 됐다는 점이었다. 즉, 아이디어만 있으면 새로운 게임을 만드는 데에 상당한 부담을 덜 수 있었다. 처음에는 제작 중이던 〈블랙스타〉를 퍼블리싱해줄 다른 회사를 찾아보려고 했지만 상황이 좋지 않았다. 스페이스타임의 공동 창업자이자 크리에이티브 부서 총책임자였던 제이크 로저스Jake Rogers가 당시 상황을 설명해줬다. "저희는 세계 방방곡곡을 돌아다니며 퍼블리싱 회사들과 회의를 했어요. 투자 액수가 너무 크다고 판단했는지 규모가 아주 큰 회사들도 쉽게 결정하지 못하더군요. 사실 대단히 성공했다고 할 수 있는 MMO 게임은 몇 개 없어요. 그나마 성공 모델로 꼽을 수 있는 게임은 〈월드 오브 워크래프트〉 하나뿐이죠."

회사는 MMO 게임을 만들 수 있는 기술력은 가지고 있지만 할 수 있는 일은 별로 없는 상황에 처했다. 마지막 수단으로 다른 개발사의 외주 용역을 하게 됐지만 아무래도 외주 개발은 스페이스타임 제작진의 성에 차지 않았다. 무엇보다 큰 꿈

을 가지고 시작한 회사였기 때문이었다. "당시 외주 용역으로 살림을 꾸려가긴 했지만 세상을 바꾸고 싶다고 시작한 일의 결과가 그런 외주 용역 업무는 아니었죠." 라고 로저스는 말한다.

스페이스타임의 팀원들은 퍼블리싱 회사를 찾기 위해 세계 곳곳을 돌아다니며 남는 시간에는 아이폰을 꺼내 여러 가지 애플리케이션을 구경하곤 했다. "저희 네 명이 여행 중에 공항이나 자동차를 렌트하는 로비에서 아이폰을 들여다보며 기다리던 장면이 생생하게 기억납니다."라고 로저스는 말한다. "신기한 앱을 발견하면 서로에게 보여주고 싶어했는데, 그러다가 멀티플레이어 게임이 그렇게 많지 않다는 점을 깨닫게 됐죠. 그나마 찾은 멀티플레이어 게임들은 전부 동기화 기능이 없거나 턴제로 돌아가는 게임들이었어요."

흥미로운 사실

- 스페이스타임 스튜디오는 끝내 발매되지 못한 〈블랙스타〉의 제작 과정에서 제작했던 게임플레이 영상을 유튜브에 공개했다.
- 클락로켓의 웹사이트에는 스페이스타임 스튜디오와 관련된 내용이 전혀 없다. 클락로켓닷컴(clockrocket.com)의 'about' 페이지에 가면 수줍은 독립 개발사인 척 하는 소개글을 올려 놓아서 사정을 아는 이들에게 소소한 웃음을 준다.
- 스페이스타임 스튜디오의 다른 애플리케이션으로 〈스페이스타임 커뮤니티(Spacetime Community)〉와 〈스타 레전드: 블랙스타 크로니클〉 등이 있다.

2009년 중순이 되자, 스페이스타임은 휴대폰용 MMO의 가능성에 대해 진지하게 생각해보기 시작했다. 기기들은 이미 인터넷에 연결돼 있었고, 3차원 그래픽을 표현할 수 있는 성능을 지니고 있었다. 게다가 사람들은 이미 휴대폰을 통해서 벨소리나 노래를 구입하는 데에 익숙해져 있기 때문에 소액 결제에 대한 거부감도 없었다. "아무도 해본 적은 없지만 그렇다고 아무도 할 수 없다는 이야기는 아니죠."라고 로저스는 말한다.

스페이스타임은 아직 자신들의 브랜드를 내건 앱을 만들 준비가 되어 있지 않았기 때문에 클락로켓 게임즈Clockrocket Games라는 보조 회사를 만들어 몇 개의 실험적인 게임을 무료로 배포했다. 팀원들은 〈샷건 그래니Shotgun Granny〉나 〈좀비 웨더맨Zombie Weatherman〉 등의 저렴하고 쉬운 애플리케이션들을 만들면서 앱스토어와 아이폰에 익숙해졌고, 자신들의 브랜드에 흠이 생기는 일도 피할 수 있었다. 2009

년 말경, 스페이스타임 제작진은 아이폰 앱에 충분히 익숙해졌다고 판단했고 드디어 〈포켓 레전드〉의 제작을 시작했다.

〈포켓 레전드〉의 제작 과정에서 중요한 과제는 게임이 제대로 작동할 수 있도록 게임 엔진과 미술을 최적화하는 일이었다. 각 퀘스트는 5분에서 10분 사이로 줄였고, 캐릭터 디자인도 단순화시켜 한 화면에 수십 명이 등장하더라도 속도가 느려지지 않도록 했다. 일반적인 MMO 게임의 디자인 원칙은 모두 팽개쳤다. MMO 개발에 대단한 경력을 가진 팀이었지만, 개발 작업 자체가 큰 도전이었다. "과거에 게임을 만들던 경험을 최대한으로 활용했다고 생각합니다. 돌아보면 그 경험 덕분에 이런 게임을 만들 수 있었어요."라고 로저스는 말한다. "결국 일반적인 MMO 게임이 가져야 할 기본적인 부분들을 대단히 많이 변경해야 했습니다. 그 과정에서 저희가 가지고 있던 개발 경력은 큰 축복이기도 했지만, 한편으로는 저주가 되기도 했습니다."

지난한 개발 과정이었지만 결국 완성품을 만들어냈다. 2010년 4월 초 아이패드 1이 발매되면서 〈포켓 레전드〉도 유니버설 앱으로 나오게 됐고, 이후 대단한 성공을 거두게 된다. 무료로 받을 수 있는 이 게임은 iOS 기기에만 300만 번이 넘는 다운로드 횟수를 기록했고 그 중 10%의 사용자가 앱 내 구매를 통해 아이템을 샀다. 이후 제작된 안드로이드 버전은 100만이 넘는 다운로드를 기록했다.

〈포켓 레전드〉는 점점 성장하고 있다. 200번 이상의 업데이트가 있었고 게임 내에서 이뤄진 패치는 셀 수 없이 많았다. 지금 이 글을 쓰는 시점에서 하루 평균 1.7번의 패치가 있었다. 이후 스페이스타임은 〈블랙스타〉 세계관에 기반한 두 번째 모바일 MMO 게임을 출시했다. 〈스타 레전드: 블랙스타 크로니클Star Legends: The Blackstar Chronicles〉이라는 게임이다.

포토 앤 카벵가

플랫폼 : 아이폰/아이팟 터치
가격 : 0.99달러
개발사 : 허니슬러그(Honeyslug)
발매일 : 2011년 2월 17일

게임 소개

〈포토 앤 카벵가Poto and Cabenga〉는 믿기 힘들 정도로 간단한 조작으로 여러 가지 일을 할 수 있는 게임이다. 겉으로 보기에 〈캐너벌트〉와 유사한, 끝없이 달리는 진부한 게임으로 보일 수 있고 실제로도 그렇다. 하지만 전혀 다른 곳에 있는 두 캐릭터를 동시에 조작해야 한다는 점에서 〈캐너벌트〉와 다르다.

게임을 시작하면 잠시 후 포토라는 소녀가 커다란 새에게 잡아 먹힌다. 그리고 포토의 말을 잘 듣는 카벵가라는 말이 나오는데 얼핏 보면 암소처럼 보이기도 한

다. 화면이 위아래로 나뉘고, 포토는 위에, 카벵가는 아래에 위치한다. 여기부터 게임이 재미있어 진다. 플레이어가 화면을 터치하면 두 캐릭터에 동시에 적용되기 때문이다.

화면을 터치하고 손을 떼지

않으면 포토가 점프를 하고, 카벵가의 달리는 속도가 빨라진다. 손가락을 떼면 그 반대가 된다. 즉, 카벵가는 점프하고 포토는 속도를 높인다. 공중과 땅에서 장애물들이 끊임없이 나타나고, 두 캐릭터에게 따로따로 나타나는 위험을 피하기 위해 달리기와 점프 중에서 선택해야 하기 때문에 계속해서 화면을 탭하는 타이밍을 생각해야 한다. 이 게임 플레이는 한 손으로 배를 쓰다듬으면서 동시에 다른 손으로 머리를 두드리는 놀이와 비슷하고, 실수하지 않고 게임을 계속 하다 보면 마치 대단한 두뇌를 가진 것 같은 느낌이 든다.

게임 비화

이 책에서 소개하는 다른 몇몇 게임들처럼 〈포토 앤 카벵가〉는 콘테스트 응모용으로 만들어진 게임이다. '감마 IV 원버튼 게임Gamma IV One-Button Games'이라는 이름의 콘테스트였고, 여섯 개의 게임을 선정해 샌프란시스코에서 열리는 게임 개발자 컨퍼런스GDC, Game Developers Conference의 파티장에 전시하는 행사였다. 제작사인 허니슬러그의 리키 해깃Ricky Haggett은 게임을 만들어 출품해야겠다고 결심하고 오랜 친구인 리처드 호그Richard Hogg와 함께 아이디어를 짜내기 시작했다. "처음에는 리듬을 이용한 게임을 만들까 하는 생각이 있었어요."라고 해깃은 말한다.

> **통계**
> ■ 플래시 버전의 개발 기간 : 2주
> ■ 아이폰 버전의 개발 기간 : 1개월

아이디어 중에는 거대한 징 같은 악기를 들고 길거리의 사람들을 유도하는 게임도 있었다. 호그는 뭔가 통통 튀어 오르는 게임에 대한 아이디어를 가지고 있었다(이 아이디어는 후에 허니슬러그에서 게임으로 만들었다고 한다). 두 사람은 곧 점프 기능을 하는 버튼 하나로만 조작하는 플랫폼 게임을 어떻게 구현할지 생각하기 시작했다. "그러다가 호그가 게임의 기본이 되는 아이디어를 떠올렸어요. 〈리듬천국Rhythm Tengoku/Paradise〉에 대해서 이야기하던 중이었는데, 스타일러스를 화면에 대지 않고 기다릴 때의 느낌이 굉장히 좋다는 이야기를 했죠."라고 해깃은 말한다. 그 이야기를 들은 해깃은 곧바로 두 캐릭터를 동시에 조작하는 플랫폼 게임 아이디어가 떠올렸다. 한 캐릭터는 버튼을 눌러야 점프하고, 다른 캐릭터는 버튼을 놓을 때 점프하는 식이었다. "하루 종일 생각을 하다가 집에 가는 버스

안에서 정리를 해봤어요. 버튼을 누르고 있거나, 누르지 않는 상황을 고려했죠. 누르는 동작, 떼는 동작, 누르고 있는 동작, 누르지 않고 있는 동작을 각각 생각해보면 버튼 하나로 네 가지 조작을 할 수 있는 방법이었거든요."라고 해깃은 말한다.

이 아이디어를 가지고 해깃과 호그는 주말을 이용해서 프로토타입을 제작했다. 어디까지나 시험용이었기 때문에 시간을 아끼기 위해 캐릭터를 직접 만드는 대신 〈슈퍼 마리오 월드〉에서 그래픽을 따왔다. "스크롤도 없고, 단순하게 화면을 위아래로 구분했습니다. 마리오와 루이지를 쿠파스 위로 점프시켰죠."라고 해깃은 말한다.

해깃은 게임 내에서 이뤄지는 점프에 대한 물리 법칙에 엄청나게 신경을 썼다. "까다로운 문제였습니다. 점프하는 느낌이 좋고 부드러운 몇 가지 방식이 있었지만, 그 방법을 쓰면 게임이 너무 어려워지더라고요. 결국 직각의 궤도로 점프하기로 결정했습니다. 바닥과 공중의 두 가지 상태만 설정하고, 점프나 착시할 때의 속도를 매우 빠르게 하기로 했죠."라고 해깃은 말한다.

점프에 대한 문제가 해결되자 해깃이 게임의 나머지 부분을 완성해서 감마 IV로 보내기까지 열흘 정도밖에 걸리지 않았다. 해깃은 지인들에게 게임 음악과 애니메이션을 만들어주길 부탁했다. 감마는 〈포토 앤 카벵가〉를 수상작으로 선정했고, 해깃과 그의 친구들은 샌프란시스코에서 즐거운 시간을 보낼 수 있었다.

1981년에 나온 닌텐도의 아케이드 게임인 〈동키 콩Donkey Kong〉의 세계 기록에 도전하는 스티비 위비라는 사람이 있다. 그의 이야기를 다룬 다큐멘터리인 '킹 오브 콩The King of Kong'이라는 멋진 다큐멘터리까지 나올 정도로 유명한 인물인데, 그 사람이 컨퍼런스에 와 있었고 허니슬러그의 팀원들도 바로 앞에서 그가 동키 콩 세계 기록에 도전하는 광경을 지켜봤다. "대단한 광경이기도 했지만, 한편으로는 조금 슬프기도 했어요."라고 해깃이 말한다.

행사장에서 〈포토 앤 카벵가〉는 큰 인기를 끌었지만, 해깃은 사람들의 다양한 반응을 잘 기억하고 있었다. "어떤 사람은 와서 게임을 시작하더니 두세 번 밖에 죽지 않으면서 게임을 깨버렸어요. 잘 못하는 사람도 있었죠. 주인공인 포토가 용한테 먹혀버리자 화가 나서 컨트롤러를 집어 던진 사람이 제일 좋았어요."라고 해깃은 말한다.

행사가 끝나고 허니슬러그는 그 게임을 웹사이트에 무료로 공개했고 백만 명이 넘는 사람들이 게임을 즐겼다. 반응이 매우 좋았기 때문에 트레버 윌킨Trevor Wilkin 이라는 사람을 고용해서 iOS용으로 포팅하기로 결정했다. 〈포토 앤 카벵가〉로 허니슬러그가 큰 돈을 벌지는 못했다고 한다. 하지만 수많은 블로그에 게임에 대한 이야기가 올라오고, 좋은 평가도 많이 받았다는 점은 허니슬러그 같은 작은 독립 개발사로서 충분히 만족할만한 결과였다.

레이징 데드

플랫폼 : 아이폰/아이팟 터치
가격 : 0.99달러
개발사 : 고스트버드 소프트웨어(GhostBird Software)
발매일 : 2010년 1월 14일

게임 소개

〈레이징 데드The Raging Dead〉에서 플레이어는 좀비가 창궐하는 지옥 같은 도시를 조감도로 내려다보게 된다. 좀비는 붉은 점으로, 인간은 푸른 점으로 표시된다. 각 레벨을 시작하면 감염되지 않은 시민 수백 명 사이에 몇몇의 좀비가 흩어져 있는 도시가 보인다. 좀비는 푸른 점을 쫓아다니고 좀비와 접촉한 푸른 점은 좀비로 변한다. 그리고 좀비는 매우 빠르게 증식한다.

플레이어는 폭탄이나 기관총으로 좀비를 퇴치하고 사람들을 구해야 한다. 좀비를 없애는 일이 쉽지만은 않다. 일례로, 기본적으로 주어지는 무기는 정확도가 매우 떨어지고 재장전 속도도 비교적 느린 편이다. 따라서 더 크고, 강력하고, 빠른 무기로 업그레이드할 때까지 매번 발사할 때마다 숫자를

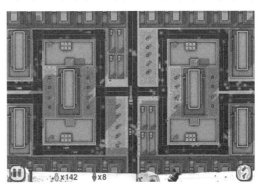

세야 한다. 하지만 한 번 통과한 레벨을 다시 플레이할 수 있기 때문에 무기를 업그레이드하는 데에 도움이 된다. 후반부 레벨을 쉽게 공략하려면 상황에 맞는 무기가 필요하기 때문이다. 예를 들어 무리와 떨어져서 다니는 좀비를 잡을 때에는 기관총이 좋고, 좀비들이 모여 있을 때에는 폭탄으로 한 번에 없애버리는 편이 훨씬 낫다. 하지만 그렇게 하면 도시 시설에 피해를 입히게 되고 점수를 많이 받지 못한다. 남아 있는 사람의 숫자와 레벨을 깨는데 걸린 시간도 점수에 함께 반영된다.

〈레이징 데드〉의 그래픽은 단순하지만 사람들을 표현하는 점들은 엄청난 자기 보호 행동을 보여준다. 좀비에게 쫓기면서 때로는 무리지어 움직이기도 하는데 이는 장단점이 있다. 화면상의 모든 푸른 점들이 한 곳에 몰려 있을 경우 사람들에게 다가가는 좀비를 찾아내서 해치우는 일이 별로 어렵지 않다. 반면에 여러분의 공격에서 살아남은 좀비가 단 하나뿐이라고 해도 무리지어 있는 사람들에게 섞이면 정말이지 깜짝 놀랄만한 속도로 사람들이 감염되는 장면을 볼 수 있다.

앱스토어에 작성된 〈레이징 데드〉의 리뷰 별점은 꽤 낮은 편이다. 게임의 시각적인 디자인이 단순하다는 점이 큰 이유가 될 것이다. 그래픽에 실망한 사람들은 이 게임의 묘미를 잘 알아보지 못한 것 같다. 나는 〈레이징 데드〉가 처음 나왔을 때부터 좋아했고 좀비를 죽이는 듀얼 스틱 슈팅 게임이 아니라는 점도 마음에 든다. 〈레이징 데드〉는 매우 독특한 시각을 가진 좀비 게임인데도 사람들이 많이 알아주지 않아서 상당히 유감스럽다.

게임 비화

그 동안 만나본 게임 개발자들 중에서 〈레이징 데드〉의 프로그래머이자 디자이너인 트레비스 휴렛Travis Houlette만큼 기가 죽어 있는 사람은 별로 없었다. 대단치 않은 판매를 기록한 〈님블 스트롱Nimble Strong〉조차도 응원해주는 팬이 생기고 언론에서 좋은 평가를 받는 등의 긍정적인 면을 찾을 수 있었지만, 〈레이징 데드〉는 그런 기회도 없었다. 한마디로 고스트버드 소프트웨어GhostBird Software는 꿈도 희망도 없는 상태였다.

〈레이징 데드〉에 얽힌 이야기는 2009년 여름으로 거슬러 올라간다. 트레시스

휴렛과 그의 친구들은 좀비 시뮬레이션 게임에 대한 아이디어로 제작을 시작했다. 밸브Valve의 유명한 좀비 아포칼립스 게임인 〈레프트 포 데드Left 4 Dead〉에서 영감을 얻은 휴렛의 팀은 다수의 사람들에게 좀비 바이러스가 퍼져나가는 점에 초점을 맞춘 게임을 만들고 싶었다.

팀원들은 인터넷에서 본 좀비 아포칼립스 게임에서 많은 아이디어를 얻었다. 지금도 hardcorepawn.com/zombie3/에서 제공하고 있는 이 게임에는 무작위로 움직이는 수천 개의 점이 나온다. 녹색 점은 좀비, 핑크색 점은 인간을 의미하고, 녹색의 점들이 퍼져나가면서 인간인 보라색 점들을 점점 좀비로 만들어간다. 플레이어는 위에서 내려다보는 시점을 가지고 있고 미친 듯이 화면을 클릭해서, 즉 폭탄을 떨어뜨려 좀비를 없애고 확산을 막는 것이 게임의 목표다. 휴렛은 그 아이디어가 마음에 들었다. 휴렛과 그의 팀은 인간과 좀비의 인공지능을 향상시키고 상호작용하는 도시의 풍경과 업그레이드 가능한 다양한 무기 체계 등을 잘 구현한다면 제대로 된 게임을 만들 수 있을 것 같았다.

〈레이징 데드〉의 제작은 시작부터 난관의 연속이었다. 휴렛과 다른 팀원들은 다른 직장을 다니고 있었기 때문에 여유 시간을 쪼개 게임 제작에 써야 했다. "개발은 정말로 진이 빠지는 일입니다. 직장에서 하루 종일 게임을 만들다가 퇴근해서 집에 오면 눈을 뜨고 있을 수 없을 때까지 〈레이징 데드〉 작업을 했죠."라고 휴렛은 말한다.

통계

- 개발 기간 : 6개월
- 발매 후 3개월 동안의 유료 다운로드 횟수 : 3,000번
- 발매 후 3개월 동안의 크랙 버전 다운로드 횟수 : 10,000번

〈레이징 데드〉의 어려움은 인공지능에서 시작됐다. 해결해야 할 문제 중에서 가장 어려운 일이었다고 한다. "저희가 참고했던 게임에서는 인간과 좀비들이 단순하게 무작위로 돌아다닐 뿐이었어요. 하지만 우리는 좀비들이 좀비답게 움직이고, 겁에 질린 인간들은 좀비를 피해 도망가는 상황을 구현하고 싶었습니다"라고 휴렛은 설명한다. "즉, 좀비가 인간을 발견하고, 쫓아가는 상황이 나오고, 인간은 좀비를 보면 도망가려고 하죠. 인간들은 도시의 지리를 파악하면서 도망갈 수 있다는 이야기이고 좁은 골목으로 가거나 자동차나 나무 같은

장애물들이 나오면 돌아갈 수 있다는 의미입니다."

고스트버드는 더 미묘한 부분까지 파고들었다. 좀비에게 쫓기는 사람들이 무리 지어서 도망가는 경향까지 표현하고 싶었다. 하지만 이런 식의 복잡한 인공지능을 수백 개의 점에 적용하려고 하니 오래된 iOS 기기들에서는 제대로 작동하지 않았다. 고스트버드는 이를 극복하기 위해 한 화면에 나오는 점들을 최대 600개로 제한했다. 적지 않은 숫자인데도 개발팀은 초당 30프레임의 부드러운 움직임을 만드는 데에 성공했고 이는 휴렛이 꽤 자랑스러워하는 부분이다.

휴렛은 인공지능 개선 작업과 함께 레벨이 올라감에 따라 부서지는 건물을 도입하거나, 도심을 최소한으로 파괴하면 높은 점수를 얻는 등의 설정을 추가했다. 하지만 〈레이징 데드〉에서 가장 취약한 부분은 업그레이드가 가능한 무기 체계였다. 고스트버드 팀은 자신들이 참고한 게임처럼 무지막지하게 클릭을 해야 하는 방식으로 만들고 싶었지만 그런 방식을 쓰기에 〈레이징 데드〉의 화면에 등장하는 좀비와 인간들의 숫자가 그렇게 많지 않았다. 결국 게임 초반에 주어지는 기본 무기의 재장전 속도를 늦추는 방법을 택했다. "플레이어가 무차별적으로 발포하는 게 아니라 정확하게 조준해서 쏘도록 했습니다."라고 휴렛은 말한다.

완성된 게임의 무기 업그레이드 체계에는 다소 미진한 부분이 있었다. 계속해서 무기를 업그레이드하면 플레이어는 재장전 시간이 거의 없는 무시무시한 살인 기계가 돼서 지나치게 강력해지는 문제였다. 팀원들은 그런 부분이 마음에 들지 않았지만 당시에는 이미 6개월이나 개발에 매달리고 있던 때였다. 결국 그대로 발매하기로 했다. "저희가 상상했던 것과 조금 다른 게임이 됐어요."라고 휴렛은 인정한다. "더 많은 내용과 다양한 게임 모드를 집어넣고, 게임 플레이도 조금 더 가다듬었어야 했는데 너무 급하게 발매한 것 같아요. 생각만큼 재미있지 않은 게임이 됐습니다. 그렇게 된 데에는 여러 가지 이유가 있죠. 저는 이 게임에 대해서 속속들이 알고 있지만, 가끔은 직접 플레이하는 것보다 게임 속 세상이 아수라장이 돼가는 것을 보는 게 더 재미있을 때가 있어요."

팀원들은 이 게임에 더 이상 시간을 쓰는 일이 별로 의미가 없다는 결정을 내렸다고 한다. 게임을 발매했지만 실질적으로 '도착 전에 이미 사망한' 상황이었다. 발매 후 첫 세 달 동안 고작 3천 카피가 팔렸고, 합해봐야 4천 달러가 채 안 되는 수익을 올렸다. 앱스토어 리뷰에서 보는 반응은 미지근한데다가 크랙된 불법 버전도 상당히 많았다. 고스트버드는 게임을 이틀 동안 무료로 전환한 적이 있는데 그 기간 동안 거의 5만 번의 다운로드가 있었다. "크랙 버전을 포함해서 7만 5천 명 정도가 저희의 게임을 즐겼습니다. 하지만 현실에서 저희의 게임에 대해 제목이라도 들어본 사람을 한 명도 보지 못했어요."라고 휴렛은 말한다.

흥미로운 사실

- 고스트버드는 몇 개의 사진 관련 앱을 앱스토어에 출시했고 꽤 큰 수입을 올리고 있다.
- 고스트버드의 다른 애플리케이션으로는 〈도토팝(Dotopop)〉과 〈포토포지 2(PhotoForge2)〉 등이 있다.

나는 휴렛이 자신의 작품에 대해서 지나치게 가혹한 평가를 내리고 있다고 말하고 싶다. 조금 더 많은 추가 모드를 넣고 게임의 마지막까지 좀비를 찾아내서 박멸하는 데에 집중할 수 있도록 밸런스를 잘 맞춰서 발매했어야 한다는 점에 대해서는 휴렛에게 동의하지만, 〈레이징 데드〉는 그 자체로 충분히 의미 있는 게임이라고 생각한다. 고스트버드는 위험으로부터 도망가는 인간의 어떤 특성을 인공지능에 기반한 작은 픽셀의 움직임으로 대단히 훌륭하게 구현했다. 사람들이 떼를 지어 좁은 골목으로 도망치는데 맞은 편에 좀비들이 떼를 지어 사람들을 기다리고 있는 장면을 보고 있으면 살기 위해 그렇게 열심히 발버둥치는 인간들을 지켜주지 못해서 미안하다는 감정이 생겨날 정도다.

물론 〈레이징 데드〉는 완벽한 게임이 아니다. 하지만 결코 놓칠 수 없는 훌륭한 점이 있는 것도 사실이다. 다른 이들도 그런 부분을 함께 했으면 하는 바람이다.

로보소켓: 링크 미 업

플랫폼 : 아이패드/아이폰/아이팟 터치 (유니버설 앱)
가격 : 0.99달러
개발사 : 타템 게임즈(Tatem Games)
발매일 : 2011년 2월 21일

게임 소개

〈로보소켓Robosockets〉의 스크린샷을 보면 블록이 떨어지는 퍼즐 게임이겠거니 하는 생각이 든다. 하지만 이 게임은 그렇게 단순하게 평가할 게임이 아니다.

〈로보소켓〉에서 맞춰야 하는 퍼즐 조각은 살아있는 작은 로봇이다. 사각형의 로봇들은 서로 다른 숫자의 소켓을 가지고 있다. 어떤 로봇은 네 방향의 소켓을, 다른 로봇은 하나 혹은 두 개의 소켓이 달려 있다. 이웃한 로봇의 소켓들이 마주보고 있으면 소켓끼리 서로 연결되고, 이는 이 게임에서 핵심적인 요소다. 다섯 개 이상의 로봇이 소켓으로 연결되면 폭발해서 없어지고 새로 생긴 빈 공간에 계속해서 떨어지는 로봇들을 채워 넣는 게임이기 때문이다.

떨어지는 로봇을 가장 경우의 수가 많아지도록 배치하는 일이 〈로봇소켓〉에서 가장 중요한 부분이다. 게임 발매 후 6개월 후에 있었던 업데이트에서 다음에 떨어질 로봇의 종류가 화면에 표시되는 기능이 추가됐고 이로 인해 미리 바닥에 깔려 있는 로봇들을 분석해서 최대한 많은 로봇을 연결시켜 터뜨리고 넉넉한 공간을 유지할 수 있는 전략을 짤 수 있게 됐다.

게임 초반은 꽤 간단하게 구성되어 있지만 싱글 플레이 캠페인을 따라가다 보면 게임의 양상이 많이 바뀌고 오랫동안 플레이해도 질리지 않게 해주는 다양한 특수 무기들이 등장한다. 폭탄이나 다른 로봇을 밀어내는 팔이 달린 로봇 등은 대책 없이 쌓여 있는 로봇의 배치를 바꾸기 위해 반드시 필요한 특수 기능을 제공한다.

좋은 아이디어에서 나온 다른 게임들과 마찬가지로, 〈로보소켓〉은 몇 시간을 해도 질리지 않는 종류의 게임이다. 일단 해보면 그 진가를 알게 된다.

게임 비화

타템 게임즈의 시작은 우크라이나의 게임 제작사인 액션 폼즈Action Forms가 설립된 1995년으로 거슬러 올라간다. 타템 게임즈는 액션 폼즈 내에서 주로 모바일 게임 분야를 맡았던 작은 회사였다.

타템은 〈레이서Racer〉라는 게임으로 일찌감치 앱스토어에서 히트를 친 경험이 있었다. 다른 자동차들을 피하면서 도로를 주행하는 간단한 게임인 레이서는 발매 직후 상당히 좋은 평가를 받았고 판매 기록도 좋았다. 레이서의 성공 이후 회사는 iOS 플랫폼에 더 많은 자원을 투자해도 되겠다는 확신을 가지게 됐고, 이후 늘어날 업무량에 대비해서 직원도 세 명에서 일곱 명으로 늘렸다.

〈로보소켓〉의 프로듀서인 이반 포고디키Ivan Pogodichey는 2009년 초가을의 어느 날 샤워하던 중에 〈로보소켓〉의 아이디어를 떠올렸다고 한다. 테트리스의 블록들을 〈파이프 매니아Pipe Mania〉(무작위로 주어지는 여러 종류의 파이프를 연결해서 물길을 만드는 퍼즐 게임. 1989년 첫 발매 후 다양한 플랫폼으로 이식됐다 – 옮긴이)에 나오는 파이프들로 대체한다는 간단한 아이디어였다. "같은 방식의 게임이 이미 만들어지지 않았을까 하는 걱정을 할 수 밖에 없었습니다."라고 포고디키는 말한다. 팀원들은 앱스토어와 웹에서 제공하는 플래시 게임들을 뒤져가며 비슷한 게임을 찾았지만 다행히도 그런 게임은 없었다. 포고디키는 게임 아이디어를 회사에 제안했고, 바로 그 날부터 프로토타입 제작을 시작했다.

처음에는 게임의 테마를 서커스로 기획했다. 하지만 당시 아이폰과 아이팟 터치 의 해상도가 너무 낮아서 팀이 원하는 만큼의 세밀한 미술 스타일을 구현하는 데 에 문제가 있었다. 그렇다고 두들 스타일로 쉽게 가는 방법을 택하고 싶지 않았기 때문에 결국 서커스 테마는 포기하고 디자인을 처음부터 새로 시작하기로 했다. 얼마 후 세밀하지는 않지만 그런대로 최종 완성된 게임에 많이 다가선 프로토타입 이 만들어졌다. "당시 저희는 프로토타입 그대로 그냥 발매해 버릴까 하는 농담을 했었어요. 물론 저희에게는 굉장한 게임을 보여주겠다는 야심이 있었죠."라고 포 고디키는 말한다.

> **통계**
> - **개발 기간** : 1.5년
> - **〈로보소켓〉의 무료 버전을 해보고 유료 버전으로 업그레이드한 사람의 비율** : 5%

하지만 그 후에 정확한 내막은 알 수 없지만, 어떤 이 유로 인해서 〈로보소켓〉의 개발이 중지되고 팀원들은 다른 프로젝트에 투입됐다. 〈레이서〉의 매출이 점점 감소하고 있었기 때문에 회사는 액션 폼즈의 오래된 PC 게임인 〈카니보어Carnivores: Dinosaur Hunter〉를 아이폰용으로 포팅해서 조금이라도 매 출을 올리고, 동시에 당시의 아이폰 2세대의 하드웨어 성능을 시험해보기로 결정 했다.

〈캐너보어〉의 판매 실적은 괜찮았다. 현금이 넘치게 밀려들어왔고 팀은 다른 프 로젝트를 시작할 수 있었다. 그제야 미완으로 남겨졌던 퍼즐 게임을 다시 들여다 보게 됐다. 재검토를 시작하자 거의 곧바로 테마를 로봇으로 바꿔 다시 만든다는 아이디어가 나왔다. 유일한 문제는 미술을 담당할 사람을 찾는 일이었다. 타템 게 임즈의 홍보를 담당하던 나디아 시도렌코Nadia Sydorenko가 당시 상황을 자세히 설명 해줬다. "소규모 독립개발사의 자금 상황은 뻔하죠. 물어보나마나입니다. 게임 제 작 내역서는 없어도 예산 규모는 분명합니다. 다시 말해, 제작 예산은 적을수록 좋 다는 의미입니다."

타템 게임즈는 프리랜서들이 모인 웹사이트에서 콘테스트를 개최해서 미술 담당을 선발했다. 뽑힌 이는 1960년대 스타일의 인상적인 로봇 디자인을 제출한 사람이었다. 미술 담당자는 다른 팀원과 마찬가지로 러시아어를 하는 사람이었지만 개발 중 의사 소통에 많은 어려움이 있었다. 포고디키에 따르면 그 미술 담당자는 스카이프나 메신저 등의 최신 채팅 프로그램을 극도로 싫어하는 괴팍한 사람이었다고 한다. "저희는 케케묵은 ICQ 클라이언트를 설치해야 했어요. 그 사람과 연락하는 일 말고는 전혀 쓸 일이 없는 프로그램이었습니다."

흥미로운 사실

- 타템 게임즈는 엔지모코(ngmoco)(2008년 설립된 미국 기반의 모바일 게임 퍼블리싱 기업 – 옮긴이)의 Plus+라는 서비스를 이용하려고 했으나, 다소 문제가 많았다. 대신 애플의 게임 센터(Game Center)를 선택했다.
- 〈로보소켓〉의 첫 번째 발매 버전은 약간의 밸런스 문제가 있었다. 레벨 13 공략에 성공한 사람이 거의 없었다.

〈로보소켓〉의 발매는 여러 번 연기됐고 2011년 초가 돼서야 겨우 발매할 수 있었다. 제작진은 거의 마지막까지 게임의 사운드트랙에 그다지 신경 쓰지 않았는데, 당시 포고디키는 타일랜드로 휴가를 떠난 상태였다. 그는 아이패드를 들고 자리에 앉아 녹음 프로그램을 사용해서 〈로보소켓〉의 점수가 올라갈 때마다 나오는 음악을 만들었다. 시도렌코의 말로는 포고디키가 섬을 돌아다니는 관광 보트 위에서 게임 음악을 만들었다고 한다.

발매 후 〈로보 소켓〉은 대단한 반향을 불러일으키는 데에 실패했다. 대형 웹사이트에서 관련 소식을 다뤘고 첫 반응도 괜찮았지만 얼마 되지 않아서 매출이 지지부진해졌다. 타템 게임즈의 팀원들은 게임이 발매된 시기가 너무 늦었다는 점을 깨달았다. 〈로보소켓〉이 대단한 성공을 거두지는 못했지만 타템 게임즈가 독창적인 게임을 매우 훌륭하게 만들어냈다는 사실에는 변함이 없다.

롤랜도

플랫폼 : 아이폰/아이팟 터치
가격 : 0.99달러
개발사 : 핸드서커스(HandCircus)
퍼블리셔 : 엔지모코(ngmoco)
발매일 : 2008년 12월 18일

게임 소개

〈롤랜도Rolando〉는 아이폰 게임의 잠재력을 보여준 첫 번째 게임이다. 초창기의 아이폰 게임들은 대부분 덩치가 커다란 게임을 작은 기계 속으로 구겨 넣은 인상을 줬던 반면, 〈롤랜도〉의 개발진은 아이폰을 들여다보며 오직 이 기계로만 가능한 게임은 무엇일지 심각한 고민을 했다. 핸드서커스HandCircus는 그에 대한 정답을 찾은 셈이다.

롤랜도라는 이름의 작고 동그란 상상의 생물을 조종해서 36레벨까지 가는 것이  이 게임의 목표다. 여러 가지 면에서 이 게임을 횡방향 스크롤 전략 게임이라고 부를 수 있다. 거의 대부분의 경우에 여러 마리의 롤랜도를 한꺼번에 조종해야 하기 때문이다. 터치와 드래그를 사용해서 여러 마리의 롤랜도를 선택할 수 있고, 아이폰을 기울이면 현재 선택된 롤랜도들이 그 방향으로 굴러간다. 간단한 방식이지만 여러 가지 부가 기능이 포함돼 있기 때문에 풍부하고 다양한 경험을 즐길 수 있는 게임이라고 할 수 있다.

게임 속 맵은 여러 층의 플랫폼과 터치로 조종할 수 있는 사물들로 구성돼 있다. 어떤 종류의 롤랜도는 전체 맵을 돌아다닐 수 있는 특수 기능을 가지고 있다. 롤랜도를 실어 나르는 엘리베이터가 나오고, 접착성이 있는 롤랜도를 벽에 붙여 스위치를 켜야 게임이 진전되는 상황도 나온다. 어떤 레벨에서는 롤랜도 세상의 왕인 커다란 캐릭터가 나오는데, 이 왕 캐릭터는 스스로는 움직일 수 없고 다른 롤랜도들이 힘을 합쳐서 밀어줘야 한다.

롤랜도는 터치스크린의 작동 방식을 매우 성공적으로 적용한 게임이다. 예를 들어, 두 손가락 스와이프로 화면을 움직여 맵 주변을 훑어볼 수 있는데 대기하고 있는 롤랜도들은 화면 가장자리에 나타날 위치를 미리 알려주는 작은 방울로 표시된다. 손가락으로 롤랜드 방울을 탭하면 화면은 자동적으로 확대돼 그 롤랜도가 화면 중앙에 오도록 이동한다. 복잡한 방식을 쓰지 않고 간단한 터치만으로도 게임을 즐기기에 무리가 없도록 디자인됐다.

앱스토어에서 유명세를 떨친 근래의 게임들과 비교해봐도 굉장한 게임이다. 롤랜도는 iOS 개발자가 배워야 할 디자인 철학을 보여주는 대표작이라고 할 수 있다.

게임 비화

게임 제작자인 사이먼 올리버Simon Oliver는 〈롤랜도〉를 만들기 전까지 디지털 미디어 분야에서 안 해본 일이 없는 만능 개발자였다. 프리랜서로서 웹사이트, 플래시 게임, 교육용 소프트웨어 등을 제작했고 한때는 런던의 과학 박물관과 자연사 박물관과 관련된 일을 하기도 했다. 올리버는 자신의 일이 크게 불만족스럽지는 않았지만, 사실 그의 진짜 목표는 세상을 놀라게 할 게임을 만드는 것이었다. 게임 업계에서 제대로 자리를 잡기 위해서 조금 더 게임과 관련된 기술이 필요하다는 생각을 한 올리버는 게임 디자인에 대해서 가능한 많은 지식을 익히고, 독학으로 몇 가지 프로그래밍 언어를 익혔다. 이듬 해에는 포트폴리오로 쓸 수 있는 다양한 종류의 프로토타입을 제작했다.

하지만 그가 실제 게임 제작 경험이 별로 없다는 점이 그의 발목을 잡았다. 구인 공고에 응모할 때마다 면접에서 높은 점수를 받았지만 다른 경쟁자에 비해 그의 경력이 너무 짧은 점이 문제가 되었다. 올리버의 경쟁자들은 경험 많은 게임 전문 가들이었고 이는 극복하기 힘들어 보였다.

> **통계**
>
> ■ **개발 기간** : 9개월
> ■ **〈롤랜도〉 최초 발매 가격** : 9.99달러
> ■ **다운로드 횟수** : 200,000번 이상

당시는 독립 개발자들이 점점 많아지던 시기였다. 퍼블리싱을 해줄 회사 없이도 성공하는 개발자들이 많이 있었다. 올리버는 이에 자극을 받았다. "소규모 개발팀이라도 좋은 아이디어를 가지고 있다면 대단한 일을 할 수 있다는 것을 보여주는 사례가 많이 있었습니다."라고 올리버는 말한다. "좋은 평가만 받고 끝나는 게 아니라 디지털 배포를 통해 상업적으로도 성공을 거둘 수 있었죠." 〈월드 오브 구World of Goo〉 등의 인디 타이틀이 성공하는 모습을 지켜본 올리버는 전통적인 게임 업계를 통한 방법을 포기하고 자신이 직접 일을 벌이기로 했다. 올리버에게는 넘쳐나는 아이디어가 있었지만, 우선 해야 할 일은 어떤 플랫폼에서 개발할지 정하는 일이었다.

그때쯤 아이폰이 발매됐다. 올리버는 아이폰에 깊은 인상을 받았고, 발매 당일 줄을 서서 구매했다. 그리고 즉시 아이폰을 해킹해서 내부 시스템을 살펴보고 직접 프로그램을 만들어봤다. 당시 해킹 커뮤니티는 아이폰 발매 직후에 비공식적인 소프트웨어 개발 키트SDK, Software Development Kit를 배포한 바 있다. 그 때가 2007년이었고 아직 앱스토어가 생기기 전이라는 점을 생각해보자. 올리버는 당시에 아이폰을 해킹하는 일이 대단한 도전이었다고 말한다. 하지만 며칠 안에 기초적인 게임을 만들 수 있었다. 올리버 자신이 몇 년 전에 만들었던 〈로디즈Roadies〉라는 플래시 게임과 비슷한 방식의 게임이었다.

> **흥미로운 사실**
>
> ■ 〈롤랜도〉의 캐릭터는 1980년대의 영국 SF쇼인 테라호크(Terrahawks)에 나오는 제로이드(Zeroids)에서 큰 영향을 받았다.
> ■ ngmoco는 게임을 실행시킬 때 누르는 버튼에 작게 프레디 머큐리(영국 록 그룹 퀸Queen의 멤버 – 옮긴이) 그림을 그려놓곤 한다.

2008년 3월, 애플이 조만간 공식 아이폰 SDK를 배포하고 앱스토어를 개장한다는 발표를 했다. 이 둘의 조합은 개발자들이 애플리케이션을 제작해서 직접 판매할 수 있다는 의미였다. "제가 기다렸던 플랫폼이 등장했다는 걸 알게 됐죠."라고 올리버는 말한다.

SDK가 배포된 날부터 올리버는 전력을 다해 아이폰용 게임의 포로토타입을 만들기 시작했다. 하지만 아이폰으로 구현 가능한 부분이 어디까지인지 확실히 알기 힘들었고, 다른 개발자들과 정보를 공유하고 이야기를 할 수 있는 방법도 없었다. 앱스토어가 문을 열기 전이었고, 애플의 SDK를 사용하기 위해서는 현재 제작 중인 프로젝트에 대해서 이야기하지 않는 비공개 준수 서약을 해야 했기 때문이었다. 올리버는 모든 것을 스스로의 힘으로 해결해야 했다. 하지만 진전은 있었다. "구조적으로 실현이 불가능한 장르나 게임 방식이 있다는 점을 알게 됐어요. 이미 만들어진 게임을 포팅한다 하더라도 잘 맞지 않은 부분이 있었습니다. 아이폰용 게임을 만들기 위한 유일한 방법은 온전히 아이폰에 맞춘 게임을 다시 만드는 것 뿐이었죠. 화면 상의 가상 버튼은 완전히 실패할 것이기 때문에, 전통적인 게임에서 쓰던 입력 방식은 포기해야 했습니다."

올리버는 새로운 디자인 철학을 마음에 담아 마침내 만족스러운 프로토타입을 만들었다. 공 모양의 캐릭터가 나오는 간단한 게임이었다. "최초의 아이디어는 실시간 전략 게임에 가까웠고 플랫폼 게임의 요소는 훨씬 더 적었습니다. 맵 위에서 이리저리 이동하면 캐릭터가 해야 할 일이 생기고, 캐릭터는 맵을 굴러다니며 임무를 수행했죠."라고 올리버는 말한다.

그 아이디어는 잘 구현되지 않았다. 플레이어가 여러 개의 캐릭터를 한꺼번에 움직여야 하는 상황이 되면 도무지 해결할 방법이 없이 혼란스러웠다고 한다. 작은 화면에서 맵을 이리저리 움직이는 일이 너무 힘들었고, 어떤 때에는 무언가를 조종하는 일 자체가 불가능했다. 올리버가 시험 삼아 게임 화면을 현재 선택된 캐릭터를 중심으로 고정하는 기능을 도입했을 때 모든 문제가 해결됐다. "플레이어는 각각의 캐릭터를 조종할 수 있으면서도 조종할 수 있는 수준과 필요한 만큼만 화면이 보이는 상황을 적절하게 유지할 수 있었습니다."라고 올리버는 말한다. "아마 그 순간이 제가 그 게임의 핵심을 파악했던 때였던 것 같아요. 더 제대로 된 게임으로 만들만한 가치가 있다는 생각이 들었죠."라고 올리버는 말한다.

당시 올리버는 프리랜서로 맡은 다른 일을 하던 중이었기 때문에 〈롤랜도〉 제작은 밤 시간과 주말을 이용해야 했다. 하지만 개발이 진전되고 끝이 보이기 시작하자 1주일에 며칠은 온전히 게임 개발에 투자하기로 했다. 그리고 게임에 개성을 부여해 줄 미술 작업을 할 사람을 찾기 시작했다. 올리버가 재능 있고, 괴짜 같으면서도 매력적인 그림을 그리는 미코 월러미스Mikko Walamies를 만나는 데에는 그리 많은 시간이 걸리지 않았다. 올리버는 월러미스에게 프로토타입에서 뽑아낸 몇 가지 스크린샷과 레벨 구성안을 보내 같이 작업을 할 생각이 있는지 물었다. 월러미스는 기꺼이 호응해주었고, 제작사인 핸드서커스가 탄생했다.

이후 몇 달간 올리버와 월러미스는 게임 개발에 온 힘을 다 했다. 2008년 6월 앱스토어가 문을 열었을 때 아직 발매할 만큼의 준비가 안 된 상태였다. 하지만 올리버는 게임의 홍보를 미리 시작하고 싶었기 때문에 앱스토어가 문을 열기 일주일 전에 티저 형식으로 만든 트레일러 영상을 공개했다. 트레일러는 대단한 반응을 얻었다. 많은 수의 언론 매체에서 게임의 진가를 알아봤고, 트레일러 영상은 빠르게 100,000뷰를 넘어섰다.

며칠 후 올리버는 엔지모코ngmoco의 설립자 중 한 명인 알란 유Alan Yu에게 이메일을 받았다. 엔지모코가 〈롤랜도〉의 퍼블리싱을 맡고 싶다는 제안이었다. 처음 이메일을 읽었을 때 올리버는 그다지 흥분되지 않았다. "제 첫 번째 대답은 왜 퍼블리싱 회사가 필요하냐는 질문이었습니다. 디지털로 배포하는 아이폰용 게임이잖아요!"라고 올리버는 말한다. "하지만 저희가 나눴던 이야기들은 정말 괜찮았습니다. 그리고 그들과 파트너십을 갖는 편이 서로에게 더 이익이 된다는 점을 알게 됐습니다. 사업에 있어서 마케팅, 홍보, 품질 관리, 지역화처럼 제가 전혀 알지 못하는 부분이 있는데 이 사람들은 그 방면에 있어서 대단한 능력을 가지고 있으니까요."

올리버는 샌프란시스코에 위치한 엔지모코를 찾아가 사람들을 만났다. 회의는 순조롭게 진행됐다. "딱딱 맞아 떨어졌어요."라고 그는 말한다. "올바른 방향이라는 생각이 들었고, 함께 일을 진행하게 됐습니다." 엔지모코는 핸드서커스에게 음악 제작 도구 등을 제공해주고, 사운드트랙과 관련된 허가 관련 업무 등을 처리해 줬다. 심지어 프로그래머인 앤드류 하이넥Andrew Hynek을 소개해줬고, 올리버는 그에게 대단히 큰 도움을 받았다고 한다.

〈롤랜도〉의 개발 완료를 앞둔 마지막 한 달간 올리버는 샌프란시스코의 호텔에 머물렀다. 엔지모코와 함께 마무리 작업을 계속하는 한편, 언론사와 관련된 행사에도 참여했다. 이 중에는 〈롤랜도〉를 소개하는 애플의 행사도 있었다. "발매될 때의 하루하루가 기억이 납니다. 게임 리뷰 기사를 미친 듯이 찾아봤어요."라고 올리버는 말한다. "정말 이상한 느낌이 들었어요. 게임이 어떤 평가를 받는지 전혀 모르겠더군요."

올리버의 걱정은 기우였다. 미디어에 정식으로 나온 첫 번째 기사는 포켓게이머PocketGamer.co.uk의 트레이시 에릭슨Tracy Erickson이라는 사람의 리뷰였다. 그는 게임에 10점 만점을 주면서 '올해 최고의 아이폰 게임'이라는 설명을 달았다. 이어진 아이지엔IGN.com의 리뷰는 9.6의 점수를 줬고, 〈롤랜도〉는 앱스토어 유료 인기 차트 10위권에 안착했다. 핸드서커스의 〈롤랜도〉는 아이폰 게임 역사에서 처음으로 등장한 히트 게임이 됐다.

숏 게임 어바웃 점핑

플랫폼 : 아이폰/아이팟 터치
가격 : 0.99달러
개발사 : 스나프(Snarp)
발매일 : 2010년 6월 10일

게임 소개

〈숏 게임 어바웃 점핑A Short Game About Jumping〉은 이 책에 소개하기에 적합하지 않은 게임일 수도 있다. 터무니없이 어려운데다가, 게임 음악으로 나오는 생뚱한 1900년대 초반 풍의 스윙 음악은 매력적이라고 해야 할지 특이하다고 해야 할지 모르겠다. 하지만 〈숏 게임 어바웃 점핑〉은 앱스토어에 있는 게임 중에서 가장 재미있는 원 터치 게임으로 꼽을 수 있다.

이 게임의 주인공은 괴상한 헤어스타일을 가진 이상한 모습의 파란색 캐릭터

다. 이 못생긴 괴물 같은 주인공은 왼쪽에서 오른쪽으로 자동으로 달리고, 플레이어가 할 수 있는 일은 화면을 터치해서 주인공을 점프시키는 일뿐이다. 게임의 제목대로 각 레벨은 짧은 편이지만, 몇 번의 점프는 엄청나게 정

확한 타이밍을 맞춰야 하기 때문에 꽤 여러 번 시도해야 통과할 수 있다.

이 게임은 대단히 훌륭한 유머 감각을 보여준다. 아마도 게임 디자이너 본인이 겠지만, 전지전능 비슷한 능력을 가진 어떤 존재가 있어서 플레이어에게 이런저런 말을 하는데, 한 줄짜리 대사로 플레이어를 웃게 만드는 재주가 있다. 이 게임이 할만한 게임이라는 생각이 드는 이유 중 하나는 게임에 나오는 장애물을 모두 통과하면 받을 수 있는 보상이 대단히 크다는 점이다. 철심이 박힌 구덩이를 간신히 통과하고, 중력이 변화하는 지대를 통과해서 마침내 목표지점까지 도달하고 나면 정말 무언가를 성취했다는 느낌이 든다.

게임 비화

2010년 봄, 스위스의 심리학자인 마커스 루Markus Ruh는 1인 소프트웨어 개발사인 스나프Snarp를 설립했다. 심리학 관련 소프트웨어, 도구 학습, 대화형 영화를 제작하는 데에 초점을 맞춘 회사였다. 이런 설명으로는 당최 무슨 일을 하는 회사인지 파악할 수 없는데, 심지어 루 본인조차도 본인이 처음 하려고 했던 일이 무엇이었는지 확실히 모르겠다고 한다. "그래서 제가 회사의 이름을 스나프라고 지었죠. 이런 이름을 지으면 회사가 하는 일이 완전히 바뀌어도 상관없거든요. 제가 컴퓨터 프로그래밍을 하든, 양떼지기를 하든 무엇에도 어울리는 이름입니다."라고 루는 설명한다. 이메일을 통한 이 인터뷰에서 루는 문장 끝에 웃는 얼굴 모양의 이모티콘을 덧붙였다.

> ### 통계
> - **개발 기간** : 5주(업데이트 포함)
> - **총 예산** : 0달러
> - **다운로드 횟수** : 200~300번

루가 가진 사고방식의 유연성은 그가 받은 다양한 교육 덕분인 것으로 보인다. 루는 프로그래밍, 심리학, 영화 과학, 범죄학 등을 공부했다. 회사의 목적을 설명하기 힘들어하지만, 루는 잠재적인 고객들에게 보여줄 수 있는 결과물이 필요하다는 생각을 했고 〈숏 게임 어바웃 점핑〉을 제작해서 플래시 게임으로 발표하는 계획을 세웠다.

루는 게임 개발자로서의 능력 부족과 게임에 기묘한 요소들을 넣은 이유에 대해서 꽤 솔직하게 말해줬다. 게임의 주인공에 대해서도 마찬가지였다. "플래시 버전을 만들 때 새로 디자인을 할만한 여유가 없었습니다. 그래서 두 다리를 가진 동그라미를 그렸고, 마이페인트MyPaint라는 무료 드로잉 소프트웨어로 머리카락을 붙였어요. 그 후에 이미지를 조금씩 비틀어서 움직임을 만들었죠." 그는 자신의 그림이 자세히 보면 엉터리 같다는 데에 기꺼이 동의하며 그럼에도 자신이 만든 결과에 만족한다고 말한다.

흥미로운 사실

- 각 레벨에 나오는 배경 화면들은 루가 자신의 아파트 발코니에서 찍은 사진이다.
- 겨우 300카피가 팔렸지만 팬이 있다. http://goo.gl/T5caF에서 확인할 수 있다.
- http://jump.snarp.ch/에서 무료로 〈숏 게임 어바웃 점핑〉을 즐길 수 있다.
- 스나프의 다른 애플리케이션으로는 〈미미르 아트 오브 메모리(Mimir Art of Memory)〉와 〈미미르 멘탈 매쓰(Mimir Mental Math)〉 등이 있다.

그 다음은 음악이었다. 언급한대로 이 게임의 사운드트랙은 굉장히 독특하다. 루에 따르면 자신이 작곡에는 영 재능이 없기 때문에 다른 방법을 찾았다고 한다. "저작권이 소멸되고 공개된 1910년의 음악을 임시로 썼는데, 이후에 다른 곡을 아무리 찾아봐도 모두 게임을 망치는 것 같았어요." 한 번은 자신이 디제리두didgeridoo라는 오스트레일리아 원주민의 피리로 직접 연주해서 녹음하기까지 했다고 한다. "그런데 그렇게 하고 나니, 게임의 분위기가 너무 어두워지더군요."

〈숏 게임 어바웃 점핑〉의 플래시 버전은 단 3일만에 완성됐다. 이후에 아이폰용으로 포팅하는 데에는 3주가 걸렸다. 게임은 발매와 동시에 완전히 실패하고 말았다. 비교적 장기간에 걸쳐 몇 번의 업데이트를 통해 새로운 레벨이 추가됐음에도 불구하고 겨우 수백 카피를 파는 데에 그쳤다.

잠시 뒤로 물러나 상황을 살펴보자. 사람들이 힘들게 번 돈을 이 게임을 사는 데에 쓸 이유가 있을까? 게임을 개발한 루는 쉽게 게임을 만들기 위해 택했던 지름길에 대해 솔직한 태도를 가지고 있고, 이런 제작 방법은 여타의 iOS 애플리케이션을 만드는 사람에게는 거의 의미가 없다시피 하다. 몇 달 간의 노력과 고통을 겪으며 만들어진, 잘 다듬어지고 훌륭한 게임들이 세상에 널려 있는데, 왜 사람들이 얼기설기 엮어서 만든 것이 분명한 이 게임에 신경을 써야 하는가?

그 이유는 이 게임이, 이상한 음악과 형편없는 미술에 용서가 안 되는 난이도의 게임임에도 불구하고, 재미있기 때문이다.

샷 샷 슛

플랫폼 : 아이패드에서만 가능함
가격 : 1.99달러
개발사 : 에릭 스베댕(Erik Svedäng)
발매일 : 2010년 8월 4일

게임 소개

〈샷 샷 슛Shot Shot Shoot〉은 아이패드 전용의 2인용 게임이다. 각 플레이어는 다섯 개의 기지를 가지고 있고, 미사일을 발사해서 자기 자신을 보호하는 동시에 상대방의 기지를 모두 파괴해야 한다. 화면 아무 곳이나 탭하면 공격을 할 수 있고, 발사된 미사일은 플레이어가 화면을 탭하는 속도에 따라서 이리저리 흩어진다. 무작정 많

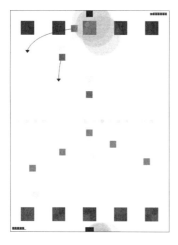

이 쏘는 방법이 잘 통하지 않기 때문에 남아 있는 미사일의 양을 계속 확인해야 하고, 빗나가는 미사일을 계속 쏘면서 탄창을 낭비하다가 참을성 있는 상대방이 효과적으로 공격하는 미사일에 당하지 않도록 해야 한다.

〈샷 샷 슛〉 한 게임은 대부분 30초를 넘지 않는다. 지극히 빠른 속도로 이뤄지는 게임이기 때문에 최상의 전략을 익히려면 상당히 많은 시간을 투자해야 한다. 게임 내에는 다양한 실력을 가진

가상의 상대가 포함돼 있지만, 실제로 두 사람이 사이에 아이패드를 놓고 앉아 게임 방법을 배우면서 즐길 때 진정한 재미를 느낄 수 있다.

〈샷 샷 숏〉은 접하자마자 잘 할 수 있는 게임이 아니다. 게임의 기본이 되는 전략을 이해하는 데에 얼마간의 시간을 써야 하고, 이를 위해서는 친구를 붙잡고 같이 즐기는 방법이 가장 좋다. 일단 익히고 나면 게임은 점점 재치를 겨루는 싸움이 된다. 각 플레이어는 신중하고 지능적으로 미사일을 날리면서 조금씩 적을 무력화시켜야 한다.

이런 설명이 이상하게 들릴 수 있지만 〈샷 샷 숏〉은 최상의 인터페이스를 가진 게임 중 하나라고 할 수 있다. 그래픽은 극히 단순하지만 깔끔하고 매력적이다. 옵션을 고르는 메뉴 화면은 큼직하고 예쁘면서 방해되는 느낌이 없다. 이러한 게임 디자인은 게임 플레이의 상황을 쉽게 파악할 수 있게 해준다.

〈샷 샷 숏〉은 그래픽의 측면에서 그다지 주목할만한 게임은 아니지만 태블릿이라는 기기가 가진 독특한 가능성을 보여주는 매우 훌륭한 애플리케이션이다.

게임 비화

거의 10년 전에 에릭 스베댕은 클릭 엔 플레이Klik n' Play라는 간단한 게임 개발 프로그램을 사용해 〈캐논Canon〉이라는 작은 게임을 만든 적이 있다. 일대일로 싸우는 게임이었다. 각 플레이어는 네 개의 포탑을 가지고 있고, 각 포탑을 조종하는 키보드 자판이 하나씩 지정돼 적을 공격하는 게임이었다. "그 디자인에는 뭔가가 빠져 있었습니다."라고 스베댕이 말한다. "지나치게 대칭적이어서 다양한 전략을 펼칠 수가 없었어요. 하지만 그런대로 꽤 재미있는 게임이어서 저와 친구들은 재미있게 할 수 있었죠. 14~15살 때였어요."

> **통계**
> - 개발 기간 (아이패드 버전) : 2개월
> - 총 예산 : 0달러
> - 다운로드 횟수 : 15,000번

몇 년 후 스베댕은 스웨덴의 셰브더 대학에서 게임 디자인 프로그램을 공부하는 학생이 됐다. 당시 예정된 한 컨퍼런스 기간에 학생들로 구성된 팀의 리더가 되어 게임을 만드는 행사에 참여하겠냐는 제안을 받았다. 시간은 약 2.5일이 주어졌고, 스베댕은 게임 설계를 맡을 예정이었다.

아이디어를 떠올리기 위해 애쓰던 스베댕은 어릴 때 만들었던 게임을 기억해냈다. 그리고 당시 게임에서 부족했던 부분에 대해서 생각하기 시작했다. "좋은 아이디어가 대부분 그렇듯이 거의 순간적으로 떠올랐어요."라고 스베댕은 회상한다. "미사일을 적에게 직선으로 쏘는 대신에 그 궤적을 조종할 수 있으면 훨씬 재미있을 거라는 점을 깨달았죠."

스베댕은 새로 구상한 자신의 아이디어를 바로 그날 프로토타입으로 구현했고, 이후에는 게임의 기본적인 전략을 어떻게 발전시킬지 궁리하기 시작했다. 그는 플레이어가 미사일을 동시에 여러 발을 발사해서 탄막을 만들지, 아니면 더 적게 쏘면서 정확한 타격을 할지 선택할 수 있도록 게임을 디자인했다. 또한 날아가는 속도를 제한하는 요소를 추가해서 동시에 여러 발을 발사하면 그만큼 미사일이 느리게 움직이도록 했다.

행사일이 되어 스베댕의 팀은 실제 코딩을 시작했고, 굉장히 즐거운 분위기로 진행됐다. 행사에 참가했던 사람들이 프로토타입에 꽤 많은 관심을 보였지만 행사가 끝난 후 게임은 스베댕의 컴퓨터에 저장된 채 사실상 잊혀졌다.

다시 몇 년이 지나 뉴욕에서 여자친구와 함께 살던 스베댕은 아이패드의 발매 소식을 들었다. 그는 뉴욕의 게임 디자이너들과 친분이 두터웠고, 아이패드용으로 제대로 된 멀티플레이어 게임을 만들 방법이 없을지 생각하고 있었다. "저는 보드게임을 굉장히 좋아합니다. 아이패드처럼 커다란 터치스크린을 테이블 위에 놓고 사람들이 그 주위에 모여 있는 장면을 생각하니 굉장히 흥분되더군요."라고 스베댕이 말한다. 다시 한 번 자신의 오래된 프로토타입이 떠올랐다. "몇 가지를 고쳐야 했습니다. 아이패드의 형태에 맞춰야 했고, 그 동안 게임 디자이너로서 쌓은 경험이 있어서 예전 아이디어에 마음에 들지 않는 부분이 있었거든요."라고 스베댕은 말한다.

스베댕은 미사일 탄약 부분과 조종 방식을 등의 요소를 수정한 게임을 게임 개발자들이 많이 다니던 술집으로 가져갔다. 개발자들의 열광적인 반응을 본 스베댕은 게임에 더 많은 시간을 투자해야겠다는 결심을 하게 됐다.

스베댕은 〈샷 샷 숏〉의 단순하면서도 매끈한 미술 스타일에 굉장한 자부심을 가지고 있다. 특히 각 게임을 시작할 때 눌러야 하는 회전하는 커다란 시작 버튼을 만족스러워 했다. "시작 버튼이 너무 커서 누르지 않으면 안 될 것 같은 느낌이 들 죠."하며 스베댕은 자랑한다. "덕분에 게임을 하는 사람들은 거의 대부분 재대결을 하게 되죠."

〈샷 샷 숏〉이 발매된 직후에는 거의 반응이 없었다. 하지만 99센트로 가격을 바꾸면서 미국 앱스토어 추천 목록에 올랐다. 그 후 얼마간 아이패드 인기 게임 상위 10위에 머물렀다. 게임에 대한 반응은 엇갈리는 편이었는데 이는 게임이 정말 어려웠기 때문이기도 했다. 이후 〈샷 샷 숏〉은 2010년 인디펜던트 게임 페스티벌에 서 최고의 모바일 게임 부문 후보에 올랐다.

실버피쉬

플랫폼 : 아이폰/아이팟 터치
가격 : 1.99달러
개발사 : 카오틱 박스(Chaotic Box)
발매일 : 2010년 11월 9일

게임 소개

〈지오메트리 워즈: 레트로 이볼브Geometry Wars: Retro Evolved〉와 그 후속작이 엑스박스 라이브 아케이드용으로 발표된 후 듀얼 스틱 슈팅 게임이 대규모로 쏟아져 나왔다. 〈실버피쉬Silverfish〉의 스크린샷만 본다면 지오메트리 워즈의 복제품처럼 보일 수 있지만 실상은 전혀 다르다. 〈실버피쉬〉는 듀얼 스틱을 쓰지 않으며 슈팅 게임도 아니다.

〈실버피쉬〉가 제공하는 다양한 모드 중 하나를 선택해서 게임으로 들어가면 움

직임이 상하좌우로 고정돼 있다는 것을 알게 된다. 시작부터 이 장르의 특징과 확연히 차이 나는 부분이지만, 원하는 방향으로 스와이프하면 되는 터치 디바이스의 특징을 잘 살린 대단히 훌륭한 조작성을 보여준다. 또한 〈틸

트 투 리브Tilt to Live〉 등의 게임과는 전혀 다른 움직임을 보장해준다.

플레이어는 은은한 빛을 발산하는 우주 물고기를 적과 폭탄이 주기적으로 나타나는 작은 공간 안에서 이리저리 이동시킨다. 무리지어 다니는 적들을 피하다가 적들이 폭탄 주변에 모이는 타이밍을 노려 폭탄을 폭발시켜 적을 없앤다. 이렇게 점수를 올리는 법에 익숙해져도 긴장감은 계속 유지된다. 게임에 익숙해지면 적들의 무리를 〈실버피쉬〉에 바짝 붙어서 따라오도록 유도하다가 가능한 많은 숫자의 적을 폭발 범위 안에 모을 수 있기 때문이다. 더 많은 모험을 할수록 더 많은 보상이 기다리고 있다. 그리고 그런 점이 훌륭한 아케이드 게임의 필수 요소다.

게임 비화

2008년 12월에 게임 개발자인 프랭크 콘델로Frank Condello가 〈실버피쉬〉 개발을 시작했을 때, 자신이 좋아했던 고전 게임을 참고해서 뭔가 새롭고 흥미진진한 게임을 만드는 계획을 가지고 있었다. 제작 초기에 작성한 개발 문서에는 '기본적으로 팩맨에서 미로를 없애고 〈갤러그Galaga〉에 나오는 벌레 괴물들과 싸우는 게임'이라고 설명했다. 더 최근의 게임으로는 〈지오메트리 워즈〉와 〈A7Xpg〉(윈도우즈용의 무료 게임)의 영향을 받았다고 한다. "〈실버피쉬〉는 여러모로 스폰지 같은 게임입니다. 오랫동안 제가 즐겨왔던 게임들을 조금씩 흡수했죠."라고 콘델로는 말한다. "저의 게임에 독창적인 부분이 많다고 할 수는 없습니다. 하지만 여러 가지 요소들을 모아 신선하고 새로운 전환이 되는 게임을 만들고 싶은 바람이 있었죠."

> ### 통계
> - **개발 기간** : 2년(지속적으로 작업하지는 않았음)
> - **다운로드 횟수** : 10,000번
> - **손익분기점이 되는 판매량** : 20,000카피

콘델로의 카오틱 박스는 1인 제작사이고, 그는 그런 환경을 만족스러워한다. "저는 꼬박꼬박 정해진 일을 매달 하나씩 끝내는 성격은 아닙니다. 저에게 게임을 만드는 일은 오히려 쉬어가며 할 수 있는 일이죠."라고 콘델로는 웃으며 말한다. "코딩에 질리면 미술이나 오디오, 음악 작업을 할 수 있고, 그 반대로도 할 수 있죠. 게임을 만드는 데에 좋은 방법이 아닐지도 모르지만, 정신을 맑게 유지하는 데에는 도움이 됩니다."

〈실버피쉬〉의 개발 초기 단계에서 콘델로는 〈파워업 포에버Powerup Forever〉라는 게임을 접했다고 한다. 엑스박스 라이브 아케이드와 플레이스테이션 네트워크용으로 발매된 이 게임은 유체를 효과적으로 표현하는 혁신적인 시뮬레이션을 기반으로 한 게임이었고, 콘델로는 자신의 게임에도 그와 비슷한 느낌을 넣고 싶었다. 이는 콘델로에게 중요한 목표가 됐고 개발 기간이 늘어는 데에 한 몫 했다. "복잡한 특성들을 이용해야 하는데, 전혀 준비된 게 없었습니다."라고 콘델로는 말한다. "작업의 초점이 게임 방식을 디자인하는 데에서 유체 시뮬레이션을 최적화하고 조정하는 일로 옮겨졌죠. 다음 단계로 나가기 위해서는 반드시 이 문제를 해결해야 했습니다. 거의 강박적으로 그 작업에 매달렸죠."

당시는 강력한 성능의 아이폰 3GS가 발표되기 전이었다. 따라서 콘델로는 아이폰 1세대의 부족한 하드웨어 성능에 맞춰 개발하고 있었다. 유체 시뮬레이션 작업은 몇 달이 지나도 끝나지 않았고, 콘델로는 돈을 벌기 위해 외부에서 용역을 받아 일을 할 수밖에 없었다. "손해를 줄여야 했습니다. 2009년 6월에는 작업 중이던 유체 시뮬레이션 부분을 따로 떼어내어 다듬은 후 〈플럭스Flux〉라는 이름의 무료 애플리케이션으로 발매했습니다. 나중에 이름을 〈플러드flOOid〉라고 바꿨어요."라고 콘델로는 말한다.

유체 시뮬레이션 작업을 마친 콘델로는 곧 용역 일에 질리기 시작했기 때문에 앱스토어로 낼 수 있는 간단한 프로젝트를 해보기로 했다. 또 다른 게임에 대한 아이디어가 있었고, 용역 받은 일을 하며 틈틈이 작업을 진행했다. 5개월의 작업 끝에 〈폴리워그Pollywog〉라는 이름으로 발표했지만, 발매 즉시 실패작 대열에 끼게 됐다.

콘델로는 〈폴리워그〉의 실패 이후 완전히 사기가 꺾였다고 한다. 하지만 '미로 없는 팩맨' 게임의 개발을 다시 시작했다. 이번에는 완전히 다시 고쳐서 제대로 된 게임으로 발매하기로 결심했다. 이전에 했던 디자인 작업은 대부분 포기하고 수십 개에 달하는 독창적인 파워업 아이템과 무기를 구상했다. 그렇게 2010년 1월의 대부분을 프로젝트를 뜯어고치는 데 투자했다.

콘델로가 개발 작업을 진척시키고 있을 때, 새로운 iOS 게임인 〈틸트 투 리브〉의 발매 소식을 들었다. 콘델로가 작업하던 프로토타입과 〈틸트 투 리브〉는 움직이는 방식이 다르지만 〈틸트 투 리브〉에 등장하는 많은 수의 파워업 아이템이 콘델로가 만든 것과 비슷했다. 콘델로는 당황스러웠다. 그는 표절작으로 여겨질 게임을 만들고 싶지 않았다. 그렇게 그는 또다시 프로젝트를 포기했다.

흥미로운 사실

- 〈실버피쉬〉의 주제곡은 러쉬(Rush)의 서브디비전즈(Subdivisions)와 톰 소여(Tom Sawyer)라는 곡이다. 콘델로는 러쉬의 광팬이라고 한다.
- 〈실버피쉬〉에 있는 'Reaper'와 'Haste' 모드는 〈팩맨〉에 헌사하는 모드다. 심지어 적을 먹어 치울 때 나오는 '왁' 하는 소리까지 들을 수 있다.
- 카노틱 박스의 다른 애플리케이션으로는 〈매치 패닉(Match Panic)〉과 〈핀치 앤 팝(Pinch n Pop)〉 등이 있다.
- 매치 패닉은 처음으로 iCade를 지원했던 애플리케이션 중 하나다.

5월이 끝나갈 무렵 콘델로는 새로운 프로젝트를 갈망하고 있었다. 그 사이에 다른 게임의 프로토타입을 많이 만들었지만, 어느 것도 마음에 들지 않았다. 지쳐버린 콘델로는 다시 예전 프로젝트를 꺼내봤다. 그리고 오히려 예전 작품에 더 큰 잠재력이 있다는 생각을 하게 됐다. "두 번째 작업을 할 때 구상했던 파워업 아이템과 자잘한 설정들을 전부 모아놓고 처음부터 다시 시작했습니다. 작업은 세 달이 넘게 걸렸고 수십 종류의 적과 게임 모드를 설계했죠. 최신 기기에 걸맞게 유체 시뮬레이션도 재작업했고, 최종 버전 나오기까지 대여섯 차례나 그래픽을 다듬었습니다."

첫 번째 버전이 나온 지 거의 2년이 흐른 2010년 말, 콘델로는 드디어 앱스토어에 〈실버피쉬〉를 발매했다. 좋은 평가와 반응을 얻었지만, 〈틸트 투 리브〉와 비슷한 점을 지적하는 사람도 있었다. "어떻게든 〈틸트 투 리브〉와 차이점을 두려고 그렇게 노력했는데 단번에 표절작으로 낙인 찍어버리는 사람들이 있어서 놀라기도 하고 조금 무섭기도 했어요."라고 콘델로는 말한다.

돈을 주고 구매한 사람들 중에 기분이 나빴던 사람도 있겠지만, 실상을 들여다보면 〈실버피쉬〉와 〈틸트 투 리브〉는 전혀 다른 게임이었다. 상황을 더 나쁘게 만든 것은 〈실버피쉬〉의 판매가 계속해서 지지부진하다는 점이었다. 발매 후 6개월간 겨우 9천 카피를 팔았다고 한다. 하지만 〈실버피쉬〉가 나쁜 결과만을 가져다 주지는 않았다. 낮은 판매 속에서도 그는 긍정적인 부분이 있음을 알게 됐다. "게임

프로GamePro는 〈실버피쉬〉를 리뷰하며 5점 만점에 5점을 줬습니다. IGN은 10점 만점에 8.5의 점수를 주고 편집자의 추천 목록에도 포함됐죠. 확실히 주목을 받은 셈입니다. 상업적으로 성공하지는 못했지만 제가 게임을 제대로 만들었다는 확실한 증거라고 생각합니다."

시시즈 매지컬 포니콘 어드벤처

플랫폼 : 아이패드 전용
가격 : 2.99달러
개발사 : 언톨드 엔터테인먼트(Untold Entertainment)
발매일 : 2011년 7월 12일

게임 소개

〈시시즈 매지컬 포니콘 어드벤처Sissy's Magical Ponycorn Adventure〉는 캐시라는 이름의
5살짜리 여자 아이가 게임 아트를 맡은 포인트 앤 클릭 방식의 어드벤처 게임이다.
캐시는 게임에 나오는 모든 그림을 그렸고, 목소리의 대부분을 담당했다. 그 결과
물은 우스꽝스러울 정도로 귀엽고, 기묘한 크레파스 그림이 가득한 모험물이 됐다.
게임을 프로그래밍한 캐시의 아빠가 모든 요소들을 잘 엮은 덕분에 디자인의 관점
에서도 괜찮은 게임이 됐지만 이 게임의 진가는 5살 아이의 마음을 들여다 보는 일
이 대단히 즐겁다는 데 있다.

　게임은 캐시의 설명으로 시
작한다. 유니콘과 포니(조랑말)를
합친 포니콘을 얼마나 끔찍이 사
랑하는지 잔뜩 흥분해서 떠드는
내레이션이다. 게임은 포니콘을
얻어서 작은 단지에 넣기 위해

간단한 퍼즐을 푸는 형태로 진행된다. 내가 가장 좋아하는 부분은 의인화된 거대한 레몬이 등장할 때다. 코코넛을 던져서 없애는 부분이 나오는데, 레몬을 없앨 때 캐시가 "너가 나쁘게 행동하고 레몬이기 때문에 받는 벌이야!"라고 소리친다.

〈시시즈 매지컬 포니콘 어드벤처〉는 원래 플래시 게임으로 디자인됐기 때문에, 아이패드의 해상도와 맞지 않는다. 내 생각에 캐시에게 게임 아트를 4:3 비율로 다시 그려달라고 구슬리기는 힘들 것 같다. 화면 비율은 맞지 않지만 게임이 매우 참신하기 때문에 3달러의 가치를 충분히 한다고 생각한다. 짧은 게임이지만 미소를 짓지 않고는 도저히 못 배기는 게임 플레이를 제공한다. 이 게임으로 인해 캐시의 게임 제작 경력에 큰 도움이 되기를 희망하는 바다.

게임 비화

라이언 크레이튼Ryan Creighton은 게임 디자이너이자 두 딸의 아버지다. 아들을 갖고 싶었다고도 한다. "저는 아버지 없이 자라서 아버지와 아들의 관계를 꼭 경험해보고 싶었어요. 하지만 하나님은 둘째도 여자아이를 보내시더라고요."라고 그는 말한다. 최근에는 여자 아이들을 위한 물건들이 지나치게 일률적으로 상품화되는 상황을 보며 아들을 갖고 싶은 마음이 더 커졌다. 그는 친척들이 자신의 딸들에게 디즈니풍 공주를 소재로 한 장난감을 사주지 못하도록 했지만, 친척들은 별로 개의치 않았다. 또 딸들에게 만화책을 준다거나 해서 소년의 취향을 길러주려고 했지만 그마저도 별로 효과가 없었다. "어느 날 딸이 저에게 와서 '아빠, 저는 스타워즈가 싫어요'라고 하더군요."라고 말하는 그의 표정은 왠지 분해 보인다.

여타의 독립 개발자들과 마찬가지로 크레이튼의 제작사인 언톨드 엔터테인먼트는 오리지널 게임 제작 비용을 충당하기 위해 외주 용역을 받아서 하고 있다. 언톨드 엔터테인먼트가 게임을 만드는 곳 중 하나는 매년 열리는 토론토의 독립 게임 제작자의 행사인 토잼TOJam이다. 참가한 게임 개발자들에게 3일이 주어지고, 그 기간 안에 정상적으로 작동하는 게임을 완성해야 한다. 크레이튼은 행사 참가를 준비하는 동안 가족들과 떨어져서 주말을 통째로 다른 곳에서 보내는 일이 마음에 걸렸다. 그러다가 충동적으로 5살배기 딸인 캐시를 데리고 가기로 결정했다.

토잼 행사의 진행팀은 어린 꼬마 아이가 행사에 오는 일이 걱정스럽다는 이야기를 했고, 크레이튼도 이해하고 있었다. "캐시는 말썽 많은 장난꾸러기에요. 저는 딱히 좋은 아빠도 아니고요."라고 그는 말한다. "진행팀 사람들이 아이가 여기저기 뛰어다니면서 떠들고 다른 참가자들을 방해하지 않을까 걱정하더군요. 솔직히 저도 걱정이 되던걸요."

크레이튼은 캐시가 얌전하게 행동할 수 있다고 진행팀 사람들을 설득했고, 캐시에게도 이 행사가 얼마나 중요한지 이야기를 해줬다. 크레이튼은 캐시를 다른 참가자들에게 인사시켰고, 캐시에게는 세상의 모든 꼬마 숙녀들의 대표라고 이야기를 해줬다. "네가 잘 해야 다음에 토잼 행사에 오고 싶은 아이들이 참가 허락을 받을 수 있다고 이야기를 해줬어요." 캐시는 얌전히 굴겠다고 진지하게 다짐을 했다.

행사 첫 날 크레이튼은 어린 아이가 그린 그림 풍으로 플랫폼 퍼즐 게임을 만들었었는데, 결과물이 별로 마음에 들지 않았다. 첫 날 저녁, 크레이튼은 그 동안의 작업은 그만 두고 포인트 앤드 클릭 방식의 어드벤처 게임을 새로 만들기로 결정했다.

다음날 아침, 크레이튼에게 기가 막힌 아이디어가 떠올랐다. 그는 캐시에게 그림을 그려주면 자기가 게임으로 만들어 주겠다고 했고, 캐시도 동의했다. 크레이튼은 딸에게 커다란 크레파스 세트와 종이를 가져다 주고, 그림에 참고할 마이 리틀 포니My Little Pony(조랑말을 주제로 한 인기 애니메이션 - 옮긴이) 인형을 가득 담은 장난감 주머니를 준비했다. 이렇게 아빠와 딸로 구성된 제작팀의 작업 준비가 끝났다. 크레이튼은 캐시가 행사 광경이나 시끄러운 소리에 산만해져 있으리라 생각했는데, 의외로 게임을 만드는 데 대단한 관심을 보이는 데에 놀랐다. "기껏해야 한 시간 정도 집중할 줄 알았는데 정말 재미있어하더군요."라며 크레이튼은 자랑스러워한다. "다 합해서 무려 여섯 시간이나 색칠을 했어요!" 긴 하루가 지난 후에도 캐시는 지치지 않았다. "행사 참가자들이 밤 늦게까지 밖에서 떠드는 소리가 들리니까 캐시는 컴퓨터 책상 아래에서 자게 해달라고 조르더군요. 하지만 저는 벌써 누군가 아동 보호단체에 저를 고발하지 않았을까 걱정이 됐어요. 그래서 아이를 집으로 데려왔죠."라고 크레이튼은 말한다.

그날 밤 크레이튼과 캐시가 게임에 들어갈 목소리를 녹음한 후 크레이튼은 딸을 침대에 눕혀 재우고 토잼 행사로 돌아왔다. 그리고 밤샘 파티를 마다하고 딸이 만든 그림들로 게임을 완성하기 위해 작업을 시작했다. "최종적으로 제가 그린 그림은 물건을 클릭할 때 생기는 파란 원과 캐릭터들이 말할 때 바뀌는 입 모양뿐이었어요."라고 크레이튼이 자랑스럽게 이야기한다. "나머지 다른 그림은 전부 캐시가 그렸는데, 놀랍지 않나요?"

토잼 참가자들은 캐시의 그림을 좋아했고, 행사가 끝날 때 크레이튼은 게임을 거의 완성한 상태였다. 이후 며칠 간 자잘한 버그를 고치고 무료 온라인 게임으로 발표할 준비를 했다. "발매하기 바로 전 날 아내와 이야기를 하던 중에 '입소문이 날 것 같아요'라는 말을 하더군요. 저는 그렇다고 대답했지만, 사실 저희 둘 다 어떻게 될지 모르고 있었어요."

크레이튼은에 웹 페이지www.ponycorns.com를 만들어 게임을 올렸다. 그리고 블로그에 '5살 소녀가 비디오 게임을 만들다'라는 제목의 글을 쓰고, 트위터에서 자신을 팔로우하던 1,700명에게도 소식을 전했다. 몇 시간 후 〈시시즈 매지컬 포니콘 어드벤처〉에 대한 소식이 거의 모든 대형 게임 뉴스 사이트의 1면에 올라왔다. 이후 단 며칠 만에 「코타쿠Kotaku」, 「보잉보잉BoingBoing」, 「가마수트라Gamasutra」, 「G4TV」, 「자이언트밤Giant Bomb」, 「에스캐피스트The Escapist」, 「와이어드Wired」, 「타임지Time」 등 이름만 대면 알 수 있는 매체에서 관련 기사를 실었다. "일주일 안에 주요 매체에서 계속해서 전화가 걸려왔고, 토론토의 모든 주요 신문들과 인터뷰를 했습니다. 지역 방송국뿐 아니라 전국 TV 방송에도 저희 게임이 보도됐습니다."라고 크레이튼은 말한다. "캐시의 사진이 지역 신문 1편에 나왔을 때에는 정말 짜릿했죠!"

크레이튼은 서둘러 무료 게임으로 수익을 낼 방법을 찾았다. 포티콘 이미지가 그려진 티셔츠, 배지, 캐시가 그린 모양으로 만든 인형을 파는 온라인 스토어를 만들었다. 페이팔PayPal을 이용해 사람들이 캐시의 교육비로 쓸 자금을 기부할 수 있는 방법도 마련했다. 사람들의 기부를 유도하기 위해 익살스럽게도 캐시가 대학에 가면 하고 싶은 일들을 기부 버튼 옆에 써놨다. 그 중에는 닌자가 되기 위한 훈련 등의 항목도 있었다.

크레이튼은 주목을 받은 김에 시간을 들여 이 게임을 블랙베리 플레이북용으로 포팅하기로 했고, 이후에는 아이패드용 포팅 작업까지 하게 됐다. 사실 크레이튼은 아이패드가 없었기 때문에 〈플루 더 쿱Flew the Coop〉이라는 게임을 만든 동료 개발자인 제이슨 캐플랜Jason Kaplan에게서 빌려야 했다. 나중에 크레이튼은 테스트용 기기를 한 대 장만했다.

포켓게이머PocketGamer, 게임지보Gamezebo, 자이언트밤 등의 주요 사이트에서 1면 소식으로 다뤄지긴 했지만, 실제 판매에 있어선 성공적이라고 하기에 조금 모자랐다. 플레이북 버전의 개발은 완전한 시간 낭비였고, 아이패드 버전은 앱스토어 판매 순위에서 겨우 177위까지 오른 게 전부였다. "아이패드 버전 판매 수익으로 테스트용 기기를 사고 났더니 한 푼도 안 남았어요."라고 말한다. "사실 온라인에 무료로 공개된 게임으로 조금이나마 돈을 벌 수 있었다는 점이 대단한 성공이라고 생각합니다."

크레이튼과 캐시는 후속편을 만들 계획은 없지만 그 때의 경험을 다음 작업에 반영하려고 한다고 한다. "그 동안 아이를 가진 사람들이 비슷한 게임을 만들어달라는 요청을 많이 했어요. 아이들과 함께 할 수 있는 게임이 필요하다는 이야기였죠."라고 크레이튼은 말한다. "저희의 다음 계획은 그런 요구에 맞춘 웹사이트를 만드는 일입니다. 저희는 게임 제작에 관한 전문 지식이 없더라도 토요일 오후에 아이들과 자리에 앉아 아이들과 함께 게임을 만드는 멋진 경험을 할 수 있게 하고 싶습니다."

지금 이 글을 쓰는 시점에서 크레이튼의 새로운 웹사이트는 계획 단계에 있지만, 조만간 GamesByKIds.com이 문을 여는 날을 기대해본다.

솔립스키어

플랫폼 : 아이패드/아이폰/아이팟 터치(유니버설 앱)
가격 : 0.99달러
개발사 : 미켄그레그(Mikengreg)
발매일 : 2010년 8월 12일

게임 소개

〈솔립스키어Solipskier〉에서는 플레이어가 주인공을 직접 조종할 수 있는 방법이 없다. 대신 손가락으로 화면을 드래그하면 스키를 탄 주인공이 활강할 수 있는 다양한 높이의 슬로프가 생겨난다. 슬롭스키어가 사람들의 주목을 끄는 이유 중 하나는 게임이 가진 기묘한 미술 감각 때문일 것이다. 주인공의 등에 붙어 펄럭이는 보라색 망토가 이 게임에 나오는 유일하게 채색된 부분이고 나머지는 모두 흑백의 세상이다.

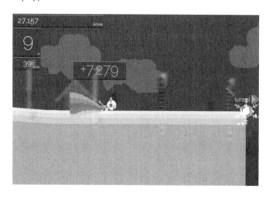

게임의 목표는 연속된 기둥으로 된 관문 사이를 활강하며 점수를 얻는 것이다. 언제 기둥이 나타나는지 화면에 표시되면 부드럽고 완만한 경사의 슬로프를 만들어서 주인공이 속도를 잃지 않고 각 관문을 지날 수 있게 해

야 한다. 너무 급한 경사의 슬로프를 만들면 주인공의 속도가 줄어들지만, 위험한 장애물이 나타나면 그 위로 지나가게 하기 위해서 슬로프를 절벽처럼 만들어야 할 때가 있다.

건드리면 주인공이 죽는 관문도 나오는데 게임 후반으로 갈수록 점점 더 많아진다. 계속해서 나오는 관문을 피하려면 주인공의 속도가 늘 때 수직 코스를 만들어야 한다.

〈솔립스키어〉는 짧은 시간에 부담 없이 즐길 수 있도록 설계됐고, 매 게임마다 조금씩 기술을 연마하고 주인공을 다루는 법을 배울 수 있다. 상당히 독특한 방식의 게임이기 때문에 처음부터 게임의 모든 면을 파악하기는 힘들고 시간을 들여 실력을 키워야 한다.

게임 비화

미켄그레그Mikengreg는 마이크 복슬리터Mike Boxleiter와 그레그 월웬드Greg Wohlwend의 두 명으로 구성된 개발팀이다. 이들은 최고의 플래시 게임 제작팀으로 명성이 높았다. 〈Fig. 8〉이나 〈EON〉 등의 인기 게임을 제작하면서 확실히 자신들의 이름을 알린 바 있고, 〈솔립스키어〉는 그들이 만든 게임 중 가장 성공한 게임이 됐다.

〈솔립스키어〉의 아이디어는 두 개발자가 2차원 게임에서 배경이 되는 그림이 가까이에 있는 사물의 그림보다 느리게 움직이는 방법으로 입체감을 주는 방식의 스크롤에 대해서 토론하던 중에 나왔다. 두 사람은 그 방식을 사용해서 게임을 만들기로 했고, 아무래도 속도감에 중점을 둔 게임이 좋겠다는 생각을 하게 됐다. "화면에 지형을 그리는 방법을 변형시키면 캐릭터의 속도를 보여줄 수 있다고 마이크가 불쑥 말하더군요."라고 월웬드는 말한다. "쌓인 눈을 배경으로 스노우모빌 등이 나오는 게임을 만들 수 있지 않을까 하는 생각이 들었어요. 그리고 각자 방으로 들어가 작업을 시작했죠."

팀에서 프로그래밍을 맡은 복슬리터는 그날 밤 바로 프로토타입 제작을 시작했다. 그는 플래

통계

- **개발 기간** : 5개월(원작의 개발과 포팅에 걸린 기간을 합하여)
- **다운로드 횟수** : 100,000번
- **매출액** : 120,000달러

시용으로 비슷한 방식의 게임을 만든 경험이 있기 때문에 단 몇 시간 안에 빨간색의 작은 공을 주인공 자리에 놓은 간단한 게임을 완성했다.

두 사람은 재미있는 아이디어를 많이 생각해냈지만 대부분 버려졌다. 시험 버전 중 하나에는 주인공이 지나가는 자리마다 하늘에서 나무와 빌딩들이 떨어지며 세상을 창조하는 내용도 있었지만, 막상 실제로 구현해봤더니 게임이 너무 산만해지는 바람에 포기한 아이디어도 있었다. "머리 속으로 생각할 때에는 정말 좋은 아이디어지만 실제로는 별로인 아이디어였죠."라고 그는 말한다.

〈솔립스키어〉는 메인 메뉴 화면이 없다. 빈 화면이 나오고, 화면을 터치하는 순간(플래시 버전에서는 마우스를 클릭하는 순간) 눈길이 만들어지면서 바로 게임이 시작된다. 이렇게 만든 이유는 두 사람 모두 게임에 튜터리얼을 넣는 것을 싫어하기 때문이다. "시험 삼아 친구들에게 게임을 시켜보면 처음에는 어떻게 해야 할지 모르다가 마우스를 클릭하죠. 그리고는 게임이 시작하자마자 곧바로 죽게 됩니다. 게임의 첫 인상으로는 조금 가혹할 수 있지만 한 번 죽고 나서 다시 게임을 시작하는 시간이 굉장히 짧기 때문에 어떻게 마우스를 클릭하고 드래그해야 하는지 가르치는 데에는 가장 좋은 방법이라고 생각했습니다."라고 복슬리터는 말한다.

월웬드와 복슬리터는 단 두 달만에 〈솔립스키어〉를 완성했다. 하지만 발매하면서 가능한 많은 주목을 받고 싶었기 때문에 플래시 버전과 iOS 버전을 동시에 발표하기로 했고, 게임 포팅을 위해 조 버거론Joe Bergeron을 고용했다. 플래시 게임을 다루는 초대형 사이트인 콩그리게이트Kongregate는 상당히 괜찮은 금액으로 〈솔립스키어〉의 스폰서십 권리를 샀지만 콩그리게이트에 플래시 버전을 제공할 때까지 계약금을 받을 수 없었다. 팀은 iOS 버전이 만들어질 때까지 기다려야 했고, 그 사이 새로운 플래시 게임인 〈라이프래프트: 제로Liferaft: Zero〉의 개발을 시작했다.

버거론은 풀타임으로 자기 일을 하는 틈틈이 작업을 해야 했기 때문에 포팅 작업을 마치기까지 거의 세 달이 걸렸다. 그 때 애플로부터 2주 정도 후에 발표를 하면 추천 목록에 오를 가능성이 높다는 정보를 얻었다. 각종 청구서가 점점 쌓여가던 시기였고 기다리는 동안 융통할 수 있는 현금이 필요했기 때문에 계획보다 빨리 〈라이프래프트: 제로〉를 팔아야 했다.

흥미로운 사실

- 200번 중에 한 번 꼴로 100만 점을 넘길 수 있다.
- 〈솔립스키어〉에서 속도가 어느 정도 이상 빨라지면 주인공의 헤드폰이 벗겨져서 날아간다. 그렇게 되면 게임에 나오던 음악도 같이 끊긴다.
- iOS 버전을 발표하기 전까지 마이크와 그레그 두 사람 모두 아이폰도 아이패드도 없었다.

기다린 보람이 있었다. 〈솔립스키어〉는 앱스토어 추천 목록에 올랐고, 발매 첫 해에 100,000카피를 팔아치웠다. 월웬드와 복슬리터는 버거론에게 공을 돌린다. "버거론의 작업은 대단했어요. 밤 시간과 주말에 작업하면서 저희를 위해 많이 애를 썼거든요."라고 월웬드는 말한다.

최근에 미켄그레그가 하고 있는 프로젝트는 〈4포쓰4fourths〉라는 멀티플레이어 슈팅 게임이다. 팀의 홈페이지에서 트레일러를 볼 수 있다.

수지즈

플랫폼 : 아이폰/아이팟 터치(아이패드 버전은 별도로 발매됨)
가격 : 1.99달러
개발사 : 터치 푸(Touch Foo)
발매일 : 2009년 10월 9일

게임 소개

아이폰용 횡스크롤 플랫폼 게임 중 대단한 게임이 많지만, 〈수지즈Soosiz〉는 그 중 처음으로 나온 게임이며 〈수퍼 마리오 갤럭시Super Mario Galaxy〉의 2D 버전처럼 즐길 수 있다. 각 레벨마다 고유의 중력장을 가진 조그만 행성들이 나오고, 주인공은 중력을 이기며 움직여야 한다. 현기증이 날 정도로 회전하는 맵을 헤쳐나가야 하고, 다음 레벨로 가는 출입구를 여는 스위치를 찾아야 한다. 그 과정에서 만나는 예쁜 색의 적들은 대부분 머리통 위로 점프하면 해치울 수 있다.

〈수지즈〉는 제대로 만들어진 게임이다. 화면 위에 배치된 가상 버튼은 놀랍도록 잘 작동하고, 오래된 iOS 기기에서도 문제없이 잘 돌아간다. 기본적인 요소만 있어도 훌륭한 게임일 텐데, 터치 푸의 제작진들은 얄팍

한 수준의 게임을 만드는 것으로 만족하지 않았다. 중심이 되는 어드벤처 레벨 외에 시간 안에 최대한 많은 동전을 먹어야 하는 추가 레벨이 있고, 게임에서 제공하는 일곱 가지 세계는 닌텐도의 고전 게임들에 갖다 놓아도 잘 어울릴만한 대단한 최종 보스 전투로 마무리된다.

출시된 지 오래된 게임이지만 그 어떤 iOS 게임도 〈수지즈〉만큼 닌텐도 스타일의 전통적인 플랫폼 게임을 구현한 적이 없었다. 게임의 미술, 레벨 디자인, 조작 방식 등의 요소들은 같은 부류의 게임들 중에서 단연 돋보인다. 무엇보다 내가 처음으로 아이패드나 아이폰 사용자들에게 강력하게 추천했던 게임이다. 미술 스타일은 단순하고, 주인공 캐릭터는 심슨 가족의 바트 심슨이나 미스 팩맨Ms. Pac-Man에 녹색 머리카락을 붙인 버전처럼 보이기도 하지만, 〈수지즈〉는 아이폰 게임 계에서 흔치 않은 매력적인 외모를 가지고 있다.

게임 비화

핀란드의 이바스킬라 대학University of Jyväskylä의 학생이던 빌레 마키넨Ville Mäkynen은 어느 날 아이팟 터치를 샀다. 자신의 첫 애플 제품이었다. 사실 마키넨은 MP3 플레이어로 쓸 생각으로 아이팟을 샀지만 곧 그 성능에 매료됐다. 아이팟을 사기 전에는 개장한 지 6개월이나 된 앱스토어의 존재조차 모르고 있었다. 2008년 12월경의 일이었다. "앱스토어에서 앱을 몇 개 받고 나니 어떤 사람이 앱을 만들고, 앱스토어에 올리는지 궁금해졌습니다."라고 마키넨은 말한다. "프로그래머로서 직접 애플리케이션을 만드는 일에 굉장히 관심이 많았습니다."

마키넨이 자신이 직접 게임을 만들어 앱스토어에 올릴 가능성에 대해 생각하며 점점 기대감이 커졌다. 이미 10년의 프로그래밍 경력이 있었고, 자투리 시간을 이용해서 간단한 PC 게임을 만든 적도 있었기 때문에 시장성이 있는 iOS 앱을 만들 수 있다는 확신을 가지게 됐다.

마키넨의 유일한 문제는 맥 컴퓨터가 없다는 점이었다. 앱스토어에 내놓을 iOS 개발을 하려면 맥이 필요했지만 마키넨은 가난한 대학생이었다. 맥을 사는 일은 너무 큰 투자였기 때문에 마키넨은 PC로 iOS 앱을 개발할 수 있는 방법을 알아봤지만, 오히려 더 어렵다는 사실을 알게 됐다. 앱스토어로 게임을 발매할 생각에 점점 빠져들던 마키넨은 결국 조금 무리해서라도 맥을 사기로 결정했다. 이제 필요한 것은 게임 아이디어였다.

통계

- **개발 기간 : 9개월**
- **전체 수익 중 아이패드 버전의 비율 : 25%**
- **다운로드 횟수 : 1,000,000번 이상(무료 버전 포함)**

사실 마키넨은 2006년에 게임 대회에 참가하기 위해서 이미 〈수지즈〉의 PC 버전을 만들어 놓은 상황이었다. 당시 버전은 공중에 떠 있는 소시지 사이를 뛰어다니는 마법사가 나오는 게임이었고, 대회에서 1위를 차지했었다. iOS 버전에 나오는 게임 방식은 〈수지즈〉의 오리지널 버전과 크게 다르지 않은데, 마키넨은 사람들이 자신의 게임을 2007년에 발표된 〈슈퍼 마리오 갤럭시〉와 비교한다는 사실에 재미있어 했다. "게임을 만들고 그 해 말에 처음으로 〈슈퍼 마리오 갤럭시〉를 봤을 때, '아, 저 사람들이 나랑 같은 아이디어로 게임을 만들었네'라는 생각을 했죠."라고 마키넨은 말한다.

2008년 크리스마스 때쯤 마키넨은 동생인 투오마스Tuomas와 함께 〈수지즈〉의 iOS 버전 프로토타입 제작을 하게 됐다. 당시 버전은 마법사와 소시지를 임시로 만든 픽셀 그래픽으로 대체한 게임이었는데, 마키넨은 농담 삼아 동생에게 혹시 게임에 넣을 주인공을 디자인할 수 있겠냐는 말을 했다. 그 말을 들은 투오마스는 같이 제작에 참가하기로 했고, 지금까지 유지되고 있는 2인 개발팀의 미술 담당으로 함께하고 있다. 2009년 3월, 형제 제작진은 풀타임으로 게임 제작에 돌입했다.

마키넨이 앱스토어에 혹시 자신의 게임과 비슷한 게임이 있는지 살펴봤다. 그리고 대부분의 게임의 조작 방식에 문제가 있다는 것을 알게 됐다. "꽤 괜찮게 보이는 게임도 있었지만 거의 모든 게임은 조작 방법이 형편없더군요. 제가 더 잘할 수 있겠다는 생각이 들었죠."라고 그는 말한다.

마키넨은 다양한 조작 방식을 실험해보고 가상 버튼만큼 좋은 방법이 없다는 사실을 알게 됐다. 가상 버튼을 쓰는 iOS 게임이 종종 나쁜 평가를 받는다는 점을 알고 있었지만, 자신이 만드는 게임의 특성을 유지하기 위해서 어쩔 수 없었다. 가상 버튼으로 조작성을 높이기 위해 여러 가지로 방법을 찾았는데, 예를 들면 버튼이 눌러지는 영역의 범위를 화면상의 버튼 크기보다 크게 만드는 식이었다.

흥미로운 사실

- 〈수지즈(Soosiz)〉라는 게임 제목은 핀란드어로 소시지와 비슷하게 들린다. 이는 처음 만들었던 PC 버전을 참고했다.
- 현재 〈수지즈〉 앱의 아이콘은 워너 쉬몰뮐러(Werner Schmolmuller)가 디자인했다. 〈수지즈〉의 팬인 그는 공짜로 아이콘을 만들어줬다.
- 한 레벨에서 비밀 통로로 들어가면 핀란드 국기가 그려진 달로 갈 수 있다.

당시 투오마스의 부인은 둘째 아이를 임신 중이었고, 7월에 출산할 예정이었다. 아이가 태어나면 투오마스가 이전만큼 시간을 많이 쓰기 힘들 것 같았다. 그 때까지 레벨 디자인을 몇 개만 더 추가하면 됐기 때문에 투오마스는 풀타임 작업을 잠시 중단했다. 이후 마키넨은 몇 달 더 마무리 작업을 한 뒤, 앱스토어에 제출하고 승인을 기다렸다.

발매에 맞춰 빌레는 〈수지즈〉의 트레일러 영상을 제작해서 유튜브에 올렸고 덕분에 대단한 관심을 받으며 발매할 수 있었다. 하지만 가장 큰 사건은 발매하고 난 뒤 몇 주 후에 일어났다. 애플이 여러 국가의 앱스토어의 홍보 배너 중에서 가장 큰 배너에 〈수지즈〉를 띄운 일이었다. 이후 100,000번 이상의 유료 다운로드를 기록했고 마키넨 형제는 다음 게임을 준비 중이라고 한다.

스페이스 마이너: 스페이스 오르 버스트

플랫폼 : 아이폰/아이팟 터치(아이패드 버전은 별도로 발매됨)
가격 : 2.99달러
개발사 : 베난 엔터테인먼트(Venan Entertainment)
발매일 : 2010년 2월 5일

게임 소개

〈스페이스 마이너: 스페이스 오르 버스트Space Miner: Space Ore Bust〉의 게임 설명을 보면 애스터로이즈Asteroids(1979년 아타리에서 나온 고전 아케이드 게임 - 옮긴이)의 신세대 버전에 RPG 요소를 도입한 게임이라는 내용이 나온다. 어느 정도 맞는 말이지만, 사실 이 게임에는 기대 이상의 깊이가 있다. 먼 우주에서 자원을 탐사하는 팀의 일원이 된 여러분은 삼촌인 젭Jeb에게 큰 빚을 지고 있기 때문에 삼촌의 일을 도와야 한다. 대사는 짧으면서도 재미있게 잘 구성돼 있다.

이 게임에서 플레이어는 고물 우주선을 타고 우주 멀리 나가 광물을 채취해야 한다. 기지로 돌아오면 광물을 팔아 삼촌에게 진 빚을 조금씩 갚아나간다. 게임이 진행되며 우주선은 물론이고 더 강력한 무기, 더 큰 광물

채취 기계, 더 넓은 적재 공간으로 업그레이드할 수 있기 때문에 게임의 흥미를 유지시켜준다. 게임은 가상 조이스틱 조작 방식을 사용하지만 조작감은 나쁘지 않다. 나는 가상 조이스틱이나 가상 버튼을 보면 조금 짜증이 나기 때문에 가끔 개발자들에게 왜 아이폰 디자인의 강점을 활용하지 않냐는 불평을 하지만, 스페이스 마이너의 가상 조이스틱은 매우 훌륭하다.

스페이스 마이너를 하다 보면 매 순간 나도 모르게 웃음이 나온다. 우주 공간을 돌아다니며 광물을 채취하거나 외계 생물과 싸울 때도 그렇고, 미션 하나를 끝내면 나오는 젭 삼촌이 하는 어이없는 대사도 재미있다. 즉, 스페이스 마이너에는 듀얼 스틱 슈팅 게임 요소만큼이나 어드벤처 게임 요소가 많이 들어 있다.

게임 비화

2009년 5월, 베난 엔터테인먼트는 직접 퍼블리싱하는 첫 게임을 만들기로 결정한다. 모험이었다. 전통적으로 작은 개발 업체는 제작한 소프트웨어를 퍼블리싱 회사를 통해 발매한다. 아이폰과 아이팟 터치용 버전의 〈모노폴리Monopoly〉와 〈NBA Live〉처럼 iOS용으로 포팅해서 EA가 발매한 게임들도 마찬가지다. 또한 작은 회사들은 직접 기획한 오리지널 게임을 제작한 경험도 거의 없게 마련이다.

베난 엔터테인먼트Venan Entertainment의 공동 설립자이자 스페이스 마이너의 크리에이티브 디렉터인 브랜든 큐리엘Brandon Curiel이 회사가 스페이스 마이너의 제작을 시작할 당시의 상황에 대해 설명해줬다. "앱스토어에는 굉장히 비밀스러운 면이 있습니다. 어떤 게임이 얼마나 매출을 올렸는지 숫자로 알 수 있는 방법이 없어요."라고 큐리엘은 말한다. "파이어민트가 〈플라이트 컨트롤〉을 출시한 후 무언가 문제가 생겨 얼마나 분통터지는 일이 있었는지에 대한 게시물을 자사 블로그에 올린 적이 있었습니다. 그 때 알게 됐죠. 그 글에는 한달 동안의 매출을 보여주는 그래프가 있었는데, 파이어민트는 저희 회사가 외부 업체와 함께 진행했던 어떤 프로젝트보다 더 많은 수익을 올린다는 사실을 알게 됐죠. 정말 큰 충격을 받았습니다."

> **통계**
> - **개발 기간** : 9개월
> - **총 예산** : 250,000달러
> - **다운로드 횟수** : 97,000번

베난은 전체 회의를 열어 아이디어를 모았다. 그리하여 '중심축'이라고 이름 붙인 방식을 사용한 게임의 프로토타입을 만들기로 결정했다. 큐리엘이 설명하는 중심축 방식은 플레이어가 직접 iOS 기기를 들고 주위를 둘러보면 그에 따라 게임 속 세계를 들여다보는 시야가 변하는 기술이다. 즉, 아이폰이나 아이팟이 게임 속 세계를 들여다보는 창문으로 작동한다는 의미다. 이미 다른 회사에서 유사한 아이디어를 시도한 바가 있었다. 대표적으로 닌텐도 3DS용의 〈페이스 레이더Face Raiders〉라는 게임이 있다. 하지만 그런대로 작동하는 프로그램을 만들기 위해 베난의 직원들은 꽤 고생을 해야 했다.

제작팀은 일단 중심축 방식을 사용해서 1979년에 나온 아케이드 게임인 〈애스터로이드〉를 모방한 게임을 만들기로 했다. "저희가 그 동안 해왔던 작업들 때문에 3D 기술력은 충분했습니다. 덕분에 별로 어렵지 않게 〈애스터로이드〉를 상당히 괜찮은 수준으로 만들 수 있었어요."라고 큐리엘은 말한다. "게임을 준비하고 자리에 앉아서 게임을 시작했죠. 그랬더니 그 게임이 너무 싫어졌어요." 게임을 하는 동안 기기를 들고 이리저리 돌리는 일은 굉장히 고통스러웠고 심지어 기기를 바닥에 떨어뜨리기까지 했다. "기기에 USB 선이 연결돼 있거나 헤드폰을 착용한 상태였다면 대체 어떤 일이 일어날지 생각하기도 싫었습니다. 형편없었죠."

제작팀은 중심축 아이디어를 포기했지만 3차원으로 이뤄지는 〈애스터로이드〉 풍의 게임은 충분히 재미있는 게임이 될 수 있다는 판단을 했다. 따라서 제대로 쓸 수 있는 새로운 조작 방식을 찾기 시작했다. 아이폰 가속도계 센서부터 다양한 터치 방식까지 생각할 수 있는 모든 방법을 시험했다. 어쩔 수 없는 면이 있었지만 결국 베난은 가상 조이스틱 조작 방식을 선택했다. 콘솔 게임기에 있는 컨트롤러를 화면 위에 구현하는 방식이었다. "정말 웬만하면 가상 조이스틱은 쓰고 싶지 않았습니다. 하지만 결국 저 자신도 그게 최선의 방식이라고 인정할 수 밖에 없었죠."

조작 방식이 결정됐지만 큐리엘은 게임 자체가 별로 마음에 들지 않았다. 심지어 그는 〈애스터로이드〉 같은 게임을 좋아한 적도 없다고 한다. 하지만 그와 제작팀 사람들은 빨리 완성하려면 그런 종류의 게임을 만들어야 한다고 생각하고 있었다. "팀원들이 〈애스터로이드〉를 좋아하는 것을 알고 있긴 했지만, 막상 작업에 들어갈 때가 되자 고전 게임을 복제해서 시장에 내놓는다는 것이 영 마음에 들지 않았습니다."라고 큐리엘은 말한다. "〈애스터로이드〉는 사실 과거의 엄청나게 낮은 하드웨어 성능에 맞춰 제작된 게임입니다. 그런 오래된 게임을 지금 와서 똑같이 만들어 내놓고 사람들의 향수에 기대려고 하는 셈이었죠. 심지어 우리조차 그런 향수를 느끼지 않는데도요. 우리 자신을 그냥 그런 수준의 회사로 격하시키고 있다는 생각이 들었습니다."

〈애스터로이드〉를 다시 만들 수 있는 기본 설계를 놓고 계속해서 개발을 진행해야 할지 논의하는 회의가 열렸다. 정확히 그 때가 〈스페이스 마이너〉가 시작한 순간이라고 할 수 있다. 게임에 맥락을 부여하는 줄거리에 대한 의견이 나오고 몇 가지 질문의 해결점들을 찾으면서 게임 디자인이 자연스러워졌다고 한다. 제작팀은 "왜 우리가 소행성들을 부숴야 하지?"라는 질문을 던졌고, "글쎄, 거기에서 광물을 채취한다면 어떨까"라는 대답이 나왔다.

논리적인 질문이 이어졌다. "왜 광물을 채취하지?" 이 질문으로 인해 우주 시대의 인물들과 캘리포니아의 황금광 시대를 우주 광물로 표현한 풍성한 이야깃거리가 만들어졌다. 팀이 만들어낸 게임의 주인공은 제비디아 알루이셔스 그릿스톤 Jebediah Alouicious Gritstone이라는 인물이었다. 나이 많은 탐험가이자 광물 채취 사업을 지키기 위해 도움이 필요한 사람이었다. "아마 그 회의에서 전체 게임의 분위기와 방향의 90%가 결정됐던 것 같습니다."라며 큐리엘이 웃는다.

게임 디자인의 개괄적인 설정이 정해진 후 생긴 문제는 게임 개발에 투입할 회사 내의 인력이 부족하다는 점이었다. 〈스페이스 마이너〉의 개발이 시작되고 처음 몇 달은 단 한 명의 프로그래머가 배정됐고, 디자인과 미술을 해야 할 팀원들은 회사가 받아온 외주 작업을 하고 있었다. 9월이 되도록 제대로 제작팀이 구성되지 않았다.

시간이 갈수록 게임의 규모가 점점 줄어들었다고 한다. 제작진은 원래 〈스페이스 마이너〉 세계에 가상의 주식 시장을 열고, 모바일 배틀 스테이션과 여러 종류의 적들을 도입한다는 계획을 가지고 있었다. "뒤돌아보면 그런 설정을 모두 빼버렸기 때문에 게임이 더 좋아지고 밀도 있게 됐다고 생각합니다. 그 점에 대해서 후회하지 않아요."라고 그는 말한다.

큐리엘은 게임의 마케팅이 정말 끔찍했다고 표현했지만 〈스페이스 마이너〉는 발매 직후 게임 카테고리 상위 20위 안에 들었다. 몇 달 후 차트에서 급격하게 떨어지기 전까지 거의 100,000카피를 팔았다. 오리지널 게임을 만들어본 경험이 거의 없다시피 한 소규모 제작사로서는 나쁘지 않은 성과였다. "스페이스 마이너는 저희 회사에 귀중한 경험이 됐습니다."라고 큐리엘은 말한다. "저희의 이름을 알릴 수 있었고 이후의 제품에 대해서도 언론의 주목을 받는 데 도움이 되죠. 게다가 외주 계약을 할 때 보여줄 수 있는 회사의 이력이 되잖아요."

스파이더: 더 시크릿 오브 브라이스 매너

플랫폼 : 아이폰/아이팟 터치(아이패드 버전은 별도로 발매됨)
가격 : 2.99달러
개발사 : 타이거 스타일(Tiger Style)
발매일 : 2009년 8월 10일

게임 소개

〈스파이더: 더 시크릿 오브 브라이스 매너Spider: The Secret of Bryce Manor〉에서 플레이어는 버려진 저택을 탐험하는 거미가 된다. 정해진 양의 거미줄을 사용해 거미집을 만들어 맛있는 벌레들을 잡아 먹고 거미줄의 양을 보충하게 된다. 충분한 양의 벌레를 먹으면 다음 레벨인 저택의 다른 장소로 갈 수 있다. 게임의 미술 스타일은 매우 아름답고, 저택 안에 보이는 많은 물건들이 각기 사연을 가지고 있기 때문에 가만히 들여다보는 것으로도 굉장한 재미를 느낄 수 있다. 게임의 줄거리가 명시적으로 나오지 않지만 게임이 진행될수록 브라이스 가족에 대해서 점점 잘 알게 된다.

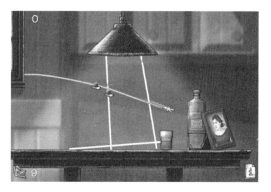

스파이더는 버튼 없이 하는 게임이기 때문에 처음에는 어떻게 해야 할지 알기 힘들다. 하지만 이는 단지 그 전에 본 적이 없

는 방법이기 때문이다. 화면 아무 곳이나 탭하면 그 방향으로 거미가 스르륵 이동하고, 스와이프하면 거미가 점프를 한다. 거미를 탭해서 고정하면 거미줄이 만들어지고 스와이프로 점프를 시키면 거미 뒤로 거미줄이 남는다. 거미줄끼리 합쳐지면서 생긴 공간에 거미집이 생기고 곧 운 나쁜 벌레들이 걸려든다.

게임이 진행되면 몇 개의 미니 게임을 즐길 수 있다. 그 중 하나는 따로 독립되어 별도의 무료 게임으로 발매된 경우가 있다. 〈스파이더: 호넷 스매시Spider: Hornet Smash〉라는 게임이다. 즉, 줄거리 모드로 게임을 모두 마친 후에도 미니 게임으로 계속해서 게임을 즐길 수 있다.

게임 비화

데이빗 칼리나David Kalina와 랜디 스미스Randy Smith는 몇 년이나 게임 제작에 매진했지만, 제대로 발매한 게임은 하나도 없이 지쳐가고 있었다. 결국 〈씨프 : 데들리 섀도우Thief : Deadly Shadows〉라는 게임을 아이온스톰Ion Storm을 통해 겨우 발매했지만 그 후 칼리나와 스미스는 각자의 길을 걷게 됐다. 칼리나는 미드웨이 게임즈Midway Games에 들어가 〈크리미널Criminal〉이라는 게임에 투입됐고, 스미스는 스티븐 스필버그와 합작으로 EA에서 퍼블리싱을 맡을 예정이었던 〈LMNO〉라는 게임 작업을 하게 됐다.

> **통계**
> - 개발 기간 : 8개월
> - 게임 자막에서 힌트를 얻어 게임 속 비밀을 발견한 사람의 비율 : 1%
> - 다운로드 횟수 : 300,000번

하지만 거의 4년 동안 개발하던 크리미널 프로젝트는 폐기됐고 90명의 직원이 해고됐다. LMNO도 마찬가지로 발매하기도 전에 취소되고 말았다. 칼리나와 스미스는 무직 상태가 됐지만 꽤 괜찮은 액수의 퇴직금을 받을 수 있었다. "몇 달 동안 여행을 하며 마음을 다스렸습니다. 앞으로 제 인생에서 5년이나 투자해야 하는 큰 프로젝트에 참여하는 일은 없어야겠다고 생각했어요."라고 칼리나는 말한다.

아르헨티나에 머물던 어느 날, 칼리나는 스미스로부터 이메일을 받았다. 새로운 아이디어에 대한 설명과 제안을 담은 편지였다. 스미스는 아이폰 게임을 제작하는 회사를 세우려는 계획을 가지고 있었고, 칼리나가 함께 할 생각이 있는지 물었다.

스미스는 친구들과 모여 브레인스토밍 회의를 열었다. 참가자 중 존 윗모어Jon Whitmore가 단 두 문장으로 된 아이디어를 냈다. "손가락을 화면에 대서 거미집을 지어요. 걸려드는 파리를 먹는 게임이죠." 스미스는 그 아이디어를 채택하고 구체적으로 확장해서 게임 설계 문서를 완성했다. 칼리나는 스미스의 문서가 대단히 마음에 들었고, 게임에 쓸 수 있는 프로그램의 코딩을 시작했다. 그렇게 스파이더의 개발이 정식으로 시작됐고, 타이거 스타일 개발사가 만들어졌다.

칼리나와 스미스는 각자 모아 놓았던 돈을 투자해서 제작사를 차렸다. 미술 작업을 위해 고용한 사람들에게 직접 수당을 주지 않고 게임 판매에서 나오는 수익으로 로열티를 지급하는 방법으로 경비를 아꼈다. 타이거 스타일Tijer Style은 새로 만들어진 회사였기 때문에 함께 일할 사람을 구하는 일이 꽤 어려웠다. 하지만 열심히 사람들을 찾아 다닌 결과 만족스러운 미술팀을 구성할 수 있었다. 게임에 필요한 미술 작업을 몇 달 안에 해결해줄 사람들이었다. "그렇게 개발 주기를 잘 맞췄던 경우는 본 적이 없어요."라고 칼리나는 말한다.

스파이더의 개발도 순조로웠지만 게임 자체도 많은 상을 받았다. 아이폰과 아이패드 버전을 합해서 300,000카피 이상을 팔았고, 애플은 아이폰 명예의 전당에 스파이더를 선정하기도 했다. 물론 칼리나와 스미스에게도 큰 변화가 있었다. 두 사람은 걸핏하면 취소되는 게임을 만들거나 망해가는 회사에서 일하던 처지에서 2009년 게임계에 대단한 반향을 불러일으킨 사람들이 됐다.

현재 타이거 스타일은 튼튼한 재정을 바탕으로 다음 게임의 작업을 진행하고 있다. 칼리나는 마침내 자신이 좋아하는 일을 찾았고 그 동안 해왔던 일에 대해서 후회는 없다고 한다. "되돌아보면 몇 년 동안 어려운 프로젝트에 투입되어 고생했던 일은 충분히 가치가 있었어요. 그렇게 하고 받은 월급과 퇴직금으로 저희의 회사를 세울 수 있었잖아요."

슈퍼 스틱맨 골프

플랫폼 : 아이패드/아이폰/아이팟 터치(유니버설 앱)
가격 : 0.99달러
개발사 : 누들케익 게임즈(Noodlecake Games)
발매일 : 2010년 12월 9일

게임 소개

〈슈퍼 스틱맨 골프Super Stickman Golf〉는 기본적으로 골프 게임이지만, 다른 골프 게임과는 전혀 다르다. 사실 도넛 게임즈Donut Games의 〈케이브 볼링Cave Bowling〉 같은 물리 퍼즐 게임과 유사점이 더 많다. 주인공을 측면에서 바라보게 되는 게임 속 세상은 완전히 초현실적이고, 환상적인 요소들로 가득 차 있다. 공중에 떠 있는 섬, 지하로 연결되는 미로, 심지어 모든 것이 뒤죽박죽 섞여 있는 달 레벨 등의 요소들로 인해 현실성을 강조한 여타의 골프 게임보다 훨씬 더 흥미로운 도전을 제공한다.

실제 골프처럼 〈슈퍼 스틱맨 골프〉에서도 최소한의 타수로 골프공을 홀에 넣는 것이 목표다. 공을 치는 각도와 스윙의 강도를 조절할 수 있지만 실제 골프와 가장 다른 부분은 파워업 아이템과 독특한 느낌의 특수 레

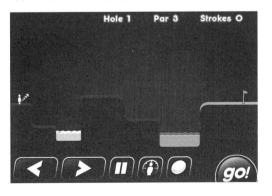

벨이 있다는 점이다.

각 레벨은 위험 부담을 안은 모험을 선택할 수 있도록 설계돼 있다. 대부분의 레벨에서 홀까지 가는 쉬운 길과 어려운 길이 있고, 어려운 길을 택한다면 훨씬 더 적은 타수로 홀까지 공을 보낼 수 있다. 예를 들어 선수와 홀이 벽으로 막혀 있을 경우, 그 벽에 골프공이 겨우 통과할 수 있는 작은 틈이 있는 식이다. 홀까지 다섯 타 이내에 가야 할 때, 작은 틈을 통과하면 두세 타 만에 홀에 도착할 수 있다. 물론 실패할 경우 타수가 엄청나게 늘어나기 때문에 낮은 점수를 받을 수 있다는 사실을 염두에 둬야 한다.

게임 속 여러 요소들처럼 〈슈퍼 스틱맨 골프〉의 멀티플레이어 모드 또한 기존 게임과 다른 방식이다. 와이파이, 블루투스, 게임 센터 등 여러 가지 방법으로 접속할 수 있는 멀티플레이어 모드에서는 다른 선수와 한 번씩 번갈아 공을 치는 게 아니라 게임이 동시에 진행되기 때문에 빨리 게임을 마치는 사람이 이기게 된다. 속도에 중점을 두는 특이한 골프 게임이기 때문에 싱글 플레이어 모드와 전혀 다른 느낌의 대단한 재미를 선사해준다.

게임 비화

조던 쉬드로스키Jordan Schidlowsky는 지난 10년간 출시된 최고의 골프 게임 중 하나에 참여한 적이 있다. 그는 게임 디자인 업계에 발을 들여놓은 과정에 대해 대단히 솔직하게 이야기한다. "저는 비디오 게임을 그다지 진지하게 생각하지 않았어요. 단지 돈을 벌 수 있는 최고의 시장이라고 생각했죠." 나는 문자 그대로 수백 명의 게임 개발자들을 만나 인터뷰를 했지만 게임을 만들면서 가장 중요한 동기로 돈을 언급한 사람은 처음 봤다. 그의 솔직함에 신선함마저 느껴진다.

쉬들로스키와 누들케이크 게임즈Noodlecake Games를 공동 창립한 타이 베이더Ty Bader는 처음 〈스틱 골프Stick Golf〉라는 게임을 만들 때에는 그저 간단한 프로토타입에 지나지 않았고, 앱스토어의 분위기를 살피고 이윤 창출의 가능성이 있는지 타진해 보고 싶었다고 한다. "모바일 시장을 살펴봤을 때 이윤은 모두 게임에서 나오더군요."라고 쉬들로스키는 말한다. "정확한 비율은 모르지만 모바일 다운로드의

80% 정도는 게임인 것 같았어요. 당연히 저희도 게임을 만들게 됐죠."

방향을 정한 쉬들로스키는 게임 디자인에 대
해 최대한 많이 조사하기 시작했다. 무료로 사
용할 수 있게 배포된 iOS 게임 엔진인 코코스
2D_{Cocos2D}를 익혔고, 채 두 달이 지나지 않아서

〈스틱 골프〉를 완성해 애플에 제출했다. 몇 개 없는 레벨에 초보적인 그래픽을 사
용한 간단한 2차원 골프 게임이었다.

그 게임은 대단한 반응을 불러왔다. 매출로 따지면 엄청나다고 할 수 없지만, 시
장에서 인정받았고 주요 매체에서 긍정적인 리뷰를 많이 해줬다. 이 시점에서 두
사람은 이제 제대로 된 모바일 게임을 만들 때가 됐다고 생각했다. 일단 전작에서
게임의 외형을 만들어 놓았기 때문에 세밀한 손질을 할 차례였다. "게임을 더 가다
듬고 그래픽을 향상시키는 작업을 했죠."라고 쉬들로스키가 말한다.

〈스틱 골프〉의 후속편 개발은 추가 작업이나 새로운 그래픽만으로 끝나지 않았
다. 새로운 파워업 아이템과 레벨을 추가하고 게임센터 지원 기능을 도입했다. 이
전 게임과 비교해서 거의 모든 면에서 개선된 〈슈퍼 스틱 골프〉는 발매 후 유료 차
트 상위 20위권으로 뛰어올라갈 수 있었다.

누들케이크가 게임을 크리스마스 일주일 전에 발매하기로 한 결정은 큰 실수였
다. 얼핏 생각하기로는 사람들이 아이폰을 많이 사는 시기라는 점 등을 고려해서
발매 시기를 크리스마스 시즌으로 잡는 것이 좋은 전략이라는 생각이 들 수도 있
다. 하지만 이는 심각한 착오였다. 크리스마스부터 연초로 이어지는 연휴 기간에
EA가 모든 게임을 99센트로 할인하는 행사를 하는 식으로 거대 퍼블리싱 회사들
이 모든 유료 차트의 상위권을 휩쓸었다. "덕분에 순위 경쟁이 완전히 엉망이 됐
죠."라고 쉬들로스키는 말한다. 〈슈퍼 스틱 골프〉는 순식간에 차트에 올라간 만큼
이나 빠른 속도로 차트에서 사라졌지만 누들케이크는 판매가 막혔다고 해서 게임
제작을 그만 둘 생각은 하지 않았다. 어쨌든 두 사람은 당분간 생활을 유지할만한
돈을 벌었기 때문에 원래의 직장은 그만 두고 풀타임으로 누들케이크에 전념하기
로 했다.

이후 누들케이크는 게임 센터를 통해 온라인 혹은 가까이 있는 아이폰 사이에서 가능한 멀티플레이어 모드를 추가하는 대규모 업데이트를 계획했다. 프로그래머가 단 한 명뿐인 팀으로서는 큰 모험이었다. "〈슈퍼 스틱 골프 1.0〉 개발에 4달이 걸렸습니다. 멀티플레이어 기능을 구현하는 데에는 2달 반 정도 걸린 것 같아요."라고 쉬들로스키는 말한다.

열심히 한 만큼 보람이 있었다. 멀티플레이어 업데이트로 인해서 상황이 많이 바뀌었다. 팬들은 열광적으로 반응했고, 다운로드 숫자도 가파르게 상승했다. 2011년의 E3(Electronic Entertainment Expo. 대부분의 게임 관련 업계가 참여하는 대규모 연례 행사 - 옮긴이)에서도 큰 주목을 받았다. "E3의 심판진도 저희 게임을 많이 했다고 해요"라며 쉬드로스키가 자랑스러워한다. "E3가 열리는 전 주에 심판진이 여러 게임 제작사를 버스로 순회하는데요, 버스로 이동하는 중에 〈슈퍼 스틱맨 골프〉를 다운로드해서 멀티플레이로 하는 사람이 굉장히 많았다고 합니다. 그 이야기를 듣고 굉장히 기분이 좋았죠."

여기서 쉬드로스키는 자신의 게임을 〈슈퍼 스틱 골프〉가 아닌 〈슈퍼 스틱맨 골프〉라고 불렀다. 이는 스틱 스포츠Stick Sports라는 회사와 있었던 상표권 다툼 때문이다.

이름에서 알 수 있듯이, 스틱 스포츠는 스포츠 게임에 특화된 플래시 게임을 제작하는 회사이며 〈스틱 테니스〉, 〈스틱 베이스볼〉, 〈스틱 크리켓〉 등을 만들었다. 아직 골프 게임은 나오지 않았지만, 나온다면 어떤 이름이 붙을지 쉽게 예상할 수 있다.

스틱 스포츠가 앱스토어 개발에 관심이 있던 차에 누들 케이크의 〈스틱 골프〉와 〈슈퍼 스틱 골프〉에 대한 이야기를 접했다고 한다. 상황을 요약하자면, 스틱 스포츠가 자신의 상표권을 침해 당했다고 판단하고 누들케이크에 게임 이름을 바꿔 달라는 요청을 했다. 쉬드로스키와 베이더는 법적인 공방으로 낭비될 돈과 시간이 아까웠기 때문에 게임 제목의 '스틱'을 '스틱맨'으로 바꿨다.

쉬들로스키는 이 사건에 크게 신경 쓰지 않는 것 같다. "법적인 결정은 결국 돈과 관련된 결정이라는 이야기를 많이 들었습니다."라고 그는 말한다. "즉, 여러분이 법적으로 정당하다고 해서 꼭 싸워야 한다는 이야기는 아니죠. 이 일에 대해서 저희는 충분히 법적으로 다툴 여지가 있다고 생각하고 지인들에게 알아본 바도 같았어요. 하지만 법정에서 이긴다고 해도 그 때 얻는 이득과 비교하면 들어가는 돈이 더 많았겠죠." 쉬드로스키는 〈슈퍼 스틱 골프〉라는 게임 제목이 더 마음에 들지만, 제목을 바꾼 일은 회사의 이미지에 전혀 영향이 없다고 말한다.

게임의 제목을 바꿀 때 로고도 새롭게 디자인해야 했다. 하지만 그 과정은 즐겁기 짝이 없는 일이었다. 게임 제목에 '맨'이라는 단어를 넣어야 한다고 하니, 말 그대로 그 단어를 원래의 로고에 우겨 넣은 것이다. 결과적으로 'man'이라는 단어는 '스틱'과 '골프' 사이를 비집고 들어가 세로로 배치됐다. 새로운 로고가 뭔가를 상징하지 않냐는 나의 질문에 쉬드로스키는 웃으면서 대답했다. "저희가 보기에 전혀 차이가 없어요. 게임 제목 중간에 '맨'이라는 단어를 넣었죠. 게임 제목을 바꾸고 로고 디자인도 멋지게 해냈어요. 잘 한 것 같아요."라고 그는 말한다.

흥미로운 사실

- 게임 중 던전 코스를 통과하기 어렵다면 여섯 번째 홀을 돌 때 화면을 아래로 스크롤해보자. 숨겨진 힌트가 나온다고 한다.
- 트랙션 게임즈(Traction Games)라는 회사가 2010년 4월에 앱스토어를 통해 〈스틱 스케이터(Stick Skater)〉라는 게임을 발매했다. 얼마 후 게임 제목이 〈스틱맨 스케이터(Stickman Skater)〉로 변경됐다.
- 〈슈퍼 스틱맨 골프〉에 나오는 음악은 위테이커 블랙올(Whitaker Blackall)이 만들었다. 그는 〈틸트 투 리브(Tilt to Live)〉의 사운드 트랙에도 참여한 사람이다.

〈슈퍼 스틱맨 골프〉는 그 자체로도 충분히 멋진 게임이다. 개발의 목적이 돈을 버는 데에 있다면 그 결과물은 보통 어설프고 낮은 수준의 제품이기 마련이다. 이 책에 소개된 많은 개발자들은 평생에 걸쳐 게임 제작을 소망했다는 사연을 가지고 있다. 그렇다면 쉬드로스키처럼 그다지 게임에 관심도 없던 사람이 어떻게 이렇게 재미있는 게임을 만들 수 있었을까?

쉬드로스키가 보기에 그에 대한 대답은 매우 간단하다. "다른 사업과 다르지 않습니다. 기왕 만든다면 좋은 제품을 만드세요. 그렇게 해야 성공할 가능성이 높아집니다."

슈퍼브라더스: 소드 앤드 소서리

플랫폼 : 아이패드/아이폰/아이팟 터치(유니버설 앱)
가격 : 4.99달러
개발사 : CAPY, 슈퍼브라더스(Superbrothers), 짐 거쓰리(Jim Guthrie)
발매일 : 2011년 3월 23일

게임 소개

아이폰에 〈슈퍼브라더스: 소드 앤드 소서리 EP_{Superbrothers Sword and Sworcery EP}〉를 띄워 첫 화면을 본 사람은 이 게임이 이전의 어떤 게임과도 전혀 다른 게임이라는 사실을 즉시 알게 된다. 일단 게임의 시각효과가 눈에 들어온다. 등장하는 캐릭터의 사지는 한 줄짜리 픽셀로 그려져 있으며 엄청나게 흐느적거린다. 마치 아타리 게임기 시절의 그래픽이 HD 화질이 대세인 현대에 나타난 느낌이다. 그리고 그 결과는 놀랍도록 매혹적이다.

게임 자체는 〈젤다_{Zelda}〉시리즈에서 참고한듯한 줄거리로 진행되는 포인트 앤드 클릭 방식의 어드벤처 게임이다. 플레이어는 스키타이의 여전사가 되어 세 개의 황금 삼각형을 찾는 모험을 떠나게 된다. 화면을 탭하면 캐릭터가 움직이고, 아이패드의 가속도계 센서를 사용해서 인벤토리와 퀘스트 진행 상황을 확인할 수 있다.

전체적으로 다소 느리게 전개되는 게임이다. 차분하게 퍼즐을 풀면서 스토리와 음악과 시각 효과를 즐기면 된다. 물론 가끔은 전투 모드로 들어가기도 한다. 기기를 세로로 잡으면 실시간으로 진행되는 전투 모드로 진입하고, 화면의 가상 버튼을 사용해 적의 공격을 막고, 공격하고, 해치워야 한다.

게임에 등장하는 도끼를 쓰는 로그펠라Logfella, 그의 충실한 개인 도그펠라 Dogfella, 양치기 소녀 등의 캐릭터들도 하나같이 희한하다. 메가톰The Megatome이라는 마법 책을 사용해서 이들의 생각을 읽을 수 있는데, 이를 다음 행동을 결정하는 데에 참고할 수 있다. 게임 속 대사는 유머가 넘치고, 캐릭터들이 스스로 심각한 분위기를 누그러뜨려준다. 〈슈퍼브라더스〉는 독특한 요소들을 많이 가지고 있기 때문에 수많은 게임이 범람하는 앱스토어에서도 단연 돋보이는 작품이 됐다.

게임 비화

〈소드 앤드 소서리〉는 2009년 게임 개발자 컨퍼런스(GDCGame Developers Conference) 기간에 1UP.com이 주최한 한 파티에서 시작됐다. 복도에서 친구를 기다리던 크리스 피오트로스키Kris Piotrowski와 네이딘 벨라Nathan Vella는 키가 큰 금발머리의 청년이 내미는 그림 엽서를 받았다. 자신의 그림을 담아 홍보용으로 돌리는 엽서였다. "엽서 한 장을 받았는데, 〈슈퍼브라더스〉 풍의 흐느적거리는 그림이었습니다. 즉시 엽서를 돌리던 크레이그 애덤스Craig D. Adams를 붙잡아 우리와 함께 게임을 만들어 달라고 외쳤죠."라고 피오트로스키는 말한다. "그렇게 프로젝트를 시작했습니다."

6개월 후, 새로 형성된 소서리 제작팀은 '기묘하고, 음악적이고, 트위터와 연동되는 픽셀 어드벤처'라고 규정한 게임의 제작에 착수했다. 크레이그 애덤스가 크리에이티브 디렉터로 일하던 디자인 회사인 슈퍼브라더스Superbrothers가 게임의 미술과 디자인을 맡았고, 캐나다 출신의 싱어-송라이터인 짐 거쓰리Jim Guthrie는 실험 음악 풍의 사운드트랙을 만들기 시작했다. 피오트로스키와 벨라가 이끄는 회사인

CAPY는 추가 디자인, 프로젝트 지원, 기술적인 부분 등을 맡았다. "처음에는 상당히 느슨한 개념으로 시작했습니다. 높은 수준의 게임을 만든다는 정도의 목표가 있었죠."라고 피오트로스키는 말한다. "저희는 천천히 즐길 수 있는 요소를 만들고 싶었습니다. 신비하면서도 느긋한 작은 세상을 돌아다니면서 이것저것 건드려보고, 짐이 만든 음악과 크레이그의 멋진 미술 작업을 감상했으면 해요."

피오트로스키와 애덤스는 게임에 도입하고 싶은 아이디어가 넘치도록 많았다. 닌텐도의 고전 게임인 〈펀치 아웃!Punch-Out!〉 시리즈 같은 전투 방식을 넣으려고도 했고, 현실 세계에서 달이 차고 기움에 따라 게임 속 세상도 변하는 개념을 생각하기도 했다. 물론 이런 아이디어들을 모두 게임에 추가하려면 상당한 작업이 필요했다. "우리는 대부분의 시간을 우리의 괴상한 아이디어들을 시험해보는 데에 보냈고, 그 과정에서 생긴 문제를 고치느라 더 괴상한 아이디어를 떠올리곤 했습니다."라고 피오트로스키는 말한다.

〈소드 앤드 소서리〉의 초기 빌드 중 하나는 주인공이 숲 속으로 들어갈 수 있는 데모 버전이었다. CAPY와 슈퍼브라더스는 이 데모를 인디펜던트 게임 페스티벌 IGF, Independent Games Festival(독립 개발자들이 퍼블리싱 회사와 만날 수 있는 기회가 되는 행사. GDC 기간 중에 열린다. - 옮긴이)에 출품하기로 했다. 사람들은 무대에서 시연된 게임에 대단히 긍정적인 반응을 보였다. 하지만 개발자들은 자신들이 보고 있는 데모 버전이 전부가 아니라는 생각을 관객들이 가지게 된다는 점이 굉장히 두렵다고 한다. "사람들이 저희의 데모를 보고 전체 게임 중에서 아주 작은 부분만 봤다고 생각한다는 사실을 알았어요."라고 피오스트로키는 말한다. "솔직히 그 때 저희는 저희의 게임을 어떻게 만들어야 할지 전혀 감을 못 잡고 있었습니다."

흥미로운 사실

- 게임의 마지막에 나오는 10자리 번호는 실제 사용 중인 전화번호이다. 한 번 걸어볼 만하다.
- 게임 음악을 담당한 짐 거스리는 자신의 웹사이트에서 아름다운 선율의 사운드트랙을 판매하고 있다. 7.99달러가 전혀 아깝지 않을 정도로 훌륭하다.

CAPY와 슈퍼브라더스의 제작팀에게 대단한 도전거리가 생긴 셈이었다. 숲 속

으로 들어가는 내용의 데모 게임이 주는 느낌을 전체 게임으로 확장시키려면 대체 어떤 게임이 되어야 할까? 아직 명확한 줄거리는 없었지만 상당히 많은 아이디어를 가지고 있었다. "처음부터 높은 기준을 세워놓고 개발을 시작했습니다. 게임의 방향을 정하고, 디자인의 방향을 결정하고, 여러 요소를 조합해서 게임을 만드는 데에 굉장히 많은 시간이 걸렸습니다."라고 피오트로스키는 말한다. "저희는 어떤 식으로 게임을 구성해야 할지 모른 채 많은 시간을 낭비했습니다. 답답했어요."

얼마 되지 않아 점점 제작팀의 사기가 떨어지면서 계속 작업을 해야 할 이유도 희미해졌다. 당시의 혼란스러웠던 시기의 느낌은 거의 침몰한 배에 타고 있는 것 같았다고 한다. "그 때 저희 프로젝트가 그대로 망하지 않았던 이유는 저희가 직감이나 재능, 감성을 가지고 있다고 믿었기 때문입니다. 그리고 결국에는 해낼 수 있다는 신념이 있었습니다." 얼마 후 그 믿음은 실현됐다. 〈소드 앤드 소서리〉의 개발이 조금씩 진행되어 결국 출시를 목전에 앞두게 됐다. 게임 미디어 매체들에 관련 기사가 실렸고, 게임이 큰 주목을 받기 시작했다.

이제 게임은 GDC에 선보였던 데모 버전보다 훨씬 더 방대한 세계를 다루는 게임으로 변해있었다. 이 세계관은 제작진이 꿈꿔왔던 이상에 매우 근접해 있었다. "모든 요소를 다 모아놓고 나니 저희도 놀랄 정도로 마음에 들었습니다."라고 피오트로스키는 말한다.

제작진의 기대와 흥분 속에 〈소드 앤드 소서리 EP〉가 무사히 출시됐다. 평단에서 좋은 반응을 얻었고, 상업적으로도 성공을 거뒀다. 독창성과 줄거리에 대한 칭찬을 받으며 수십만 카피가 팔려나갔다. 피오트로스키는 그러한 좋은 평가들 때문에 게임이 성공할 수 있었다고 평가한다. "앱스토어는 여전히 특정한 종류의 게임이 대세를 이루고 있습니다. 간단한 캐주얼 게임이 무료 혹은 99센트에 팔리고 있죠. 우리의 게임은 정반대입니다. 바로 그 이유 때문에 성공적이었다고 생각해요."

그의 말이 맞다. 〈소드 앤드 소서리〉는 〈컷더로프〉 등의 캐주얼 게임을 즐기는 사람들의 시선을 붙잡지 못할 수도 있다. 하지만 〈소드 앤드 소서리〉의 많은 팬들이 있기에 〈컷더로프〉가 부럽지 않다. 발매 후 6개월 안에 25만 카피 이상이 팔렸다. 피오트로스키는 이 상황을 '기절초풍'이라고 표현한다.

소드 오브 파골

플랫폼 : 아이폰/아이팟 터치(아이패드 버전은 별도로 발매됨)
가격 : 2.99달러
개발사 : 파골(LLCFargoal LLC)
발매일 : 2009년 12월 1일

게임 소개

앞서 〈100로그〉라는 로그라이크 장르에서 분화한 아케이드 게임을 소개한 바 있지만, 〈소드 오브 파골Sword of Fargoal〉은 더 전통적이고 느리게 진행되는 로그라이크의 좋은 예로서 살펴볼만한 가치가 있다. 게임 속 모든 요소에서 1980년대의 디자인 철학의 분위기가 물씬 풍기는 이유는 이 게임이 1982년 같은 이름으로 발표된 초기 로그라이크 게임 중 하나를 리메이크한 게임이기 때문이다.

게임의 목표는 무대가 되는 던전의 지하 20층까지 내려가서 전설적인 파골의

검을 얻는 것이다. 검을 얻은 후에는 2,000초 안에 밖으로 빠져나가야 한다. 시간 안에 악의 소굴을 탈출하지 못하면 던전이 붕괴되어 여러분은 영원히 지하에 갇히게 된다. 지하로 깊이 내려갈수록 적이 더 강력해지고 무시

무시해지기 때문에 내려가는 일은 매우 어려운 과정이다. 20층 아래의 깊은 곳에서 살아남기 위해서는 레벨업을 하고 힘을 키워놓아야 한다.

〈소드 오브 파골〉은 미지의 세계를 헤쳐나가야 하는 게임이다. 새로운 공간에 들어서면 맵 전체는 검은 안개로 가려져 있고 안개 속에는 다양한 적들이 숨어서 여러분을 기다리고 있다. 플레이어가 어렵게 얻은 아이템을 훔쳐가는 도둑도 있고, 심지어 궁극의 목표인 파골의 검을 훔쳐가는 일까지 생긴다. 가지고 있는 에너지를 모두 쏟아 부어야 겨우 이길 수 있는 최강의 용과도 싸워야 한다. 언제 어디서 적이 나올지 모른다는 사실은 정말 무서운 일이다. 이는 특히 로그라이크 게임의 특성상 한 번 죽으면 그대로 게임이 끝나기 때문이다.

〈100로그〉에서 캐릭터가 죽는 일은 대단치 않은 일이지만, 〈소드 오브 파골〉에서는 캐릭터를 키우려면 몇 시간이나 걸리기 때문에 게임 속의 죽음이 대단히 현실적으로 다가온다. 두 세시간을 투자하고 나면 전투가 나올 때마다 극도로 집중하게 된다. 그러다 보면 이 게임은 가벼운 액션 RPG 게임이 아닌, 살아남기 위해 피를 흘리며 싸워야 하는 진지한 게임임을 알게 된다.

〈소드 오브 파골〉 같은 게임은 이제 잘 나오지 않는다. 게다가 21세기가 된 지금, 세이브 기능 없이 한 번 죽으면 그대로 끝나는 게임은 거의 없다. 바로 이런 이유로 인해 〈소드 오브 파골〉은 하드코어 게이머라면 충분히 해볼만한 가치가 있는 게임이다.

게임 비화

1970년대에 어린 시절을 보낸 사람이라면 으레 그렇듯 제프 맥코드Jeff McCord는 '반지의 제왕'과 〈던전 앤 드래곤즈〉 등의 판타지 세계에 흠뻑 빠져 있었다. 오크와 드워프가 나오는 모험담은 그의 어린 시절의 가장 인상적인 경험으로 남았다.

맥코드는 어린 나이에 프로그래밍을 접할 기회가 있었다. 그의 아버지가 켄터키대학University of Kentucky의 컴퓨터과학 교수였기 때문에 맥코드는 당시 최고의 컴퓨터를 접할 수 있었다. 따라서 어린 시절의 맥코드는 모뎀 같은 최첨단 기기들을 가지고 놀며 많은 시간을 보냈다. "그 때 제 인생의 90퍼센트는 유명한 텍스트 기반 게임인 어드벤처Adventure를 하며 놀았던 것 같아요. 게임을 하도 많이 해서 죽기 전까지 200개의 명령어를 모조리 미리 입력할 수 있는 지경까지 갔는데 결국에는 모든 퍼즐을 풀어 퍼펙트 점수로 게임을 깰 수 있었죠."라고 맥코드는 말한다.

맥코드가 고등학생 때 그의 아버지가 코모도어 PETCommodore PET를 샀다. 코모도어가 발표한 최초의 모니터와 키보드 등을 갖춘 교육용 컴퓨터였다. 맥코드는 이 컴퓨터를 사용해서 시험 삼아 여러 가지 프로그램을 만들어보곤 했다. 얼마 후 실제로 구동하는 게임을 완성했고, 〈감마퀘스트 IIGammaquest II〉라는 이름을 붙였다. 〈소드 오브 파골〉의 원형이 되는 게임이었다. 그는 몬스터, 트랩, 보물, 주문 등의 모든 부분을 직접 만들었다. 특히 베이직BASIC 프로그램 언어를 사용해서 무작위로 생성되는 레벨처럼 비교적 복잡한 부분까지 구현했다. 당시는 1979년 말에서 1980년 초로 넘어갈 때였고, 로그라이크의 원형이 되는 게임인 〈로그Rouge〉가 발표되기 몇 달 전의 일이었다.

1981년 맥코드는 테네시 대학University of Tennessee에 입학했다. 그는 어느 날 같은 나이의 신입생에 대한 소문을 들었다. 애플이라는 신생 회사에서 처음 내 놓은 신제품 컴퓨터를 사용해 게임을 만들어 실제로 판매하는 데 성공했다는 이야기였다. 여유 시간을 투자해서 감마퀘스트의 개발을 하고 있던 맥코드는 이 이야기에 큰 자극을 받았다. "저는 실제로 저의 게임을 발매한다는 생각을 해본 적이 없었습니다. 이야기를 듣고 보니 저도 그렇게 해보고 싶은 생각이 들더군요."라고 맥코드는 말한다.

> **통계**
> ■ iOS 버전의 개발 기 : 1년
> ■ 〈소드 오브 파골〉의 최초 버전이 사용한 메모리의 양 : 15kb
> ■ 무료 행사를 포함한 다운로드 횟수 : 100,000번

맥코드는 저작권을 신청한 뒤, 자신의 게임을 몇몇 퍼블리싱 회사에 제출했다. 에픽스Epyx라는 작은 회사를 포함해서 두 세 개의 회사가 맥코드의 게임에 관심을 표명하는 답장을 보냈다. 맥코드는 가장 높은 가격을 제시한 에픽스를 선택했고, 에픽스는 선금으로 2,000달러를 보냈다. 2012년의 물가 수준으로 약 5,000달러 정도의 액수다.

돈이 생긴 맥코드는 캘리포니아의 팔로 알토Palo Alto로 가서 에픽의 회사 사무실

뒤편에 있던 캠핑카에서 몇 달 지냈다. 그 기간에 맥코드는 자신의 게임을 VIC-20에서 작동하도록 변환하는 일을 했다. VIC-20은 코모도어에서 PET보다 더 저렴하게 발표한 신제품이었다. 맥코드는 전력을 다해 작업했고 1982년 〈소드 오브 파골〉이 발매됐다. 그로부터 1년도 되지 않아 맥코드는 조금 더 향상된 버전의 게임을 강력하고 매우 인기가 많았던 코모도어 64Commodore 64용으로 포팅하는 데에 성공했다.

시간이 흘러 2003년이 되었다. 〈소드 오브 파골〉은 PC 게임의 역사의 한 축을 담당하는 혁신적인 게임으로 기억되고 있었다. 1996년 컴퓨터 게이밍 월드Computer Gaming World(이후 '게임 포 윈도우즈: 오피셜 매거진Games for Windows: The Official Magazine'으로 이름을 바꿨다)는 그 게임을 사상 최고의 게임 150편 목록에 포함시키기도 했다.

흥미로운 사실

- VIC-20은 최초로 100만대 이상 판매된 컴퓨터.
- 파골(Fargoal)이라는 단어의 철자는 원래 Fargaol이었다. 이는 감옥(jail)을 의미하는 중세 영어 단어인 gaol에서 따온 말이다. 에픽스가 맥코드에게 제목을 바꾸라는 조언을 했다고 한다.
- 맥코드는 고등학교 시절 〈던전 앤 드래곤즈〉의 던전 마스터였다. 맥코드는 〈소드 오브 파골〉의 줄거리를 만들며 〈던전 앤 드래곤즈〉를 참고했다고 한다.
- 제프 맥코드의 다른 애플리케이션으로 〈위저드 헥스(Wizard Hex)〉와 〈카고 러너즈(Cargo Runners)〉 등이 있다.

폴 프리드햄Paul Pridham과 일리어스 셰니그Elias Pschernig는 수십 년 전에 만들어진 〈소드 오브 파골〉의 열성팬이었다. 두 사람은 원작을 개선한 PC용 헌정판 게임을 만들기로 했고 불과 2주만에 완성했다. 만족할만한 수준으로 게임을 완성한 프리드햄은 맥코드의 연락처를 수소문해서 자신들이 리메이크 게임을 만들었다고 알려줬다. "원작 게임의 모양새와 느낌을 세세한 부분까지 신경을 썼더군요. 대단히 인상적이었습니다."라고 맥코드는 말한다. "그 사람들은 가상 원근법을 구현해서 던전의 타일을 만들었는데, 누구든 원하는 대로 스킨을 직접 만들 수 있는 기능까지 있더군요. 코모도어 64용으로 나왔던 원작에 나온 그래픽을 그대로 구현한 스킨도 있었어요."

리메이크 게임에 큰 인상을 받은 맥코드는 〈소드 오브 파골〉의 공식 웹사이트에 그 게임을 다운로드할 수 있는 링크를 만들었다. 즉, 공식적으로 인정받은 리메이크 게임이 됐고, 원하는 사람은 누구든 무료로 다운로드할 수 있게 됐다. 이후 셔니그는 맥용으로도 포팅했다.

이후 몇 년간 이들은 연락을 하며 지내는 사이가 됐고, 한 두 번은 다른 버전을 만들 계획도 세운 적이 있었다고 한다. 2007년 맥코드는 아이폰의 발표를 듣게 된다. 곧 프리드햄과 셔니그에게 연락해 함께 〈소드 오브 파골〉의 아이폰용 버전을 만들 생각이 있는지 물었다. iOS용으로 다시 태어날 개발 작업에서 프리드햄은 대부분의 코딩과 디자인 작업을 맡았고, 셔니그는 코딩과 UI를 맡게 됐다. 맥코드는 게임의 대변인으로 활동하며 애플과 접촉하거나 게임 미디어 매체와 인터뷰를 했고, 종종 게임의 미술과 음악의 방향에 대해 조언을 하기도 했다.

판매 실적은 좋았지만 회사를 세워 제대로 된 사업을 벌이기에는 충분치 않았다고 한다. 하지만 맥코드는 처음 발매된 후 거의 30년 동안 지속적으로 받고 있는 긍정적인 반응을 보며 대단히 만족스러워하고 있다. "〈소드 오브 파골〉의 인기가 정말 꾸준하다는 사실을 알게 됐습니다."라고 그는 말한다. 맥코드와 그의 팀원들은 현재 속편인 〈소드 오브 파골 2Sword of Fargoal 2〉의 개발에 매진하고 있다.

틸트 투 리브

플랫폼 : 아이폰/아이팟 터치(아이패드 버전은 별도로 발매됨)
가격 : 2.99달러
개발사 : 원 맨 레프트(One Man Left)
발매일 : 2010년 2월 24일

게임 소개

앞서 소개한 〈실버피쉬〉에서 언급한 대로, 〈틸트 투 리브Tilt to Live〉는 기기를 들고 기울이는 입력 방식의 틸트 기능을 사용한다. 불규칙하게 나타나는 무기를 써서 적들을 해치우고 살아남는 게임이다. 적들이 생성되고 파상 공격을 해오는 방식은 〈지오메트리 워즈Geometry Wars〉와 매우 비슷하지만 두 가지 큰 차이점이 있다. 기기를 기울일 때 극히 정확한 정밀도로 작동한다는 점과 이 장르의 모든 게임을 통틀어서 가장 재미있고 흥미로운 무기 아이템이 나온다는 점이다.

일단 조작 방식에 대해서 말하자면 〈틸트 투 리브〉는 지금껏 내가 본 게임 중에 가장 정밀한 조작감을 가진 게임이다. 나는 진심으로 왜 다른 iOS 게임이 아이폰의 틸트 기능을 제대로 쓰지 못하는지 아쉽다. 심지어 이 게

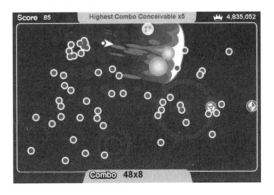

임은 최신의 기기의 중력가속센서를 사용하는 것이 아닌데도 불구하고 플레이어는 안정적이고 일관성 있는 방식으로 1mm 벌어진 적의 틈을 비집고 다닐 수 있다.

다음은 무기 아이템이다. 세상에, 이렇게 재미있을 수 있다니! 폭발하거나 공격할 때 나오는 만화영화풍의 애니메이션은 정말 대단하다. 1회용의 공격 아이템은 플레이어가 먹는 즉시 작동한다. 초반에 나오는 보라색 레이저는 짧은 순간 충전된 후에 플레이어가 향한 방향으로 거대한 보라색 충격파를 발사한다. 게임이 진행될수록 새롭게 등장하는 무기들로 인해 계속해서 플레이해도 질리지 않도록 멋지게 설계돼 있다.

게임 비화

알렉스 오커포Alex Okafor는 한 학기도 제대로 마치지 않은 대학 생활이 지루해졌다. 학교에 잘 나가지 않아 남는 시간이 많아진 그와 그의 친구인 애덤 스튜어트Adam Stewart는 취미 삼아 간단한 게임의 프로토타입을 만들기 시작했다. "그때 저희는 엑스박스 XNA(마이크로소프트가 제공하는 엑스박스 개발 플랫폼 - 옮긴이)로 게임을 만들었어요."라고 오커포는 말한다. "그러다가 아이폰을 갖게 됐는데, 제가 하루나 이틀 정도 걸쳐서 틸트 투 라이브의 프로토타입을 만들었고, 스튜어트는 삼각형이 화면을 돌아다니면서 폭발을 일으켜 빨간 점들을 죽이는 부분을 만들었어요."

제작을 시작할 때 스튜어트는 아이폰 게임을 만들어서 발매한다는 아이디어가 별로 내키지 않았다고 한다. 그는 그래픽 디자인에 관련된 사업을 하고 있었고 하던 대로 계약 고객들을 위해 일하고 싶었다. 〈틸트 투 리브〉는 스튜어트가 하는 많은 일 중 하나일 뿐이었다.

> **통계**
> - 개발 기간 : 15개월
> - 확장판인 비바 라 터렛(Viva La Turret)을 구매한 사람의 수 : 64,000명
> - 다운로드 횟수 : 500,000번

2인 제작사인 원 맨 레프트의 오커포와 스튜어트는 틸트 투 라이브의 초기 개발 당시 서로의 관계가 다소 삐걱거리는 상태였다고 한다. 하지만 필요한 요소들이 제대로 결합된 게임을 본 스튜어트가 크게 관심을 갖게 됐고, 더 많은 시간과 노력을 〈틸트 투 리브〉

에 투자하게 됐다. "오커포를 더 많이 도와줘야겠다고 생각했습니다. 그리고 오커포가 결국 개발을 성공시켰죠."라고 스튜어트는 말한다. "완성 후에 저는 저희의 게임이 어떻게 작동하는지 보게 됐는데 정말 엄청나게 흥분했죠."

이 시기에 오커포는 아직 대학에 다니고 있었기 때문에 개발에 필요한 장비들을 게임 디자인 교수로부터 얻어 쓸 수 있었다. 그 교수는 오거포에게 게임에 관련된 일을 하는 한, 그리고 수업에 도움이 되는 한 원하는 것은 모두 사용할 수 있게 배려해줬다. 덕분에 오커포는 Wii의 리모트 컨트롤러를 PC에서 사용하는 〈틸트 투 리브〉의 프로토타입을 만들 수 있었고, 이는 게임 디자인 강좌의 실험 수업에서 사용되기도 했다. 앞의 컨트롤러를 다루는 경험을 통해 오커포는 가속센서가 어떻게 작동하는지 이해하게 됐고, 아이폰용 프로토타입을 만드는 데에 적용할 수 있었다.

2009년 2월부터 게임이 발매된 2010년 2월까지 오커포는 워싱턴 DC에서 정부 업무 관련 업무를 하청 받아 일을 했고 남는 시간에 〈틸트 투 리브〉의 밸런스 조정 작업을 이어나갔다. "전형적인 직장인처럼 9시에 출근해서 5시에 퇴근하면 밤마다 몇 시간씩 게임을 다듬었습니다."라고 그는 말한다. "주당 60시간 근무하는 일을 거의 1년동안 하면서 〈틸트 투 리브〉를 만들었죠."

오커포가 받는 스트레스를 알고 있던 스튜어트도 오커스와 마찬가지로 최선을 다해 작업에 임했다. "오커포가 피드백을 줄 때마다 겁이 났어요."라고 스튜어트가 농담 섞인 이야기를 한다. "'괜찮아, 만드는 데 고생 많았잖아'라는 식으로 말했거든요." 오커포가 〈틸트 투 리브〉를 만들던 중 한도 없이 늘어지는 작업 때문에 꽤나 의욕이 없어진 적도 있었다. "세상에, 아직도 안 끝났다니"라는 생각이 들었다고 한다.

2010년 2월 초 워싱턴에 큰 눈이 와서 도시 전체가 마비되고 수만 가구에 전기 공급이 끊기는 일이 있었다. 며칠 동안 집에 갇히게 된 오커포가 할 수 있는 일은 〈틸트 투 리브〉를 만드는 일 밖에 없었다. 그 때 그는 풀타임 독립 개발자가 어떤 생활을 하게 될지 조금 알게 됐다고 한다. 그리고 그 생활이 굉장히 마음에 들었다. "그 때 어떤 방해도 받지 않고 잡다한 일에 신경 쓰지 않으면서 게임 개발을 거의 마무리했어요."라고 그는 말한다.

〈틸트 투 리브〉의 첫 버전이 발매된 후 스튜어트는 점점 새로운 고객을 만나는 일을 줄이고 게임 작업에 집중하기 시작했다. 게임을 계속 신선하게 유지해줄 새로운 모드와 업데이트가 필요했기 때문이다.

〈틸트 투 리브〉 발매 후 언론의 엄청난 관심을 받았고 매출도 대단했다. 심지어 아류작들이 여러 편 만들어질 정도였다. 대표적인 아류작으로 〈틸트 투 플라이Tilt to Fly〉라는 게임이 있다. 스튜어트는 그 게임에 대해 "〈앵그리버드〉에 〈틸트 투 리브〉가 합쳐진 게임"이라는 평가를 하며 웃는다. "정말이지 제가 여태 겪을 일 중에서 가장 신나는 일이에요. 블로그에 〈틸트 투 플라이〉에 관한 글을 올렸어요. 모두 가서 그 게임을 사자는 내용이었죠." 스튜어트는 〈틸트 투 플라이〉의 개발사인 워터 플래닛 개발Water Planet Development에 〈틸트 투 리브〉 티셔츠를 보내줄까 생각하기도 했다고 한다.

이들은 왜 싸구려 아류작을 칭찬했을까? 그 질문에 스튜어트와 오커포는 확실한 대답을 가지고 있고, 정말 놀라운 내용이다. "저는 저는 그 게임이 잘 되길 바랍니다. 그래야 사람들이 그 게임이 정말 〈틸트 투 리브〉와 비슷한 게임이라면서 불평할 수 있을 테니까요!"라고 스튜어트는 말한다. "우리가 표절작의 바짓가랑이를 붙잡고 늘어질 수 있었죠." 원 맨 레프트의 놀랍고도 유쾌한 반격은 성공적이었다. 실제로 앱스토어에 올라온 〈틸트 투 플라이〉의 리뷰를 보면 대부분 〈틸트 투 리브〉가 더 낫다는 이야기를 하고 있다. 정말이지 창의적인 마케팅 방법이 아닐 수 없다.

덧붙이자면 나는 오커포 와 스튜어트를 인터뷰하기 전에 〈실버피쉬〉를 제작한 프랭크 콘델로와 인터뷰를 한 바 있다. 콘델로는 〈실버피쉬〉가 〈틸트 투 리브〉와 유사점이 너무 많다는 사실을 발견하고 자신이 만든 게임을 거의 포기할 뻔한 사람이다. 오커포와 스튜어트에게 그의 이야기를 들려줬지만 콘델로가 〈틸트 투 리브〉를 보고 얼마나 큰 충격을 받았는지에 대해서는 자세히 설명하지 않았다. "저도 그 게임을 해봤는데, 마음에 들던걸요."라고 오커포는 말한다. "그에게 제가 게임을 재미있게 했다는 말을 한 적이 있어요. 그 게임은 충분히 차별성이 있는 게임이라고 생각합니다."

타이니 타워

플랫폼 : 아이패드/아이폰/아이팟 터치(유니버설 앱)
가격 : 무료
개발사 : 님블빗(NimbleBit)
발매일 : 2011년 6월 22일

게임 소개

기본적인 기능은 무료로 제공하고 추가 기능을 쓰려면 돈을 내야 하는 게임을 이 책에서 많이 소개하지 않은 데에는 몇 가지 이유가 있다. 일단 가장 중요한 이유로 그런 종류의 iOS 게임은 대부분 지그너Zynga의 〈팜빌Farmville〉을 허술하게 본 딴 게

임이 대부분이기 때문이다(사실 〈팜빌〉조차 다른 게임에서 아이디어를 따왔지만). 예를 들어 팀라바TeamLava라는 iOS 개발사가 발매한 게임들을 보면 정말이지 측은한 마음이 든다.

두 번째로, 전부는 아니지만 대부분의 게임들이 재미를 선사해주기보다는 사용자들의 돈을 뽑아먹는 데 중점을 두고 설계됐다는 점이다. 하지만 〈타이니 타워Tiny Tower〉에는 그런 이유들이 전혀 해당되지 않는다. 즉, 무료로 즐길 수 있는 예쁘고 아담한 타워 건설 시뮬레이션 게임이라고 할

수 있다.

〈타이니 타워〉의 목표는 건물을 세우고 가능한 많은 층에 가능한 많은 사람들을 채워 넣는 일이다. 각 층은 여가 시설, 식당, 소매점처럼 하나의 목표를 가진 시설들로 채워진다. 주거 시설을 지어서 깜찍한 작은 픽셀로 그려진 시민인 비티즌bitizens이 살 수 있게 할 수 있고, 이들은 건물의 각 층에서 일하는 인력이 된다. 궁극적으로 플레이어는 모든 상점이 상품으로 가득 차고, 손님들이 즐겁게 다녀갈 수 있게 유지하는 일을 하게 된다. 방문객이 엘리베이터를 탈 수 있게 도와주거나 비티즌들의 생활이 수치로 표현되는 빗북Bitbook을 읽는 등의 추가 요소도 있다. 하지만 게임에서 가장 재미있는 부분은 건물을 더 크게 키우고, 더 많은 코인을 모으는 데에 있다.

물론 게임 속 코인보다 더 큰 가치를 가진 화폐인 타워 벅스tower bux를 실제 현금으로 사는 식으로 〈타이니 타워〉를 크게 키울 수 있다. 그러나 〈타이니 타워〉는 현금을 전혀 쓰지 않고도 충분히 즐길 수 있다.

게임 비화

개발 과정을 살펴볼 때 〈타이니 타워〉가 다른 게임들과 가장 다른 부분을 꼽자면 실제 게임이 만들어지기 전에 이미 디자인이 완성돼 있었다는 점이다. 쌍둥이 형제인 이언 마쉬Ian Marsh와 데이브 마쉬Dave Marsh는 〈다이너 대시Diner Dash〉와 비슷한 방식의 레스토랑 경영 게임을 만들 계획을 세우고 있었다. 그 과정에서 데이브는 깜찍한 8비트 그래픽 풍의 디자인을 만들었는데, 두 사람은 그 그림체가 정말이지 마음에 들었다. "그 그림을 레스토랑 하나만 나오는 게임에 쓰기에는 너무 아까웠어요."라고 이언은 말한다.

두 형제는 자신들이 그 동안 성공적으로 발매했던 게임들에 대해 생각하기 시작했다. 〈포켓 프로그Pocket Frogs〉가 크게 성공한 이유 중 하나는 다양한 옵션을 제공해서 자유도가 매우 높은 사용자화를 할 수 있었기 때문이라는 결론이 나왔다. 마쉬 형제는 그러한

> **통계**
>
> - 개발 기간 : 9개월
> - 게임보이컬러 버전의 판매량 : 40,000개
> - iOS용 버전의 다운로드 횟수 : 200,000번

특징을 빌딩 시뮬레이션 방식으로, 즉 어떤 식으로든 무언가를 경영하는 게임에 넣고 싶었다. "뭔가 자연스럽고 편안한 세계를 아이폰으로 구현한다는 거창한 계획을 세웠습니다."라고 이언은 설명한다. "측면에서 보이는 빌딩을 세로 스크롤로 움직이는 방법이 가장 적당해 보였어요."

이는 후에 〈타이니 타워〉로 발전하게 되는 게임의 기본적인 테마가 됐다. 조그만 디지털 인간들이 아이폰 속에서 살아가게 된다면 어떤 일이 생길까? 캐릭터에게 개성을 부여하는 일은 님블빗이 우선적으로 해결해야 하는 과제가 됐다. 캐릭터가 스스로 꾸밀 수 있는 능력을 주고, 소망하는 일들을 만들어줬다. 그리고 디지털 인간들이 자신의 상황을 빗북에 표현한다는 설정을 더했다.

흥미로운 사실

- 〈타이니 타워〉 이용자의 거의 4%가 현금으로 타워 벅스를 구매한다.
- 게임 속에서 사업을 하는 층 중 몇 개는 마쉬 형제가 과거에 근무했던 회사들을 떠올리며 만들었다.
- 님블빗의 다른 애플리케이션으로는 〈포켓 프로그〉와 〈디지패드 HD(Dizzypad HD)〉 등이 있다.

사실 〈타이니 타워〉를 개발하던 님블빗은 이미 한참 전부터 유명한 앱스토어 개발사였다. 큰 주목을 받은 〈디지패드Dizzypad〉나 〈메가 판다Mega Panda〉 등의 게임을 대형 사이트에 공개한 경험이 있기 때문에 두 형제는 〈타이니 타워〉의 성공을 확신하고 있었다.

예상은 적중했다.

발매 후 몇 주 동안 수십 개의 주요 웹사이트에 〈타이니 타워〉를 높이 평가하는 리뷰 기사가 실렸다. 애플이 〈타이니 타워〉를 금주의 앱으로 선정했을 때에는 곧바로 앱스토어 차트 상위권으로 치고 올라갔다. 단 몇 주 만에 거의 4백만 명이 게임을 구매했다. "저희가 수전노처럼 플레이어의 돈을 탐내지 않는다는 점 때문에 저희 게임에 고객들과 기자들 모두 기분이 좋았던 것 같아요."라며 이언이 즐거워한다.

그의 말이 맞다. 〈타이니 타워〉는 게임 진행에서 앞서나갈 수 있는 타워 벅스라는 화폐를 현명하면서도 게임에 방해되지 않도록 훌륭하게 균형이 잡혀 있다. 플레이어가 돈을 쓰도록 유도하지 않으며, 무료로 하더라도 게임의 모든 기능을 이용하는 데에 제약이 없다. 교묘하면서도 효과적인 방법이며, 〈팜빌〉을 흉내내서 만든 게임들이 성공하지 못하는 이유를 잘 설명해준다.

토키 토리

플랫폼 : 아이폰/아이팟 터치(아이패드 버전은 별도로 발매됨)
가격 : 2.99달러
개발사 : 투 트라이브(Two Tribes)
퍼블리셔 : 칠링고(Chillingo)
발매일 : 2009년 5월 22일

게임 소개

〈토키 토리Toki Tori〉는 계란을 끔찍하게 좋아하는 노란색의 작은 새다. 게임의 각 레벨은 적과 트랩, 알들이 있는 외부와 차단된 작은 생태계다. 게임이 시작되면 이 공간을 헤쳐나갈 수 있는 도구가 몇 개 주어진다. 플랫폼 사이의 구멍을 메울 수 있는 다리나 상대방을 얼려서 받침대로 쓸 수 있는 얼음 광선총, 얇은 벽을 통과할 수 있는 텔레포트 능력 등이다. 플레이어는 다양한 상황을 종합적으로 판단해서 어떤 아이템을 사용할지 결정해야 한다.

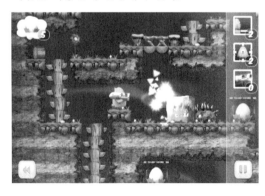

〈토키 토리〉는 다른 퍼즐 형식의 플랫폼 게임과 상당히 다른 면이 있다. 이 게임에서는 캐릭터가 이리저리 맵을 돌아다니면서 시행착오를 통해 퍼즐을 푸는 게 아니라, 잠시 멈춰서 시간을 들여 주변 상황을 파악해야 한

다. 특정한 아이템이 없으면 통과할 수 없거나 주인공이 지나가야 할 자리를 적들이 차지하고 있는 경우가 있기 때문에 모든 정보를 모아 어떤 경로를 선택해서 알을 모으고 다음 레벨로 넘어갈 수 있을지 고민을 해야 한다. 초기 버전에서는 자칫하면 조금만 잘못해도 트랩에 걸리거나 맵 건너편으로 갈 수 없게 되기 십상이었지만, 발매 후에 있었던 업데이트에서 상당히 도움이 되는 기능이 추가됐다. 즉, 되감기 버튼이 생겨서 플레이어가 실수를 했더라도 바로 취소를 하면 이전 상황으로 돌아갈 수 있다는 의미다.

아이패드 사용자는 아이폰보다 훨씬 더 훌륭한 그래픽으로 게임을 즐길 수 있다. 아이패드 버전은 아이폰 버전 발매 후에 고해상도로 다시 만들어진 PC 버전의 그래픽을 기반으로 하기 때문이다. 물론 아이폰의 그래픽도 훌륭하고 플레이 하는 데에 문제가 없지만, 아이패드 사용자는 전반적으로 개선된 그래픽으로 게임을 즐길 수 있다.

게임 비화

콜린 반 깅클Colin Van Ginkel은 아주 오랜 기간에 걸쳐 〈토키 토리〉를 만들었다.

시작은 1994년으로 거슬러 올라간다. 소규모 개발사인 포니Fony가 〈에그버트Eggbert〉라는 MSX2용 게임을 발매했다. 〈토키 토리〉는 다양한 버전으로 발매됐는데, 그 중 하나라도 해본 사람은 바로 〈에그버트〉를 알아볼 수 있다. 두 게임의 퍼즐과 맵이 동일하고, 〈에그버트〉의 주인공 또한 노란색의 땅딸보 새이기 때문이다. 그로부터 5년 후 포니를 다니던 빈 깅클을 포함한 직원 몇 명이 모여 투 트라이브라는 제작사를 차렸다. 게임보이컬러용의 게임을 주로 만들 예정이었다. 게임보이컬러는 MSX2와 비슷한 점이 있었기 때문에 반 깅클은 〈에그버트〉를 게임보이컬러 플랫폼으로 이식할 수 있을지 생각해보게 됐다.

반 깅클은 닌텐도용 게임을 만들어본 경험이 없었지만 곧 뜻이 맞는 개발팀을 모을 수 있었다. 개발을 위해 플래시 메모리를 쓸 수 있는 카트리지를 홍콩에서 주문해서 들였다.

통계

- **개발 기간** : 9개월
- **게임보이컬러 버전의 판매량** : 40,000개
- **iOS용 버전의 다운로드 횟수** : 200,000번

이후 2년 동안 투 트라이브의 개발팀은 〈에그버트〉의 새로운 버전에 살을 붙이는 작업을 이어나갔는데, 사실 게임이 발매될 수 있을지조차 불확실한 상황이었다. "네덜란드에 있는 관련 회사 사람들을 굉장히 많이 만났어요. 대부분은 게임보이 컬러용 게임을 만들만한 돈이 없다고 하더군요."라고 반 킹클은 말한다.

투 트라이브는 포기하지 않고 계속 업체를 물색하다가 게임을 E3 행사에 가져 가서 퍼블리싱 회사를 찾아주겠다는 사람을 만나게 됐다. 그 전까지 전혀 모르던 사람이었지만 투 트라이브는 그를 믿고 개발 중인 게임을 보내줬다. 올바른 선택 이었다. E3에서 돌아온 그 사람은 〈에그버트〉를 퍼블리싱하는 데에 관심을 가진 회사를 두 곳이나 알아봐줬다. 바로 캡콤Capcom과 코나미Konami였다. "그 때 거의 기절할 뻔 했어요."라고 반 킹클은 말한다. "아무런 보장도 없이 우리 게임을 보냈 었죠. 무슨 합의를 하지도 않았고요. 전혀 모르는 사람이었거든요. 그런데도 그런 대형 회사와 연결해주다니요."

제작팀은 게임의 이름을 〈토키 토리〉로 바꾸고 계속해서 개발을 진행하고 있었 다. 얼마 후 퍼블리싱 회사로 결정된 캡콤에서 수만 달러의 선금을 받고 나서야 반 킹클은 겨우 이 상황이 믿어지기 시작했다. 당시 투 트라이브의 팀원들은 모두 학 생이었기 때문에 이는 정말 대단한 액수의 돈이었다.

〈토키 토리〉는 게임보이컬러의 끝물에 발매된 괜찮은 게임이었다. 비평가들은 〈토키 토리〉의 재치 있는 퍼즐 디자인과 그래픽에 대해 좋은 평가를 했고, 게임보 이어드밴스용 게임만큼 예쁘다는 칭찬을 받았다. 하지만 매출은 신통치 않았다. 출 시 몇 달 전에 게임보이어드밴스가 발표된 상황이기 때문이었다

2009년의 투 트라이브는 번듯한 사무실을 가진 큰 규모의 회사로 성장해 있었 다. 〈웜즈Worms〉 시리즈 몇 편과 몽키볼Monkeyball 브랜드의 〈미니 골프〉 게임 같은 모바일 게임을 외주를 통해 제작한 경험을 가진 투 투라이브는 〈토키 토리〉의 또 다른 개선판을 WiiWare(Wii 전용의 온라인 소프트웨어 마켓 - 옮긴이)용으로 제작하기로 했다. 전체적으로 많은 부분이 개선되고, 향상된 그래픽을 가진 위 버전은 이후 〈토 키 토리〉를 아이폰용으로 포팅하는 기반이 됐다.

반 킹클은 2009년 GDC에서 칠링고의 대표와 가진 회의에서 〈토키 토리〉의

iOS 퍼블리싱 협약을 맺었다. 이후 칠링고는 PC와 맥 버전보다 훨씬 더 높은 해상도의 아이패드 버전도 퍼블리싱했다.

> ### 흥미로운 사실
>
> ■ 〈토키 토리〉의 40레벨을 모두 돌파하면 왜 〈토키 토리〉가 모든 알을 모아야 하는지 알게 된다. 밝혀지는 비밀은 꽤 당혹스럽다.
> ■ 〈에그버트〉의 최초 버전은 인터넷 곳곳에 무료로 공개돼 있다.
> ■ 게임보이컬러 버전은 하드웨어의 제약 때문에 한 화면에 최대 두 종류의 적만 등장한다.

〈토키 토리〉의 아이폰과 아이패드 버전은 큰 성공을 거뒀다. 하지만 반 깅클은 iOS 플랫폼을 전적으로 신뢰하지 않는다. "저희는 독창적인 디자인과 높은 부가가치를 지닌 고품질의 게임을 추구하고 있습니다. 그리고 그러한 점 때문에 아이폰 사용자들에게 게임을 팔아 이윤을 남기기가 거의 불가능하다는 사실을 알고 있습니다. 특히 사람들이 게임을 99센트짜리로 받아들이는 현실에서는요. iOS가 저희의 차후 전략에서 중요한 부분이라고 생각하지만, 계속해서 iSO 플랫폼에만 집중하지는 않을 것입니다."라고 그는 말한다.

워즈 위드 프렌즈

플랫폼 : 아이폰/아이팟 터치(아이패드 버전은 별도로 발매됨)
가격 : 1.99달러
개발사 : 뉴토이 Inc.(Newtoy Inc.)
퍼블리셔 : 징가(Zynga)
발매일 : 2009년 7월 19일

게임 소개

〈워즈 위드 프렌즈Words With Friends〉는 알파벳이 하나씩 적힌 조각을 맞춰서 단어를 만드는 고전적인 보드 게임인 〈스크래블Scrabble〉을 21세기 방식으로 재현한 게임이다. 2009년 처음 발매된 이래 이미 수백 만 명이 이 게임을 즐기고 있지만, 혹시

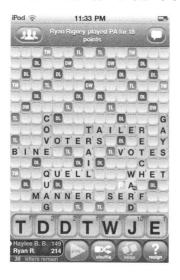

라도 이 게임을 처음 들어보는 사람을 위해 게임 방법을 간단히 설명해보겠다. 이 게임은 비동기적 온라인 멀티플레이라는 방식을 사용한다. 즉, 기본적으로 한 차례 게임을 진행하면 잠시 기기를 치워 놓아도 된다는 의미다. 한 사람이 쉬는 동안 상대방이 자신의 순서를 진행하고, 그 사실을 푸시 알림으로 알려준다. 그러면 다시 플레이어는 자신의 순서를 진행한다. 간단한 방식의 이 게임은 게임에 참여한 사람들이 얼마나 자주 참여하는지에 따라 한 번의 순서가 한두 시간이 걸릴 수도 있고,

며칠이 걸릴 수도 있다. 〈워즈 위드 프렌즈〉는 어떤 사람이 참여하든 자신의 생활 방식과 습관에 따라 유연하게 즐길 수 있는 게임이다.

이 게임이 이토록 인기 있는 이유는 온라인에 비동기적으로 연결된다는 점뿐이 아니다. 이 게임은 매우 다양한 기기로 즐길 수 있다. 아이폰, 아이패드, 안드로이드 등에서 〈워즈 위드 프렌즈〉를 할 수 있다. 심지어 페이스북에서도 즐길 수 있다. 아직 21세기에 익숙해지지 않은 사람이라면 이 게임에 한 번 도전해보기 바란다. 게다가 그 유명한 스크래블 보드 게임이지 않은가! 다른 어떤 게임보다 유명하고, 어린 아이부터 할아버지까지 누구나 즐길 수 있는 게임이다. 어서 친구들을 초대해서 같이 즐겨보자. 서로의 유대감을 높이는 좋은 방법이다.

게임 비화

〈워즈 위드 프렌즈〉는 모바일 게임 역사상 가장 유명한 캐주얼 게임 중 하나다. 그리고 이 게임을 만든 이는 PC 게임계의 전설적인 시리즈로 널리 알려진 사람이다.

폴 베트너Paul Bettner는 〈에이지 오브 엠파이어Age of Empires〉 1탄이 발매된 직후에 앙상블 스튜디오Ensemble Studios에 입사했다. 이후 10년간 앙상블 스튜디오에 재직하며 수많은 게임과, 〈에이지 오브 엠파이어〉 시리즈의 확장팩 개발을 하는 한편, 틈틈이 프로토타입 개발 작업도 이어나갔다. 비록 모든 작품을 완성시켜 발매한 것은 아니지만 당시의 프로젝트 중에는 〈헤일로Halo〉의 MMO 버전도 있었다고 한다.

> **통계**
> ■ 뉴토이가 징가를 합병한 뒤 〈워즈 위드 프렌즈〉의 일일 판매량 증가율 : 200%

앙상블의 〈헤일로 워즈Halo Wars〉 개발이 한창이던 2008년 중반, 마이크로소프트는 현재 진행 중인 게임의 개발이 완료되면 제작사의 문을 닫을 예정이라는 발표를 했다. 당시는 마침 애플이 앱스토어를 발표한 지 얼마 안 됐을 때였다. 곧 실직자가 될 위기에 처한 베트너는 앱스토어로 진출해야 할지 진지하게 고려했다. "제 동생인 데이비드와 저는 우리가 직접 게임 제작사를 차리는 일에 대해 늘 이야기를 나눴어요. 이제 한 번 제대로 해볼 때가 됐다고 생각했죠."라고 폴은 말한다. "2008년 8월 앙상블을 사직했습니다. 그리고 맥북을 하나 사서

집 근처 공공 도서관에서 작업을 시작했죠."

폴은 〈에이지 오브 엠파이어〉처럼 대규모의 게임을 만들다가 독립 개발자로 나서게 되면서 느꼈던 해방감이 대단했다고 한다. "대형 게임들을 제작하다 보면 몇 년이 그냥 흘러가고, 완성하고 나면 완전히 녹초가 되곤 했는데 아이폰 게임은 개발하는 데에 몇 달 안 걸립니다. 제작 중인 게임의 결과물을 예상할 수 있고, 짧은 기간에 개발을 마치면 정말 만족스러워요."

그 해 11월, 신생 제작사인 뉴토이는 〈체스 위드 프렌즈Chess With Friends〉를 앱스토어에 공개했다. 게임은 그런대로 성공적이었지만, 결코 대박이라고는 하지 못할 성적을 거뒀다. 그럼에도 앱스토어에서 철수할 생각은 없었다. 〈체스 위드 프렌즈〉의 가장 중요한 특징은 친구와 함께 한다는 점이었다. 다시 말해, 접근성이 좋은 비동기적 멀티플레이 기능이었다. 제작팀은 이를 이용해 다른 게임을 만들기로 했다. 스크래블 보드 게임을 활용한 〈워즈 위드 프렌즈〉였다. 〈체스 위드 프렌즈〉의 스크래블 보드 게임 버전이라고 할 수 있는 이 게임은 2009년 중순 발매됐고, 베트너 형제와 조금씩 늘어나던 직원들의 예상보다 훨씬 큰 게임이 됐다.

뉴토이는 〈워즈 위드 프렌즈〉 발매 직후 엔지모코ngmoco를 통해 발매할 〈위 룰We Rule〉 제작에 착수했다. 회사는 현금이 필요했고, 발매 후 몇 달 동안 〈워즈 위드 프렌즈〉의 판매가 신통치 않았기 때문에 외주 계약 업무를 맡을 수 밖에 없었다.

흥미로운 사실

- 〈워즈 위드 프렌즈〉는 안드로이드, 아이폰, 아이패드, 페이스북 등의 여러 플랫폼에서 연동되는 기능을 제공하는 최초의 게임 중 하나다.
- 이후 존 메이어는 자신의 트위터 계정을 정지시켰다. 자신이 트위터에 지나치게 중독됐다는 말을 남겼고 한다.
- 뉴토이의 다른 애플리케이션으로 〈체스 위드 프렌즈〉와 〈행잉 위드 프렌즈(Hanging With Friends)〉 등이 있다.

10월이 되자 〈워즈 위드 프렌즈〉의 판매가 조금씩 상승세를 타기 시작했다. 하지만 정작 게임의 판매가 탄력을 받아 유료 앱 1위에 등극하고 유명세를 떨치게 된 계기는 10월 5일에 올라온 한 트윗에서 시작됐다. 댈러스에 기반을 둔 방송국인 CW33은 이 사건을 정리하는 기사를 내보내며 '존 메이어John Mayer가 트위터로 텍사스의 게임 회사를 구원하다'라는 제목을 붙였다.

존 메이어는 미국에서 블루스 팝 음악의 아이콘으로 평가받는 유명한 가수다 그가 자신의 트위터에 〈워즈 위드 프렌즈〉를 마치 새로운 종류의 트위터 같다는 언급을 하면서 매출에 불이 붙었다. 베트너 형제를 포함한 누구도 그 트윗이 정확이 무슨 의미인지 이해하지 못했지만, 어쨌든 메이어를 팔로우하던 수백만 명의 사람들은 메이어가 그 게임을 추천했다고 생각했고 〈워즈 위드 프렌즈〉를 구매하기 시작하면서 대단한 열풍을 불러일으켰다.

2010년 말, 뉴토이는 징가를 합병했다. 징가는 페이스북에 〈팜빌〉과 〈징가 포커Zynga Poker〉를 도입했던 대규모 소셜 게임 회사였다. 회사 이름을 징가 위드 프렌즈Zynga With Friends로 바꾼 회사는 또 다른 〈위드 프렌즈〉 게임을 제작하고 있다. 이번에는 펜과 종이로 하던 오래된 게임인 〈행맨Hangman〉을 소재로 한 게임이다.

젠 바운드

플랫폼 : 아이폰/아이팟 터치
가격 : 2.99달러
개발사 : 시크릿 엑시트(Secret Exit)
발매일 : 2009년 2월 25일

게임 소개

〈젠 바운드Zen Bound〉는 자리에 앉아 놀이용 고무 찰흙을 만지작거리는 것과 비슷한 느낌을 주는 게임이다. 이는 심리 치료와 놀이의 경계에 있다고 할 수 있다.

게임을 시작하면 화면 중앙에 나무 조각상이 나타난다. 플레이어에게 정해진 길

이의 밧줄이 주어지고, 게임의 목표는 물체를 천천히 돌려 조각상 전체를 밧줄로 단단히 묶어 감싸는 것이다. 이는 손가락을 화면에 드래그하는 방법으로 이뤄진다. 밧줄이 조각상의 특정 부분에 닿을 때마다 그 근처의 색이 변하고, 화면 위에 완성도를 알려주는 수치가 증가한다. 이를 통해 조각상의 표면을 얼마나 덮었고, 남은 양은 얼마인지 알 수 있다.

게임 중간에 어느 부분으로 밧줄을 감아야 할지 알아보려면 조각상의 표면을 잘 살펴서 눌린

자국이나 홈을 찾아야 한다. 게임 속의 밧줄은 실제 밧줄처럼 작용한다. 조각상을 묶을 때 단단히 묶지 않으면 흐트러지면서 그 동안의 노력이 무위로 돌아갈 수 있다. 밧줄로 조각상 전체를 감싼 후에 물체 표면에 박혀 있는 못을 찾아서 밧줄을 갖다 대면 레벨이 완료되고, 구조물을 색칠한 완성도에 따라 점수를 받게 된다.

〈젠 바운드〉를 잘 하기 위해서는 각 물체들을 머릿속에서 시각화하고, 이후에 어떻게 묶을지 미리 몇 단계를 예상하면서 진행해야 한다. 느리게 진행되면서 생각을 많이 해야 하는 게임이다. 또한 물체를 밧줄로 묶을 때 밧줄과 구조물이 뒤틀리면서 나는 삐걱거리는 소리는 마사지 치료를 받을 때 나오는 음악과 비슷한 게임 음악과 합쳐져 매우 평화로운 분위기를 자아낸다. 이러한 훌륭한 음악 효과 덕에 〈젠 바운드〉는 2009년 IGF 모바일의 오디오 부문에서 상을 받기도 했다.

게임 비화

2005년 미코 모노넨Mikko Mononen은 나무 조각상을 밧줄로 묶는 내용의 PC 게임을 무료로 다운로드할 수 있도록 공개했다. 투카 사볼레이넨Tuukka Savolainen이 고스트 멍키Ghost Monkey라는 가명으로 사운드트랙을 제작해 게임에 참여했고 미술 부분에서도 약간의 도움을 줬다.

개발 업체인 시크릿 엑시트의 야니 카라마Jani Kahrama는 모노넨의 작업을 보고 깊은 인상을 받았다. 카라마는 모노넨을 채용해서 제대로 된 게임으로 만들고 싶었지만, 모노넨은 이미 크리텍Crytek의 대표적인 PC 게임인 〈크라이시스Crysis〉의 AI 담당을 맡아 일을 하고 있었다. "손목을 잡고 끌어오려고 해도 몇 년을 기다려야 하는 상황이었죠."라고 카라마는 말한다.

후에 카라마는 모노넨과 사볼라이넨을 데려올 수 있었다. 그리고 셋이 힘을 합해 모노넨의 무료 게임을 제대로 된 게임으로 만드는 작업에 착수했다. 첫 번째 단계로 게임의 제목을 바꿔야 했다. 원래의 제목은 〈젠 본디지Zen Bondage〉였고, 제작 팀은 어렵지 않게 〈젠 바운드〉라는 제목 떠올렸다. 덕분에 게임 업무과 관련된 이메일이 스팸 필터에 걸려 사라지는 일을 막을 수 있었다고 한다(본디지라는 단어에 성적인 의미가 포함돼 있기 때문에 필터링에 걸리는 경우가 종종 있다 - 옮긴이).

모노넨이 만들었던 프로토타입은 그 자체의 완성도는 뛰어났지만 게임의 짜임새에서 부족한 면이 있었다. 플레이어가 로프로 물건들을 묶어야 하는 이유가 도통 설명되지 않았기 때문이었다. "게임 플레이의 핵심적인 부분은 정해져 있었죠. 거기에 뭔가 규칙을 더해서 말이 되게 하는 설명을 붙이는 일이 굉장히 힘들었습니다. 단순히 여러 개의 레벨을 모아놓은 게임이 아니라 뭔가 목표가 있어서 진전되고 향상된다는 느낌을 줘야 했어요."라고 카라마는 설명한다.

팀은 촉각을 자극시키는 요소를 만드는 데에도 신경을 썼다. "즉각적으로 반응할 뿐 아니라 실제 표면을 만지는 느낌이 나야 했어요."라고 카라마는 말한다. "갈색의 골판지나 거친 표면의 나무, 바위 같은 물질들의 느낌을 살리고 싶었습니다."

개발 과정 내내 제작팀이 겪었던 가장 큰 문제는 게임을 어떤 플랫폼으로 발매할지 결정하는 일이었다. 처음에는 PS3를 고려했지만, 정해진 예산으로는 힘들어 보였다. 그러면서도 아이폰은 배제한 채로 닌텐도의 WiiWare 채널을 통한 발매를 고려하면서 몇 달이 지나갔다. "여러 종류의 플랫폼을 고려하면서 너무 많은 노력을 헛되게 쓰고 있었어요."라며 카라마는 안타까워한다.

게임에 필요한 구색과 규칙을 결정하고 플랫폼을 선정한 후부터 촉감의 표현을 위한 미술과 사운드를 가다듬는 작업에 들어갔다. 하지만 매일같이 벌어진 세부적인 사항에 대한 토론 대문에 작업은 제자리 걸음이었다. "저희 셋 모두 고집 센 완벽주의자들이었습니다. 아주 작은 부분을 변경하는 데에도 서로 의견이 달라 굉장히 힘들었죠. 하지만 게임의 윤곽이 점점 잡히고 있어서 뿌듯하기도 했어요."라고 카라마는 말한다. "그 과정에서 자신이 중요하게 생각하는 부분을 포기하고 이미 충분히 좋게 만들어진 제품을 내놓는 일이 어떤 느낌인지 알게 됐어요. 당사자를 제외하고는 아무도 차이점을 알아보지 못하기 때문이죠."

시크릿 엑시트는 마침내 완벽주의를 극복하고 게임을 발매하게 됐다. 2010년 11월 11일, 앱스토어에 발표된 〈젠 바운드〉는 빠르게 비평가들의 시선을 사로잡았다. 터치젠닷컴TouchGen.com은 최고의 몰입도를 선사하는 게임이라고 평가했고, IGN은 〈젠 바운드〉가 비디오 게임의 의미를 바꿨다고 했으며, 게임스팟Gamespot은 '걸작'이라는 표현을 썼다. 쏟아지는 호평 속에서 〈젠 바운드〉는 곧 아이폰 게임 역사상 가장 사랑 받는 게임 중 하나가 됐다. 인기라는 측면에서 〈앵그리버드〉를 능가할 수 없지만 후속작을 기대할 만큼의 충분한 성공을 거두게 됐다.

흥미로운 사실

- 시크릿 엑시트의 다른 애플리케이션으로 〈젠 바운드 2(Zen Bound 2)〉와 〈스테어 디스마운트(Stair Dismount)〉 등이 있다.
- 〈젠 바운드 2〉는 1탄의 레벨이 모두 들어 있으며, 향상된 그래픽과 사운드트랙이 추가됐다. 〈젠 바운드〉를 구매하려고 한다면 2탄을 선택하길 추천한다.
- 〈젠 바운드〉의 심미적인 분위기는 미술가인 젠 스타크(Jen Stark)가 만든 작품에서 많은 영향을 영향을 받았다고 한다.
- 〈젠 바운드〉 팬 중 한 명은 뇌졸중의 후유증으로 한 팔을 못 쓰고 있다가 아이패드로 〈젠 바운드 2〉를 한 뒤 증세가 호전되는 경험을 했다고 한다.

시크릿 엑시트에게는 게임을 좋아해주는 사용자들이 보여준 반응이 가장 큰 보상이었다. "사람들이 게임의 레벨에 대해서 다양한 생각을 가지고 있더군요. 어떤 이는 각 레벨을 공간에 놓인 장애물로 생각하고, 풀기 어려운 퍼즐로 받아들입니다. 다른 이는 아무 것도 폭발하지 않는다는 점 때문에 게임에 쉽게 질리기도 하고요. 하지만 각 레벨을 하나의 미술 작품으로 해석해보려는 사람들이 적게나마 있었어요. 조각상을 밧줄로 묶는 일을 정서를 표현하는 행위로 받아들이면서요. 이들이 보여준 반응 때문에 굉장한 보람이 느껴졌습니다. 저희가 만든 각 레벨에는 분명히 암시적인 메시지와 테마가 있어요. 그런 부분을 알아주는 사람들이 있다니 정말 멋지죠."

찾아보기

에이콘출판의 기틀을 마련하신 故 정완재 선생님 (1935-2004)

67가지 iOS 게임 탄생과 개발 비화

인 쇄 | 2015년 9월 18일
발 행 | 2015년 9월 25일

지은이 | 라이언 리그니
옮긴이 | 이 영 준

펴낸이 | 권 성 준
엮은이 | 김 희 정
        안 윤 경
        오 원 영
디자인 | 이 승 미

인쇄소 | 한일미디어
지업사 | 다올페이퍼

에이콘출판주식회사
경기도 의왕시 계원대학로 38 (내손동 757-3) (16039)
전화 02-2653-7600, 팩스 02-2653-0433
www.acornpub.co.kr / editor@acornpub.co.kr

한국어판 ⓒ 에이콘출판주식회사, 2015, Printed in Korea.
ISBN 978-89-6077-757-6
ISBN 978-89-6077-144-4 (세트)
http://www.acornpub.co.kr/book/buttonless-ios-game

이 도서의 국립중앙도서관 출판시도서목록(CIP)은 서지정보유통지원시스템 홈페이지(http://seoji.nl.go.kr)와
국가자료공동목록시스템(http://www.nl.go.kr/kolisnet)에서 이용하실 수 있습니다.(CIP제어번호: CIP2015025573)

책값은 뒤표지에 있습니다.